地方公務員昇任・昇格試験対策
基本問題集シリーズ4

【増補・「要点図解」版】
行政法
基本問題集
300問

> はじめに・・・

　いつの時代も、公務員は、法令に基づいて事務にあたらなければならない。
　複雑な事務を処理するとき、そこでは、法令が判断の基準となる。
　その法令の判断基準の一つに、行政法がある。
　事務を円滑に執行する者にとっては、この行政法をしっかり身につけておく必要がある。
　それゆえに、行政法は、昇任昇格試験の基本出題となっている。
　だが、行政法を理解し、身につけるためには、行政法の基本書を読むだけでは無理である。
　問題にあたり、頭を整理しないと、身につかない。
　そこで、この問題集は、自治体職員の昇任昇格試験にあわせ、最近の法改正にも対応させ、第2次改訂版を大幅に増補して新版として編集した。
　特に今回は、問題を解くための基本知識を整理し要点を図解した。問題を解くために、まず必要な基本知識を再確認しながら、問題にあたってもらいたい。そうすれば、より行政法の理解が深まるものと考える。
　この問題集が、あなたの愛用書になれれば幸甚である。

昇任・昇格試験スタンダード研究会

目　次

問題編
1　行政法の法源………………………………… No. 001 〜 No. 003　006
2　法律による行政の原理……………………… No. 004 〜 No. 006　008
3　公法と私法…………………………………… No. 007 〜 No. 010　011
4　特別権力関係………………………………… No. 011 〜 No. 013　014
5　行政行為の効力……………………………… No. 014 〜 No. 028　017
6　私人の公法行為……………………………… No. 029 〜 No. 032　025
7　行政行為の種類と内容……………………… No. 033 〜 No. 057　028
8　行政行為の附款……………………………… No. 058 〜 No. 069　042
9　行政行為と裁量……………………………… No. 070 〜 No. 076　048
10　行政行為の瑕疵……………………………… No. 077 〜 No. 083　053
11　瑕疵ある行政行為…………………………… No. 084 〜 No. 090　058
12　無効の行政行為……………………………… No. 091 〜 No. 098　062
13　行政行為の取消……………………………… No. 099 〜 No. 104　066
14　行政行為の撤回……………………………… No. 105 〜 No. 111　069
15　行政立法……………………………………… No. 112 〜 No. 120　073
16　行政機関……………………………………… No. 121 〜 No. 124　077
17　行政契約……………………………………… No. 125 〜 No. 131　081
18　行政指導……………………………………… No. 132 〜 No. 137　086
19　行政調査……………………………………… No. 138 〜 No. 139　090
20　行政計画……………………………………… No. 140 〜 No. 142　092
21　強制手段……………………………………… No. 143 〜 No. 145　095
22　行政強制……………………………………… No. 146 〜 No. 162　097
23　即時強制……………………………………… No. 163 〜 No. 166　106
24　行政罰………………………………………… No. 167 〜 No. 180　109
25　国家賠償法（損害賠償）…………………… No. 181 〜 No. 194　116
26　国家賠償法（損失補償）…………………… No. 195 〜 No. 203　126
27　行政訴訟制度………………………………… No. 204 〜 No. 207　132
28　行政不服審査法……………………………… No. 208 〜 No. 239　134
29　行政事件訴訟法……………………………… No. 240 〜 No. 270　174
30　取消訴訟……………………………………… No. 271 〜 No. 282　195
31　行政手続法…………………………………… No. 283 〜 No. 292　204
32　情報公開法…………………………………… No. 293 〜 No. 296　214
33　個人情報保護法……………………………… No. 297 〜 No. 300　219

解答・解説編 ………………………………………………………………　223

問題編

1 行政法の法源

●行政法の法源
○法源とは、一般に**法の存在形式**をいうものであり、したがって、行政法の法源とは、行政の組織及び作用に関する法の存在形式をいう。
○法源は、**成文法**（制定法）と**不文法**（非制定法）とに区分される。成文法は、法を制定する権限を有する公の機関が文書の形式をもって定立した法をいい、不文法は、それ以外の一切の法（慣習法・判例法・条理など）をいう。
○行政法の法源は、それが「**裁判の基準**」であると同時に、「**行政の基準**」となる。しかし逆に行政機関の行為規範が必ずしも裁判の基準とはならない。例えば、訓令や通達は行政の基準となるが、裁判の基準として裁判所を拘束するわけではない。

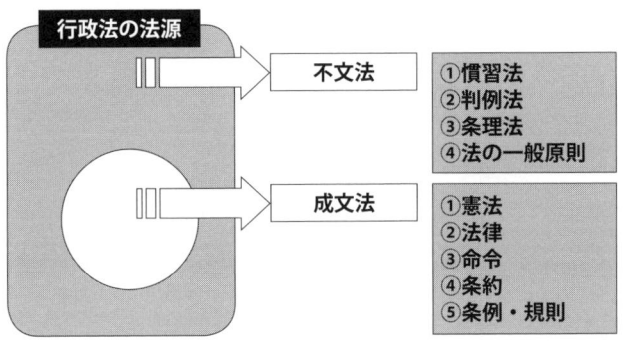

□□□□□
【No.001】 行政法の法源の記述として、妥当なのはどれか。

1 行政法の法源は、一般にその法律の存在形式のことであり、法律による行政の原理に基づき、成文法に限られており、不文法は法源とならない。
2 行政法の法源は、国家と国民との関係を規律するものであるから、国家間において取り決める条約については、批准され公布されても法源とならない。
3 行政法の法源には、公物や公水等の使用関係など、多年の慣習によって一般民衆の間に規範として認められる慣習法についても含まれるとされている。
4 行政法の法源は、原則として成文法主義を採っているので、一般社会における具体的な物事の性質、物事の当然の事理である条理は法源とならない。
5 行政法の法源は、行政の組織及び作用に関する法の存在形式を指し、地方議会が制定する条例と異なり、地方公共団体の規則は法源とならない。

□□□□□
【No. 002】 行政法の法源の記述として、妥当なのはどれか。

1 行政法では、原則として成文法主義を採っているので、例えば、河川の引水使用、公有林の入会使用など、民衆的慣習法は行政法の法源とはならない。
2 行政法では、法源は、国家と国民との関係を規律するものであるが、不文法源である条約も、行政について規律する規定を持つ限り法源となる。
3 行政法では、法源は、行政の組織及び作用に関する法の存在形式を指しており、それ自体法規としての性質を持つ通達や訓令も法源となる。
4 行政法では、規律の対象が複雑多岐であって、未だ成文法の整備されていない領域も多く、その領域には先例法などの不文法が法源となる。
5 行政法では、一般社会の正義心においてかくあるべきものと認められる条理は、成文法又は慣習法を補完するものであっても、法源とならない。

□□□□□
【No. 003】 行政法の法源の記述として、妥当なのはどれか。

1 法源には、成文法源と不文法源とがあるが、行政法は、規律対象が極めて複雑多岐にわたるため、わが国では原則として不文法主義を採っている。
2 慣習法は、人々の間で多年にわたり行われている慣習が、法的確信を得て法規範と考えられるに至ったものであり、行政法の法源の一つである。
3 条約は、国家間の約定であり、国家間が遵守すべきものとして確立されたものであり、国内法の効力を持たないため、行政法の法源となる余地はない。
4 条例は、地方公共団体が自治権に基づき定立する法規であり、地方公共団体の地域内でのみ効力を有することから、行政法の法源となる余地はない。
5 判例法は、個別の紛争を解決するにあたり、裁判所が一般的に通用する法として制定したものであり、これらの規範は一種の法源としての効力を持つ。

2 法律による行政の原理

●法治主義

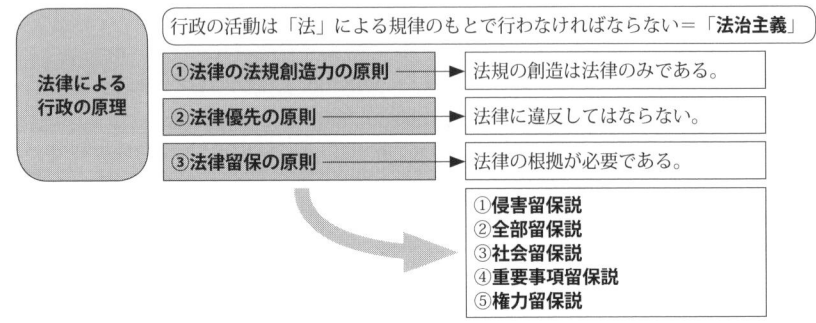

○法治主義、すなわち「法律による行政の原理」には、**次の3つ**の内容が含まれる。
① **法律の法規創造力の原則**とは、新たに法規を創造できるのは法律のみであるとする原則である。換言すれば、法規の創造は、議会の専権に属する。行政権は、**法律の授権がない限り**、法規を創造することができない。
② **法律優先の原則**とは、行政活動は、存在する法律の定めに違反してはならないとする原則である。法律優先の原則は、形式的な法律の優先にとどまらず、合憲法的法律の優先が求められる。すなわち、行政権に対する法律優先は、それが**憲法に適合する限りにおいて認められる**ということになる。一般に法律優先の原則は行政権の活動を内容的に限界づける原則といわれている。
③ **法律留保の原則**とは、行政活動は、**法律の根拠が必要**であるとする原則である。この原則でいう法律とは、根拠規範を指しており、行政庁が行政決定をするについては、根拠規範が存在しなければならないことを意味している。**法律優先の原則**が行政作用の「**枠**」に関する原則であるのに対して、**法律留保の原則**は、行政作用の「**根拠**」に関する原則である。

□□□□□
【No.004】　法律による行政の原理の記述として、妥当なのはどれか。

1　「法律による行政の原理」には、行政機能の拡大から、積極的側面と消極的側面とがあり、前者は法律優先の原則であり、後者は法律留保の原則である。
2　「法律優先の原則」は、行政権を行使して具体的な行政活動をするには、必ず法律の根拠ないし法律の授権に基づかなければならないとする原則である。
3　「法律留保の原則」は、あらゆる行政活動は、権力行政であると否とを問わず、存在する法律に違反して行われてはならないことを内容とする原則である。

4 「法律優先の原則」は、行政活動は、法律に違反することを許さないとする原則であり、侵害、強制のような権力的な行政活動のみに適用される。
5 「法律による行政の原理」における法による行政の法とは、国民の代表者で構成される立法機関である国会によって制定された法律を意味する。

□□□□□
【No. 005】 法律による行政の原理の記述として、妥当なのはどれか。

1 法律による行政の原理とは、行政活動は法律に基づき法律に従って行われるとする原理をいい、法治主義が憲法上の制度として生まれたものである。
2 法律による行政の原理は、行政の権利義務の付与や制限の活動は、法律に基づかなければ行うことができないとする法律優先の原則を含むものである。
3 法律による行政の原理は、法律適合性の原理ともいわれ、法律に違反しなくとも、法律の根拠がない限り、行政活動をしてはならないとする原理である。
4 法律による行政の原理は、国民の権利義務に変動を及ぼす権力的行政活動に適用され、いわゆる権力的活動でない行政指導には適用されない原理である。
5 法律による行政の原理は、法律の根拠に基づかずには、いかなる行政行為も行えず、特別権力関係もその例外ではないとする原理である。

●**法律留保の原則**には、次の諸説がある。
[①**侵害留保説**]―侵害留保説とは、国民の権利・自由を制約し、又は剥奪し、義務を課すような行政作用には法律の根拠が必要であるが、それ以外の行政作用は、法律の根拠がなくとも、独自の判断で自由に活動することができるとする説である。
[②**全部留保説**]―全部留保説とは、国民の権利義務の変動を効果させる一切の行政活動は、必ず法律の授権が必要であるとする説である。
[③**社会留保説**]―社会留保説とは、国民の生存権の確保を目的として行われる給付行政にも法律の根拠が必要であるとする見解である。社会留保説は、憲法第25条が定める生存権・社会権に基づく給付行政が重要な行政の責務となっていることを根拠に、社会保障関係の行政など国民の生存を配慮する行政作用についても法律の根拠が必要であるとする説である。
[④**重要事項留保説**]―重要事項留保説とは、侵害留保説を拡張し、権利を制限し又は義務を課すものではないが、国民に重大な不利益を及ぼすような行政活動については、法律の根拠を必要とし、さらに民主主義や国会審議の公開の観点から、行政組織の基本的枠組み、基本的な政策、計画の作成、重要な補助金の交付などについても、法律の留保が必要とする説である。
[⑤**権力留保説**]―権力留保説とは、行政庁がいわゆる権力的な行為形式をとり一方的に国民に権利義務を決定する場合には、それが国民の権利自由を侵害するものであると国民に権利利益を与え、義務を免除するものであることにかかわらず、具体的な作用法上の根拠が必要であるとする説である。

□□□□□
【No.006】 法律留保の原則の次のAとBの記述として、妥当なのはどれか。

　 A とは、国民の権利義務の変動を効果させる一切の行政活動は、必ず法律の授権が必要であるとする見解である。
　 B とは、国民の権利や自由を制約し、又は剥奪し、義務を課すような行政作用には法律の根拠が必要であるが、それ以外の行政作用には、法律の根拠がなくとも独自の判断で自由に活動することができるとする見解である。

1　A=全部留保説　　B=侵害留保説
2　A=侵害留保説　　B=全部留保説
3　A=全部留保説　　B=社会留保説
4　A=権力留保説　　B=侵害留保説
5　A=社会留保説　　B=権力留保説

3 公法と私法

●**公法と私法**
○行政法学では、行政上の法律関係を公法関係と私法関係とに分けている。
○何をもって公法と見るかについては、次の説などに分かれている。
[**主体説**]――国又は地方公共団体など統治権の主体としての行政主体が一方の当事者となる関係を規律の対象とする法を公法とし、私人相互間の関係を規律する法を私法とする。
[**権力説**]――当事者の一方に公権力の行使を認める法を公法とし、平等な当事者の権利義務を規律する法を私法とする。
[**利益説**]――法の目的を基準として公益を目的とする法を公法とし、私益に関する法を私法とする。
[**生活関係説**]――国又は地方公共団体がその本来の立場において行う政治生活関係等を規律する法を公法とし、それ以外の立場において行われる私的ないわば経済生活関係を規律する法を私法とする。

○**公法と私法を区別する意義**
(1) 法律上の争訟について**民事事件と行政事件を区別する**ことにある。行政事件には行政事件訴訟法が適用され、民事事件には民事訴訟法が適用される。
(2) 実体法上の性質に違いがある。すなわち**公法は権力支配の関係**であり、対等な当事者間の利害の調整を目的とする私法とはおのずから異なった公法原理によって支配される。よって公法における私法の規定は一般原則を除いて適用されない。

□□□□□
【№007】 公法と私法の記述として、妥当なのはどれか。

1 公法と私法との区別は、行政上の公法関係において公法特有の解釈や運用上の疑問の解決を図ることにあり、区別の実益はあまりない。
2 公法と私法とは、相互に二律背反的なものであり、公法関係においては、私法関係とは異なることから、私法のすべての適用が排除される。
3 公法と私法との区別は、国家に対し特殊な地位を認めるために区別するというより、法律上の争訟についての裁判管轄を明らかにするためである。
4 公法と私法との区別は、絶対的ではなく、公共の福祉の実現を私法に優先して適用することにあり、明文の根拠がない限り私法の適用の余地はない。
5 公法と私法との区別は、行政事件訴訟法の適用を受けるべき事件の範囲を明確にし、具体的事件に適用する実体的法規、法原則を決定することにある。

☐☐☐☐☐
【No. 008】 公法と私法の記述として、妥当なのはどれか。

1 財政法、会計法などによる規制は、行政行為の公正を確保する見地から行われる規制であるから、これらの行為は公法行為と位置づけされている。
2 公法のうち管理関係においては、私法の適用があり、法律の明文上又は公共性から解釈上認められる場合に限って特殊な扱いが行われる。
3 公法は私法に対して種々な特殊性を有することから、私有地を、道路又は公園などの公物用地として提供する契約は、公法上の契約に該当する。
4 公法は、行政目的を実現するため優越的な地位が認められているので、公法法規に違反する私法上の法律行為の効力は、原則として無効である。
5 国又は地方公共団体の公法上及び私法上の債権や債務については、行政主体に優越的地位を認め、会計法又は地方自治法の規定が適用される。

☐☐☐☐☐
【No. 009】 公法と私法の記述として、妥当なのはどれか。

1 国や地方公共団体の活動は、行政主体としての特有の地位に基づく公法関係に支配されるために、私法関係に支配されることは一切ない。
2 公法も私法も、権利義務に関する法律関係において共通であり、一般的には平等であり、公法関係に行政主体の優越性が認められることはない。
3 公法と私法は、相互に関連し又は交錯するが、公権力の発動たる行政行為には、民法の法律行為に関する規定の適用はなく、その争訟は抗告訴訟による。
4 公法と私法との関係を考えると、私法の中で民法や商法はその代表格であるが、これらの私法には、公法の性格を持つ条文は認められていない。
5 公法は、時所を超越した法そのものの本質的な区別であり、具体的な事件について、民法その他の私法の規定が類推適用されることはない。

□□□□□
【No. 010】「行政主体の私人の間の法律関係」を下図に分けた場合、「管理関係」における法律の適用として妥当なのはどれか。

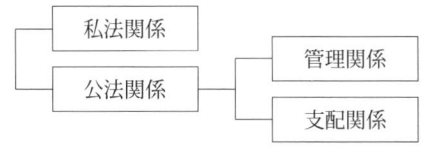

1 管理関係では、公共の福祉の実現を図るために、行政主体が私人より優位に立っているため、公法規定を主とし、補足的に私法規定が適用される。
2 管理関係では、公共の福祉の実現を図るために、当事者自治の原則に基づき両者の合意により私法規定・公法規定のいずれかが選択的に適用される。
3 管理関係では、行政目的を達成する上において、一定の範囲内で管理規則が関係法令に優先し、その限度で法治主義の原則が排除される。
4 管理関係では、公共の福祉の実現を図るために、両者の立場は基本的に対等で、法律に特別の規定がない限り原則として私法の規定が適用される。
5 管理関係では、法律に基づく行政の原理に従い、行政主体の行為が拘束されており、私法、公法の中間的な色彩を持つ特殊な法律理論が適用される。

4 特別権力関係

●**特別権力関係**
○特別権力関係の理論は、一般権力関係においては法治主義の原則が支配し、法律によってのみ規律されるのに対し、特別権力関係は、特別の法律上の原因に基づいていったんその関係が成立すると**法治主義の原則が排除**される。
○特別権力関係は、一般に次のように分類される。
①公法上の勤務関係……公務員の勤務関係
②公法上の営造物利用関係……国公立学校の学生生徒の在学関係や国公立病院の患者の在院関係、刑務所の収容関係、公企業の利用関係
③公法上の特別監督関係……特許企業者に対する国や地方公共団体の監督関係
④公法上の社団関係……公共組合における組合とその組合員との関係
●特別権力の発動形態としては、「**命令権**」と「**懲戒権**」がある。
「**命令権**」――命令権は、特別権力関係の設定目的によって限界づけられるが、その目的を超えて命令権を発動することはできない。
○命令権の例として、公務員に対する職務命令、営造物の利用者に対する営造物規則の制定などや特許企業者など国の特別の監督を受ける者に対する監督命令権、公共組合などの組合に対する社団権などがある。
「**懲戒権**」――懲戒権は、特別権力関係の秩序を維持する必要上、その秩序を乱す者に対して懲戒罰を科する権力である。
○懲戒罰は、①特別権力関係の成立が法律に基づくときはその法律の範囲、②法律の定めが存在しないときは条理上許容される範囲、③特別権力関係の成立が相手方の任意の同意に基づくときは特別権力関係に服する者をその特別権力関係から排除し、特別権力関係から受ける利益を剥奪することをその限界とする。
○特別権力関係に服する者は、特別権力設定の目的にかんがみ、社会通念に照らし、合理的と認められる範囲において一般人に認められない基本的人権の制限も可能である。例えば、国家公務員の居住地の制限や政治的行為の制限などがある。
●**特別権力関係と司法審査**――特別権力関係においては、特別の目的のために必要な限度においてその自主性と裁量権を尊重すべきであり、単純な特別権力関係内部の紀律保持のためにする懲戒・懲罰は、司法の介入を認めるべきではないのに対し、単純な内部的紀律の範囲を超えてされる措置（議員の除名、学生の退学処分など）については、司法審査権が及ぶものとされている。その場合は、抗告訴訟によるところによる。

□□□□□
【№.011】 特別権力関係の記述として、妥当なのはどれか。

1 特別権力関係は、特別権力服従者に命令・強制ができる権力関係であり、その成立の原因から見れば、必ず直接法律に基づくことが要件とされている。
2 特別権力関係は、特別の法律原因に基づき、それに服する者に対しては、いちいち法律の規定によることなく、命令し、強制を行い得る。
3 特別権力関係は、特別権力関係の設定の目的に照らして法治主義の原則が働くので、その権力は、社会通念上、合理的と判断され得る範囲に止まる。
4 特別権力関係は、自主性と裁量権が尊重されるので、単純な内部的紀律の範囲を超えて行われる措置については、司法審査権が及ばない。
5 特別権力関係は、特別の目的を達成するために必要な限度において、他の当事者に対して包括的な支配権による自由裁量の余地は小さいとされている。

□□□□□
【№.012】 特別権力関係の記述として、妥当なのはどれか。

1 特別権力関係とは、一方が他方を支配し、他方が服従する関係をいい、直接法律に基づく場合に限られ、相手方の同意に基づく場合は含まれない。
2 特別権力関係においては、その秩序を維持するために紀律権が認められ、単純な内部の紀律保持のための懲戒権にも、原則として司法審査権が及ぶ。
3 特別権力関係は、一般権力関係と同様に、その目的に照らして、合理的と認められる範囲であっても、基本的人権を制限することはできない。
4 特別権力関係は、命令権に基づいて、一般抽象的な定めを行うことができるに止まり、命令権で具体的な命令や処分などを行うことはできない。
5 特別権力関係は、その行政目的を達成するに必要な範囲と限度で法治主義の原則が排除され、具体的な法律の根拠に基づかない支配権が認められる。

□□□□□
【No.013】 特別権力関係の記述として、妥当なのはどれか。

1 特別権力関係においては、公法上の特別権力に服従する関係に置かれるが、一定の目的に必要な範囲において法治主義の原則が適用される。
2 特別権力関係は、その義務違反に対する制裁は、すべて特別権力関係からの排除を限度とする関係であり、刑罰を科することは認められてない。
3 特別権力関係において、特定の目的の範囲内において一方が他方を支配する一般的に認められる特別の包括的な支配権は、命令権と懲戒権である。
4 特別権力関係は、地方公務員と地方公共団体との関係、学校と学生の関係、共済組合と組合員の関係があり、バス事業等に対する国の関係は含まれない。
5 特別権力関係においても、法律の法規創造力や法律留保の原則が適用されるので、社会通念に照らして、基本的人権を制限することはできない。

5 行政行為の効力

●行政行為の効力
[1]【法適合性】
○行政行為は、法に基づき、法に従って行い、内容的にも法に適合することが必要である。
○行政の自由裁量も法の枠内にある。
[2]【公定力】
○行政行為は、重大かつ明白な瑕疵ある場合以外は、例え違法の場合にも、「職権」又は「訴訟」で取消されるまで、適法の推定を受ける。これを「公定力」という。
○公定力は、行政行為の相手方はもちろん、裁判所、行政庁その他の第三者にも及ぶ。
〔公定力の限界〕
①行政処分に重大かつ明白な瑕疵がある場合には、無効な行政行為となり公定力は認められない。
②公定力が認められても、国家賠償法とは無関係である。違法行為により損害を受けた者は、争訟を提起しなくても損害賠償を請求できる。
[3]【拘束力】
○行政行為は、一つの法的行為であり、行政内容に応じ相手方や行政庁を拘束するが、これを拘束力という。拘束力は第三者まで拘束しない。
[4]【執行力】
○相手方が義務を履行しない場合、行政庁は、裁判手続を経ることなく、法律(行政代執行法・国税徴収法など)の定めるところにより、相手の意思を問わず、無効を除き、執行力を有する。
[5]【不可争力】……「**形式的確定力**」
○不可争力とは、一定期間を経過すると、その効力を争うことが許されなくなることをいう。
○取消訴訟は、処分又は裁決があったことを知った日から「6か月以内」に、審査請求は、処分があったことを知った日の翌日から起算して「3か月以内」とされている。
○不可争力は、処分の相手方が訴訟により取消を求めることを拒む力であって、処分行政庁が自ら違法な行政行為を取消すことを許さないとする不可変更力まで持つものではない。したがって処分行政庁は職権により、取消又は撤回を行うことができる。
○不可争力は、当然のことながら、無効の行政行為には生じない。
[6]【不可変更力】……「**実質的確定力**」
○不可変更力とは、行政庁が行政行為を行った場合に、後になってその行政行為を取消すことができない効果である。
○不可変更力は、行政庁が職権で取消すことを制限する効果である。
○不可変更力が認められるのは、①相手方に権利利益を設定する行為、②訴訟や行政聴聞の決定として行われた行為、③利害関係者の参与によってなされた確認的性質をもつ行為に限られる。

□□□□□
【No.014】 行政行為の効力の記述として、妥当なのはどれか。

1 拘束力は、覊束力ともいわれ、行政行為がその内容に応じて効果を生じ、相手方がその行政効力に対し不服であっても争うことができない効力をいう。
2 公定力は、何人も当該行政行為の効力を無視できない力をいい、行政行為の拘束力と同様に、いわば拘束力のあることの承認を強要する効力をいう。
3 執行力は、私法行為と同様に、裁判所の判断を待つまでもなく、行政自体を債務名義として、法律を根拠に自力で内容を実現し得る効力をいう。
4 不可変更力は、実質的確定力ともいわれ、無限に争いが繰り返されるのを防ぐため、訴訟手続で行われた行為等は、原則として変更できない効力をいう。
5 不可争力は、法定期間内に限り訴訟が認められ、その出訴期間の期間経過後には、取消変更がいかなる場合にも認められない効力をいう。

□□□□□
【No.015】 行政行為の効力の記述として、妥当なのはどれか。

1 拘束力とは、行政行為がその内容に応じて効果を生じ、相手方はもちろん行政庁その他第三者も、尊重し遵守すべく拘束する効力のことをいう。
2 公定力とは、行政行為の成立にどのような瑕疵があっても、正当な権限を有する機関による取消し又は無効確認があるまで、一応適法の推定を受ける。
3 不可変更力とは、行政庁が取消し又は変更し得ない効力をいい、この場合、その瑕疵が重大な瑕疵にあたるなどの場合は取消し又は変更が可能である。
4 不可争力とは、単に相手方から争い得ない効力をいい、これによって当該行為の違法性が確定し、職権によっても取消すことはできない。
5 執行力とは、行政行為の内容を自力で実現することができる効力をいい、その行為は、法律の根拠の有無にかかわらず当然に認められる。

□□□□□
【No.016】 行政行為の効力の記述として、妥当なのはどれか。

1 拘束力は、その成立に無効と認められる場合を除き、行政行為がその内容に応じて相手方を拘束する効力を有するが、行政庁にはこの効力が及ばない。
2 不可争力は、行政争訟を不確定な状況に置くことを避けるため、行政行為が一定期間経過後は、重大かつ明白な瑕疵があっても、その効力を争い得ない。
3 執行力は、行政行為の相手方が行政行為の内容を無視して履行しないときにおいては、法律の有無にかかわらず自力で実現する効力を持っている。
4 公定力は、行政行為は行政庁が恣意的に行い得るものではなく、法律に基づ

いて行うことを要し、内容的にも法律に適合することを要する効力である。
 5 不可変更力は、訴訟や行政聴聞の決定として確認された行政行為においては、無効な場合を除き、自由に取消し又は変更することができない効力である。

□□□□□
【No.017】 行政行為の効力の関係として、妥当な組合せはどれか。

A 法適合性　　あ 一事不再理
B 不可争力　　い 実効性
C 不可変更力　う 法律による行政の原理
D 公定力　　　え 拘束力
E 執行力　　　お 出訴期間

	A	B	C	D	E
1	あ	え	い	お	う
2	い	う	あ	え	お
3	う	お	あ	え	い
4	え	あ	お	い	う
5	え	い	う	あ	お

□□□□□
【No.018】 行政行為は、法に基づき行わなければならない。これが行政の基本原則である。その行政行為はその内容に応じて相手方及び行政庁を拘束する。さらに特定の場合には、行政庁自身もその行政行為を取消し又は変更することができない効力を生ずることがある。
　上文の内容となっている妥当な組合せはどれか。

A 法適合性　　B 拘束力　　C 公定力
D 不可争力　　E 不可変更力　F 執行力

1 AとBとC
2 AとBとE
3 AとBとEとF
4 BとCとE
5 CとDとF

□□□□□
【No.019】 行政行為の効力の記述として、妥当なのはどれか。

1 不可変更力は、審査請求の裁決のように紛争解決行為としての性質を持つ決定や利害関係者の下での確認行為の一部に認められる行政行為である。
2 公定力は、行政行為に瑕疵があっても無効でない限り適法と推定されるが、これは行政行為に限られ、行政庁が外部に意思表示しないものも含まれる。
3 不可争力は、取消原因たる瑕疵ある行政行為について、法定提起期間の経過後の取消訴訟に対する効力であって、審査請求の期間の経過は含まれない。
4 拘束力は、行政行為がその内容に応じて相手方及び行政庁を拘束する効力であり、一旦効力を有すると、もはや争うことはできない特徴を持つ。
5 執行力は、行政庁が義務を課す権限を有するときに、相手方に義務の不履行が生じた場合において、当然に強制執行を伴うものである。

□□□□□
【No.020】 行政行為の効力の記述として、妥当なのはどれか。

1 公定力は、行政行為が違法又は無効であっても、正当な権限を有する機関により取消されない限り、有効として取扱わなければならない効力を有する。
2 不可変更力は、仮に行政行為の瑕疵や成立後の事情変更がある場合においても、一旦確定したすべての行政行為は、もはや変更できない効力が生ずる。
3 不可争力は、一定の期間を経過すると、取消すべき瑕疵がある行政行為であっても、行政庁が職権で取消すことができない効力が生ずる。
4 執行力は、相手方を拘束するとともに自力で強制執行が可能であるが、その場合、行政執行の法律の根拠とは別に強制執行の法律の根拠が必要である。
5 執行力は、行政目的実現のために法律で認められた効力であるが、いかなる場合も、違法な行政行為には、行政行為の法適合性からその効力を持たない。

【№.021】 行政行為の効力の記述として、妥当なのはどれか。

1 公定力は、その成立に瑕疵があっても、それが重大かつ明白な瑕疵がある以外は、職権や訴訟で取消されるまで、相手方はもちろん、裁判所や行政庁も尊重しなければならないが、相手方以外の第三者には及ばない。
2 不可変更力は、準司法的な手続を経て行われる行政行為は、紛争の終局的解決の見地から、例えそれが違法であっても、行政庁がこれを取消し又は変更することができない。
3 不可争力は、行政法秩序の安定を図る見地から、一定の期間を経過した後は、もはや、相手方も、行政庁も、その行政行為の効力を争うことができない。まして行政庁の職権による取消しや撤回は認められない。
4 執行力は、義務を付加する行政行為がある場合に、相手方がその義務を履行しないときに、相手方の意思を問わず行政庁自らが実現し得る効力をいう。この場合あらかじめ裁判判決を得る必要がある。
5 拘束力は、行政行為は一つの法律行為であって、法律又は行政庁により決定された法律効果を有し、相手方や行政庁のみならず、その他第三者をも拘束する効力を有する。

【№.022】 行政行為の効力の記述として、妥当なのはどれか。

1 行政行為には、公定力が認められており、行政行為が重大かつ明白な瑕疵を有する場合であっても、それが取消されるまでは適法かつ有効なものとして、行政行為の相手方を拘束する。
2 行政行為には、不可変更力が認められており、行政庁は、審査請求に対する裁決など争訟裁断行為としての行政処分を自ら取消すことができないほか、その他の行政処分についても争訟期間後は、自ら取消すことができない。
3 行政行為には、自力執行力が認められており、行政行為によって命じられた義務を行政行為の相手方が履行しない場合には、行政庁は、裁判所の判決を経た上で、自ら義務の内容を実現することができる。
4 行政行為には、不可争力が認められており、出訴期間が経過したときは、行政行為の効力を争うことができなくなるが、出訴期間中に取消訴訟が提起されたときは、直ちに処分の執行は停止される。
5 行政行為には、公定力が認められているが、違法な行政行為により損害を受けた者は、あらかじめ争訟を提起して当該行政行為の取消し又は無効確認の判決を得なくとも、国又は地方公共団体に対し損害賠償の請求ができる。

□□□□□
【No.023】 行政行為の効力の記述として、妥当なのはどれか。

1 公定力とは、取消訴訟の排他的管轄により、無効な行政行為についての取消裁判所の有権的認定を伴わずに、差当たり行政行為の法律効果だけを実在化させる効果である。
2 自力執行力とは、行政行為によって課せられた義務を相手方が履行しない場合に、法律の根拠の有無にかかわらず、行政庁が裁判判決を得ることなく自らの判断によって自らの手で義務者に対して強制執行して義務内容の実現を図ることをいう。
3 不可争力は、一定の期間経過後は処分の相手方が行政争訟手続により行政行為の違法を争えなくなる手続的な効力にとどまり、処分行政庁が自ら違法な行政行為を取消すことを許さないとする効力を持つものではない。
4 不可変更力とは、行政庁が行政行為を行った場合に、後になってその行政行為を自ら取消すことができない効果である。不可変更力は、審査請求に対する裁決など、争訟裁断的性質を持つ行政行為に限られず、広く認められる。
5 公定力、不可争力及び自力執行力は、行政事件訴訟法、国税徴収法、行政代執行法などの明文の規定によって認められた法律効果であり、これに対して不可変更力は実定法上に根拠を持つ効果ではなく、学説・判例によって認められてきた形式的確定力である。

□□□□□
【No.024】 行政行為の「公定力」の記述として、妥当なのはどれか。

1 公定力は、その行政行為が法律に違反する場合にも、当然に一応適法の推定を受け、行政庁の職権又は争訟手続で取消されるまで、相手方を拘束する。
2 公定力は、法律に基づく公権力の行使である行政行為の特殊性に基づき、取消原因のある行政行為及び無効な行政行為について認められる効力である。
3 公定力は、第三者はもちろん国家機関もその効力を否定できない法律効果を持つが、代執行、強制徴収、取消訴訟の存在を認める根拠にはならない。
4 公定力は、例え違法と考えられる場合にも権限ある機関の取消しがあるまで適法の推定を受け、裁判所は一切執行停止処分を行うことができない。
5 公定力は、有効な行政行為に限り承認されるが、行政庁が内部的に意思決定したのみで、外部表示がない段階では行政行為の効力が発生しない。

5 行政行為の効力

□□□□□
【No. 025】 行政行為の「公定力」の記述として、妥当なのはどれか。

1 公定力は、原則として適法の推定を受け、重大かつ明白な行政行為である場合においても、職権又は訴訟で取消されるまで適法の推定を受ける。
2 公定力は、行政行為に働くから、違法な行政行為で損害を被っても、まず行政処分それ自体の取消を求めた後でなければ損害賠償を請求できない。
3 公定力は、行政行為が公権力の行使に基づくことから、行政行為が違法であれば、相手方に対して拘束力のあることの承認を強要することができない。
4 公定力は、相手方はもちろん行政庁その他の第三者、裁判所も拘束するから、当該行政行為が取消されるまでの間は、適法なものとして取扱われる。
5 公定力は、取消訴訟の排他的管轄の下で、行政処分の取消訴訟の提起が一定期間に制限されており、それを徒過すると、もはや相手方から争えなくなる。

□□□□□
【No. 026】 行政行為の「公定力」の記述として、妥当なのはどれか。

1 公定力は、行政行為が違法又は無効であっても、正当な権限を有する機関による取消し又は無効の確認があるまでは、相手方に対して拘束力のあることの承認を強要する力である。
2 行政行為は公定力を有するが、違法な行政行為によって損害を受けた者は、あらかじめ当該行政行為が取消されていなくとも、国家賠償法による損害賠償の請求を行うことができる。
3 公定力が認められる行政行為は、いわゆる私法上の行為を含む行政行為であって、行政庁が行政行為の内容を内部的に意思決定した段階で効力が生ずる。
4 公定力とは、一般に、訴訟の法定期間が経過することによって、行政行為の相手方からは、もはや当該行政行為の効力を争えない効力を生ずる意味において用いられる。
5 行政行為は公定力を有するから、正当な権限を有する機関によって取消されるまでは、例え取消訴訟の提起があっても、裁判所は執行停止処分を一切行うことができない。

☐☐☐☐☐
【No.027】 行政行為の「不可争力」の記述として、妥当なのはどれか。

1 不可争力は、有効なすべての行政行為について、争訟提起期間後、行政行為の相手方からは、もはやその効力を争うことができないとする効力である。
2 不可争力は、行政法秩序の安定性を図る見地から、一定の期間を経過すると、行政庁は、原則として職権で取消すことができないとする効力である。
3 不可争力は、争訟を拒む力であり、争訟は法定期間内に限り認められ、その期間後は取消し又は変更することが一切認められないとする効力である。
4 不可争力は、一定期間内に争訟を提起しないともはや争えなくなる効力であり、外部に表示されず行政庁の内部的な意思決定においても同様である。
5 不可争力は、争訟提起期間の経過後は相手方の争訟を拒む形式的確定力であり、これは行政庁の職権による取消しや撤回を拒むことを意味している。

☐☐☐☐☐
【No.028】 行政行為の「不可変更力」の記述として、妥当なのはどれか。

1 不可変更力は、その行為が一旦確定すると、例えそれが違法な行政行為であっても、出訴期間が経過しなくとも、不可争力が生ずる効力をいう。
2 不可変更力は、処分庁が職権で取消し又は変更できない拘束を受け、訴訟行為及び利害関係者の参与による確認行為には認められない効力をいう。
3 不可変更力は、審査請求の裁決など、争訟裁断的な性質を持つ行政行為に認められ、この行為も違法であることを理由に行政庁が取消すことができる。
4 不可変更力は、これを実質的確定力ともいうが、仮に瑕疵があっても一旦確定したところは、絶対に取消し又は変更を行えない効力をいう。
5 不可変更力は、行政行為に瑕疵があっても、また行政行為後の事情変更があっても、行政庁又は監督庁が職権で取消すことができなくなる効力をいう。

6 私人の公法行為

●**行政法上の管理行為**

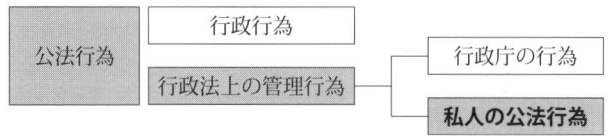

●**私人の公法行為**
○私人の公法行為とは、私人が公法関係においてなす行為で、公法的効果を生ずる行為をいう。
○私人の公法行為には、次の2つがある。
①私人が、国又は地方公共団体の**機関として**行う行為がある。
(例えば、参政権者の立場でなす選挙権の投票や直接請求などがある)
②私人が、国又は地方公共団体の**機関に対して**行う行為がある。
(例えば、行政客体としてなす申請、届、審査請求などがある)

●**私人の公法行為の「特色」**
【1】私人の公法行為には、**意思能力**及び**行為能力**が**必要**である。
(意思能力を欠く者の行為は絶対に無効であり、行為能力は、財産上の行為には、原則として民法の無能力に関する規定が類推適用される)
【2】私人の公法行為は、一身専属的な**代理に親しまない**行為が多い。
(選挙、直接請求、帰化の出願、公の試験の受験など)
○上記の行為を代理が行なったときは無効である。
○私人の公法行為は、民法の代理の規定が類推適用される。
【3】私人の公法行為は、**要式行為ではないが**、審査請求、納税の申告など、書面による場合もある。
【4】私人の公法行為の効力発生時期は、原則として**到達主義**による。ただし法令の定めによる発信主義がとられる場合もある。
【5】私人の公法行為の消滅原因には、行為者の死亡、根拠法の廃止による失効と、行為者の行う撤回がある。
○私人の公法行為は、原則として自由にその撤回、正誤を行うことができる。ただしそれが信義に反すると認める特別の事情がある場合には、撤回は許されない。
【6】私人の公法行為で、公定力を有する行政処分に連なる私人の行為の是正には、公法的制限が伴う。
【7】私人の公法行為に欠陥があっても、それが行政行為の動機に止まるとき、及びそれが行政行為の前提条件であっても、**単なる瑕疵**の場合には行政行為の効力に**影響はない**。しかしそれが行政行為の前提条件であって、それが**不存在又は無効**である場合には、それに基づいて行われた行政行為は**無効**である。

【8】私人の公法行為で、行為者の意思と表示された内容が**一致しないとき**は、次の場合による。
(A)「行為者が不一致を**知っている**場合」
①相手方と通謀して行なった場合の虚偽表示は無効である。
(B)「行為者が不一致を**知らない**場合」
①その錯誤が外部から認識される場合は、錯誤を正し正しい内容のものとして効力が生ずる。
②その錯誤が外部から認識しえない場合には、表示されたところに従い判断される。もし、要素の錯誤があれば無効とされる。また心神喪失、脅迫による意思表示は無効である。しかし詐欺、強迫による意思表示は取消すことができる。
【9】私人の公法行為についても、私権と同様に、裁判所に**出訴**して保護を求めることができる。

□□□□□
【№.029】　私人の公法行為の記述として、妥当なのはどれか。

1　私人の公法行為とは、公法関係において私人がなす行為をいい、それに基づいて行政行為が行われるまでは、原則として、自由にその撤回を行える。
2　私人の公法関係であるからといって、直ちに特殊な法理が導かれるものではなく、意思能力は必要であるが、行為能力は必要ではない。
3　私人の公法行為の効力の発生時期については、一般の定めはないが、私法行為におけると同じく、原則として発信主義が採用されている。
4　私人の公法行為は、明確さの要請など行為の性質から原則として要式行為であり、審査請求など一定の書面によることを要件としている。
5　私人の公法行為は、一身専属的なものではなく、代理の許される行為が多く、したがって、これらの行為を代理者が行っても無効とならない。

□□□□□
【№.030】　私人の公法行為の記述として、妥当なのはどれか。

1　私人の公法行為が、行政行為の行われるための前提条件があるとき、私人の公法行為に瑕疵があるときは、それに基づき行われた行政行為は無効である。
2　私人の公法行為は、通常、公法的効果を生ずる行為をいい、その存在を明らかにし、証拠を残すために、すべて要式行為とされている。
3　私人の公法行為において、意思能力及び行為能力を必要とし、これらの能力を欠く行為については、すべて、かつ絶対に無効とされている。
4　私人の公法行為は、それに基づいて行政行為が行われるまでは、実定法上の制限はなく、つねに自由に撤回又は正誤をすることができるとされている。

5　私人の公法行為は、行為の存在の明確化を期し、当事者間の利益の調整上から、効力の発生時期は、原則として到達主義によるとされている。

□□□□□
【No.031】　私人の公法行為の記述として、妥当なのはどれか。

1　私人の公法行為は、一度行われた以上、それに基づいて行政行為が行われたかどうかにかかわらず、その撤回・正誤をすることができない。
2　私人の公法行為は、行政の性質上、別段の定めがない以上は、すべて要式行為であるから、つねに一定の方法に従って行わなければならない。
3　私人の公法行為は、不存在又は無効な場合は別として、単に瑕疵が存することだけでは、それに基づいて行われた行政行為の効力には影響を受けない。
4　私人の公法行為は、虚偽表示があったとしても、原則的には民法の適用はなく、行政行為の効力には影響を及ぼさないと解されている。
5　私人の公法行為は、一身専属的であって、その性質上すべて代理に親しまないので、民法の代理の規定を類推適用すべきではないと解されている。

□□□□□
【No.032】　私人の公法行為で、行為者の意思と表示された内容が一致しない場合の記述として、妥当なのはどれか。

1　私人の公法行為で、行為者の意思と表示の一致を欠く場合には、それが虚偽表示であっても、錯誤であっても、表示により効力が生じる。
2　私人の公法行為で、行為者が行為者の意思と表示の不一致を知っている場合に、相手方と通謀して行った場合の虚偽表示は、無効である。
3　私人の公法行為で、行為者が行為者の意思と表示の不一致を知っている場合に、その錯誤が外部から認識される場合には、錯誤を正し、正しい内容のものとして効力が生じる。
4　私人の公法行為で、行為者が行為者の意思と表示の不一致を知らない場合に、その要素の錯誤が外部から認識できない場合には、表示されたところに従い判断される。
5　私人の公法行為で、行為者が行為者の意思と表示の不一致を知らない場合でも、意思に欠陥のある行為、すなわち詐欺・強迫による意思表示は当然に無効と解される。

7　行政行為の種類と内容

●行政行為の種類と内容
○行政行為は、その性質と内容によって「法律行為的行政行為」と「準法律行為的行政行為」に分類される。

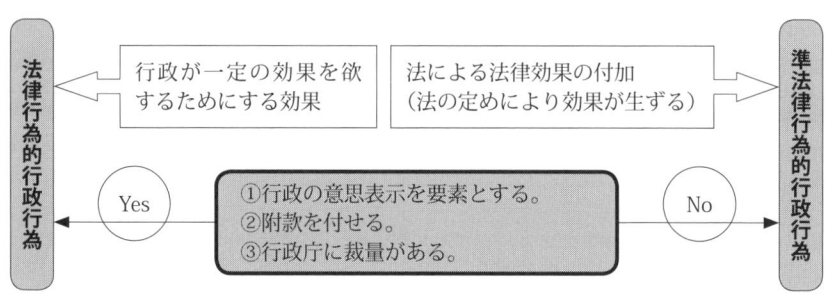

○法律行為的行政行為は、①行政の意思表示を要素とする。②附款を付せる。③行政庁に裁量があるなどの特色があるが、これに対して、準法律行為的行政行為は、①行政の意思表示を要素とせず、②附款を付すことができず、③行政庁に裁量の余地がないなどの特色がある。

○法律行為的行政行為には、命令的行為と形成的行為がある。

命令的行為	形成的行為
○行政庁の裁量判断の余地は小さい。	○行政庁の裁量判断の余地は大きい。
○事実行為も対象となる。	○事実行為は対象とならない。
○違反行為でも無効ではない。	○違反行為は無効である。
○強制執行の対象となる。	○強制執行の対象とならない。
○行政罰の対象となる。	○行政罰の対象とならない。

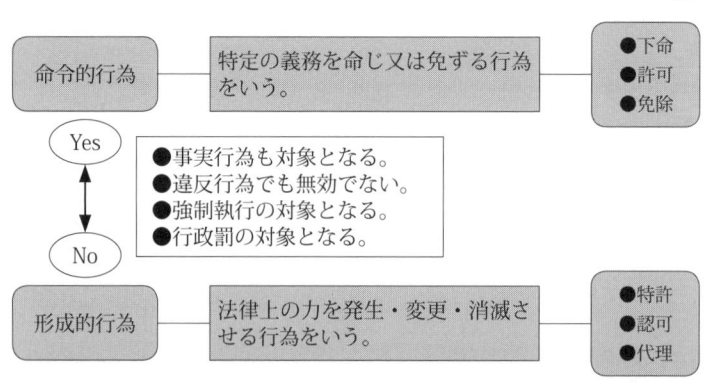

□□□□□
【No.033】 行政行為の内容の下図のA～Eとして、妥当なのはどれか。

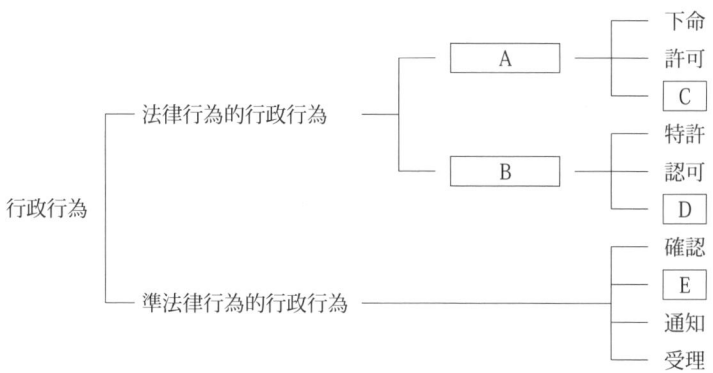

1　Aは形成的行為であり、Cは免除である。
2　Aは命令的行為であり、Cは公証である。
3　Aは命令的行為であり、Eは代理である。
4　Bは形成的行為であり、Dは代理である。
5　Bは命令的行為であり、Dは免除である。

□□□□□
【No.034】 下記の公法行為の空欄A～Cとして、妥当なのはどれか。

　A　は、効果意思の表示として新たな法律効果を形成する行為であるのに対し、　B　は、判断の表示として既存の事実又は法律関係を公の権威をもって判断する行為である。また　C　は、効果意思の表示でない点において（B）と同じであるが、判断作用に基づかない認識の表示である。

	A	B	C
1	許可	公証	通知
2	特許	確認	公証
3	特許	公証	確認
4	許可	確認	通知
5	特許	通知	確認

□□□□□
【No. 035】 行政行為の「種類と内容」の記述として、妥当なのはどれか。

1 法律行為的行政行為は、意思表示を要素としないが行為者が効果を欲するが故に効果を生ずる行為で、準法律行為的行政行為は、意思表示を要素とする。
2 法律行為的行政行為は、意思表示を要素としないからこれを前提とする従たる附款を付し得ないが、準法律行為的行政行為は、附款を付し得る。
3 法律行為的行政行為は、法規の定めるところにより法的効果が付加されるが、準法律行為的行政行為は、行為者の欲する一定の法律効果が生ずる。
4 法律行為的行政行為には、国民に特定の義務を課し又はこれを免れさせる命令的行為があり、準法律行為的行政行為には、形成的行為がある。
5 法律行為的行政行為と準法律行為的行政行為の区分は、行政行為がその法律行為が行為者の意思の内容に基づき生ずるか、直接法規に基づくかによる。

□□□□□
【No. 036】 行政行為の「種類と内容」の記述として、妥当なのはどれか。

1 法律行為的行政行為とは、意思表示をその要素としており、行為者が一定の効果を欲するが故にその効果を生ずる効果をいう。
2 準法律行為的行政行為は、判断、認識の表示に法律が一定の法的効果を結びつけた行為をいい、行政行為の効果を制限するために附款を付せる。
3 法律行為的行政行為は、行政庁の意思表示により成立する行為で、意思表示を内容とするものと判断又は認識の表示を内容とするものとに分かれる。
4 準法律行為的行政行為は、法律行為的行政行為と異なり、法的効果が一定していない公証、確認、通知及び受理の行為に対して行われるものである。
5 法律行為的行政行為は、行政庁の判断、認識、観念等の精神作用の発現を要素として、行政行為の効果が法規によって定まっているものをいう。

□□□□□
【No. 037】 法律行為的行政行為と準法律行為的行政行為の記述として、妥当なのはどれか。

1 法律行為的行政行為は、行政庁が効果意思を外部に表示することで成立し、効果意思に即した法律効果が生じるから、行政庁の自由裁量行為とされる。
2 準法律行為的行政行為は、行政庁の意思表示以外の判断や認識の表示に対し法律により一定の効果が与えられ、効果の発生について条件を付せる。
3 法律行為的行政行為は、形成的行為と命令的行為に区分され、前者の違反行為は無効であり、後者の違反行為は公序良俗に反しない限り有効とされる。

4　準法律行為的行政行為は、効果意思以外の新たな法律関係を形成する行為であり、その種類としては、確認、公証、通知、代理が挙げられる。
5　法律行為的行政行為は、行政庁の一方的な意思表示により成立し、準法律行為的行政行為は、行政庁の意思表示と相手方の意思の合致により成立する。

□□□□□
【No. 038】　法律行為的行政行為と準法律行為的行政行為の記述として、妥当なのはどれか。

1　法律行為的行政行為とは、行政庁が一定の法的効果の発生を欲する意思を持ち、これを文書で表示する行為により成立する行政行為をいう。
2　準法律行為的行政行為とは、行政庁の意思表示を要素とするものではなく、それ以外の判断なり認識の表示に対し法により一定の法的効果が付せられる結果、行政行為となるものをいう。
3　法律行為的行政行為と準法律行為的行政行為との区別は、行政行為の法効果の発生が行政庁の意思表示によるか否かの基準であるが、この区別は民法の法律行為と準法律行為との区別を行政行為に持ち込んだものではない。
4　法律行為的行政行為とは、国民が本来有していない特別な権利や法的地位などを付与する行為であり、公の選挙の当選人の決定や年金受給権の裁定は、この行為に含まれる。
5　準法律行為的行政行為とは、国民が本来有している権利を制限し、又はその制限を解除する行為であり、交通妨害物件の除去命令や自動車運転の免許は、この行為に含まれる。

□□□□□
【No. 039】　行政行為の「種類と内容」の記述として、妥当なのはどれか。

1　形成的行為は、権利能力、行為能力、特定の権利の付与などの法律上の力を発生、変更、消滅させる行為を指し、特許、代理、免除に分かれる。
2　命令的行為とは、国民に特定の義務を命じ又はこれを免ずる行為を指し、下命及び禁止、許可、認可に分かれ、形成的行為と区別される。
3　認可とは、第三者の行為を補充してその法律上の効力を完成させる行為を指し、認可の例としては、地方起債の許可、公共組合の認可などがある。
4　確認とは、特定の事実又は法律関係に関し疑い又は争いがある場合に、公の権威でその存否又は真否を確認する行為を指し、行政庁への登録がある。
5　許可とは、一般的な禁止を特定の場合に解除し、適法に一定の行為を行うことを認める行為を指し、風俗営業の許可、鉱業許可がある。

□□□□□
【No.040】 行政行為の「種類と内容」の記述として、妥当なのはどれか。

1　下命とは、命令的行為の一つであり、作為、不作為、給付及び受忍を命ずる行為をいい、下命に対する違反はすべて無効とはならない。
2　認可とは、第三者の行為を補充してその法律上の効力を完成させる行為をいい、認可される行為は公法行為に限られ、認可後には取消すことができない。
3　特許とは、相手方のために権利能力、行為能力、特定の権利又は包括的な法律関係を設定する行為をいい、その効果は公法的なものに限られる。
4　公証とは、準法律行為的行政行為の一つであり、特定の事実又は法律関係の存否を公に証明する行為をいい、公証に附款を付すことは可能である。
5　免除とは、命令的行為の一つであり、特定の場合に、作為、給付及び受忍を解除する行為であり、納税の免除や納税の延期は免除の一種である。

□□□□□
【No.041】 行政行為の「種類と内容」の記述として、妥当なのはどれか。

1　認可は、すでに法律又は行政行為によって課されている一般的な禁止を特定の場合に解除して、適法に特定の行為を行う自由を回復させる行為をいい、その例として公衆浴場営業の許可などが挙げられる。
2　特許は、直接の相手方のために、権利能力、特定の権利又は包括的な法律関係を設定する行為をいい、その例として鉱業権設定の許可、公務員の任命が挙げられる。
3　許可は、第三者の契約や合同行為などの法律行為を補充して、その法律上の効果を完成させる行為をいい、その例として農地の権利移動の許可、河川占有権の譲渡の承認が挙げられる。
4　免除は、すでに法律又は行政行為によって課されている作為、給付及び受忍の義務を特定の場合に解除する行為をいい、その例として地方債起債の許可、土地収用にかかわる事業認定が挙げられる。
5　公証は、特定の事実又は法律関係の存否を公に証明する行為で、法律によって法律効果の発生が予定されているものをいい、その例として代執行の戒告、特許出願の公告が挙げられる。

●行政行為の事例

下命	●違反建物除去命令　●営業の禁止
許可	●運転免許　●医師の免許　●火薬製造の許可　●公衆浴場営業許可 ●風俗営業の許可　●道路の使用許可
免除	●租税の免除　●種痘の免除　●学童の就学猶予・免除
特許	●道路占用の許可　●公企業の特許(電気・ガス・道路運送業)　●鉱業権設定の許可　●公有水面埋立の免許　●公務員の任命　●河川占用の許可
認可	●起債の許可　●農地転用許可　●公共料金の認可　●土地収用の認定 ●公益法人の設立許可　●河川占有権の譲渡の承認
代理	●差押さえ財産の公売
確認	●建築確認　●特許法の特許　●道路区域の決定　●所得額の決定 ●当選者の決定
公証	●不動産登記　●印鑑証明　●選挙人名簿の登録
通知	●代執行の戒告　●納税の督促　●土地収用の告示
受理	●各種申請書の受理

□□□□□
【No. 042】　行政行為として、妥当な関係は次のどれか。

1　医師の免許………………特許
2　道路占用の許可…………許可
3　特許法による特許………確認
4　地方債起債の許可………通知
5　納税の督促………………下命

□□□□□
【No. 043】　法律行為的行政行為を、(A)不作為義務を特定の場合に解除し適法に一定の行為を行うことを認める行為と、(B)直接の相手方のために権利能力・行為能力・特定の権利又は法律関係を設定する行為とに区分するとき、それぞれに該当する組合せは、次のどれか。

	(A)	(B)
1	自動車運転の免許	公有水面埋立ての免許
2	鉱業権設定の許可	自動車運転の免許
3	風俗営業の許可	地方債起債の許可
4	地方債起債の許可	鉱業権設定の許可
5	公有水面埋立ての免許	風俗営業の許可

□□□□□
【№.044】 次の行政行為A〜Eについて、許可、認可、特許、通知、及び確認に区分すると、妥当なのは次のどれか。

A　医師法に基づく医師の免許。
B　地方自治法に基づく地方債の起債の許可。
C　行政代執行法に基づく代執行の戒告。
D　鉱業法に基づく鉱業権の設定の許可。
E　特許法による発明の特許。

1　A（許可）B（認可）C（通知）D（確認）E（特許）
2　A（認可）B（許可）C（確認）D（通知）E（特許）
3　A（許可）B（特許）C（確認）D（認可）E（通知）
4　A（認可）B（許可）C（通知）D（特許）E（確認）
5　A（許可）B（認可）C（通知）D（特許）E（確認）

●命令的行為‥‥‥‥
○命令的行為とは、人の自由な行動に行政が介入し、事実として**規制する行為**で、特定の義務を命じ又はこれを免ずる行為をいう。
○命令的行為は、①行政行為のみならず**事実行為も対象**とする。②義務の不履行には、**強制執行**がなされる。③義務違反に対しては**行政罰**が科せられる。
○命令的行為には、「下命」と「許可」と「免除」がある。

下命	作為	不作為	給付	受忍
許可	▼	解除	▼	▼
免除	解除		解除	解除

●**下命とは**、特定の「**作為**」、「**不作為**」、「**給付**」、「**受忍**」を命ずる行為をいい、このうち不作為を命ずる行為を「禁止」ともいう。
○例えば、作為には、違法建築物の除去命令、租税の賦課処分などがあり、不作為には、営業の禁止命令、道路の通行止めなどがある。
○作為とは「やりなさい」という行為であり、不作為は「やってはいけない」という禁止行為である。
○下命の違反は、一般的には無効とならないが、統制下命は無効となる。
○下命は、行政行為のみならず事実行為をも禁止し、制限することもある。
○下命の義務の不履行には、強制執行がなされ、義務の違反には行政罰が科せられる。
○禁止は、社会生活の安全秩序を維持するための予防的な行政作用として行われる。

7 行政行為の種類と内容

□□□□□
【No.045】 命令的行為の「下命（禁止）」の記述として、妥当なのはどれか。

1 下命（禁止）とは、作為、給付、受忍を命ずる行為で、いずれも国民の自然の自由を制限する行為である。
2 下命（禁止）は、義務の不履行について強制執行を行うことができない。
3 下命（禁止）は、法律行為のみならず事実行為も禁止し、制限することもある。
4 下命（禁止）は、義務の違反に対して罰則を適用することができない。
5 下命（禁止）において、禁止に違反する法律行為は、当然に無効である。

●**許可とは**、法令による一般的な禁止（**不作為**義務）を特定の場合に「**解除**」し、適法に一定の行為を行うことを許す行為をいう。
○例えば、運転免許、医師の免許、営業許可、火薬製造の許可などがある。
○許可は、何らかの権利を設定するものではなく、不作為の義務を解除するにとどまる。
○許可のない行為は、強制執行又は処罰の対象となるが許可のない行為そのものは無効ではない。
○許可しないと判断したときは、禁止命令の不許可処分となる。

□□□□□
【No.046】 命令的行為の「許可」の記述として、妥当なのはどれか。

1 許可は、一般的な禁止の作為義務を特定の場合に解除し、適法に一定の行為を行うことができる行為をいう。
2 許可は、何らかの権利を設定するものであり作為の義務を解除するに止まる。
3 許可のない行為については、強制執行を行うことができない。
4 許可のない行為は、処罰の対象となるが、行為そのものは無効ではない。
5 許可は、通常、出願に基づいて与えられ、許可の出願は特許の出願と同様に、許可の前提要件である。

【No.047】 命令的行為の「許可」の記述として、妥当なのはどれか。

1 許可は、法律又は行政行為による一般的禁止を特定の場合に解除する行為であり、第三者に対抗できる権利を設定するものである。
2 許可は、人の自然の自由の禁止を回復するものであるから、法律的行為のみが対象となる。
3 許可は、何らかの権利を設定するものではなく、不作為の義務を解除するに止まる。
4 許可を要する行為を許可なく行ったときは、その行為は当然に無効とされる。
5 許可には、対人的な許可と対物的な許可があり、いずれも一身専属的なものであり、他に譲渡することはできない。

● **形成的行為**‥‥‥‥
● 形成的行為とは、国民に対し、特定の**権利能力**、**行為能力**などの法律上の行為を**発生**、**変更**、**消滅**させる行為をいう。
○ 形成的行為は、①**第三者に対抗する力**を与え、又は奪う行為である。②法律行為をなさずに行なった行為は**無効**となる。③しかしその行為は、**処罰の対象**とはならない。
○ 形成的行為には、直接の相手方のためにする行為（特許）と、第三者のためにする行為（認可と代理）とに分かれる。
● **特許とは**、特定人のために、人が生まれながらには有していない新たな権利を設定する行為をいう。「**設権行為**」とも呼ばれる。
○ 特許には、設権行為だけではなく「**変更**」及び「**剥権行為**」がある。
○ 特許は、私人に新たに権利や包括的な法律関係を設定する行為であるので、権利を設定する必要があるかどうかについては、行政庁に**裁量判断が認められる**。
○ 例えば、道路占用の許可、鉱業権設定の許可、公企業の特許、公有水面埋立の許可、公務員の任命などがある。なお、変更行為及び剥権行為とは、いったん与えた権利や地位を変更し、奪う行為であり、公務員の転任、罷免などがこれにあたる。
○ 特許は、その効果の**公法的たると私法的たるとを問わない**。
○ 出願をその前提条件とし、出願の趣旨に**反する**特許は**無効**である。
○ 既存の権利、能力、法律関係などを変更する行為も特許である。
○ 特許は、単に、**反射的利益**に止まる。

【No.048】 形成的行為の「特許」の記述として、妥当なのはどれか。

1 特許は、相手方のために、権利能力、行為能力、特定の権利又は包括的な法律関係を設定する行為をいい、補充行為ともいわれる。
2 特許は、形成的行為であり、相手方のために権利を設定しようとする効果意

思の表示である。
3 特許は、出願を前提条件とするが、出願の趣旨に反しても無効とならない。
4 特許は、既存の権利、能力、法律関係などの変更する行為を含まない。
5 特許は、その効果が公法的な場合であって、私法的な場合は含まない。

□□□□□
【No. 049】 地方鉄道事業の免許のような、行政法学上、一般に公企業の特許といわれている行政行為の特質については、これが行政法上の特許であるか、あるいは許可であるかについて学説が分かれているが、次のうち「特許」と解している見解はどれか。

1 公企業の特許は、公企業を経営しようとする者に対して、公企業経営の主体についての要件である法人格を新たに付与するに止まる行為である。
2 公企業の特許は、一般にその経営が禁止されている公企業について、特定の者にこの禁止を解除して適法に経営をさせる行為である。
3 公企業の特許は、公企業の経営主体と一般利用者との間に行われる法律行為について、その法律行為を補充し、その効力を発生させる行為である。
4 公企業の特許は、公企業の経営を開始するにあたっての要件が法令に合致している旨を、公の権威をもって確認する行為である。
5 公企業の特許は、本来国が独占し、国民の営業の自由の範囲に属しない事業について、特定の者にその事業の経営する権利を設定する行為である。

●**認可とは**、第三者の契約、合同行為などの、**第三者の行為を補充**して、その法律上の効力を完成しめる行為をいう。
○例えば、農地転用の許可、公共料金の許可、起債の許可、公益法人の設立許可、土地（河川）占用権の譲渡の承認などがある。
○認可は、**法律的行為に限られる**。
○認可は、**公法行為たると私法行為たるを問わない**。
○認可は、**受けず**に行った行為は、原則として「**無効**」であるが、行為者は許可のように処罰を受けない。また認可は、基本たる行為の補充であるから、基本たる行為の不成立又は無効のときは、「無効」である。
○認可があった後でも、取消すことができる。
○認可は申請に基づくが、**申請の修正は法律上の根拠がある場合**にのみ認められる。

□□□□□
【No. 050】 形成的行為の「認可」の記述として、妥当なのはどれか。

1 認可は、第三者の行為を補充してその法律上の効力を完成させる行為であり、準法律行為的行政行為である。
2 認可は、その行為が公法行為に限り認められるものであって、私法行為には認められない。
3 認可は、認可を受けずに行った行為は無効であり、行為者は処罰を受けることになる。
4 認可は、認可があった後においては、原則として、これを取消すことができないとされている。
5 認可は、基本となる行為の補充であるから、基本となる行為の不成立又は無効のときは、無効となる。

□□□□□
【No. 051】 形成的行為の「認可」の記述として、妥当なのはどれか。

1 認可は、その対象は原則として事実行為に限られる。
2 認可は、その法律行為の効力要件ではない。
3 認可は、その対象となる法律行為は公法行為に限られる。
4 認可は、その申請の修正は法律上の根拠がある場合にのみ認められる。
5 認可は、その行為は原則として職権によって与えられる。

●許可と認可の比較

	許可	認可
性質	命令的行為	形成的行為
対象	法律的行為及び事実的行為	法律的行為のみ
要件	適法要件	効力要件
効果	自然の自由の回復	第三者のなす法律行為の完成
違反	強制執行、行政罰の対象となる	原則として無効
出願	必ずしも必要としない	前提要件

□□□□□
【No. 052】 「許可と認可」の記述として、妥当なのはどれか。

1 許可は、法律行為的行政行為の形成的行為であり、認可は、法律行為的行政行為の命令的行為である。

2　許可は、その行為が適法に行われるための要件であり、認可は、法律的行為の効力要件である。
3　許可は、その違反の場合には無効となり、認可は、その違反の場合には処罰の対象となる。
4　許可は、特定人のために法律上の力を付与する行為であり、認可は、一般的な禁止を特定な場合に解除するものである。
5　許可は、その行為は事実行為のみに限られるが、認可は、その行為は法律的行為のみに限られる。

□□□□□
【No.053】「許可と認可」の記述として、妥当なのはどれか。

1　許可は、作為・給付・受忍の義務を特定の場合に解除する行為であり、認可は、第三者の行為を補充して法律上の効力を完成させる行為である。
2　許可は、補充行為と呼ばれるものでその対象は法律的行為のみであるが、認可は、禁止解除と呼ばれるものでその対象は事実行為又は法律的行為である。
3　許可は、許可なしの行為は原則として処罰の対象となり、認可は、認可なしの行為は原則として処罰の対象となり又強制執行の対象ともなる。
4　許可は、その行為は適法要件であり、認可は、その行為は効力要件であり、認可を受けずに行った行為は原則として有効として取扱われる。
5　許可は、国民の自然の自由を回復するものであり、出願が必ずしも許可の前提要件ではないが、認可は、原則として出願が前提要件である。

□□□□□
【No.054】「許可と認可」の記述として、妥当なのはどれか。

1　許可は、作為の義務を特定の場合に解除する行政行為であり、認可は、第三者の行為を補充してその法律上の効力を完成させる行政行為である。
2　許可の例として、地方債を発行する都道府県に対する総務大臣の許可があり、認可の例として、農地の所有権を移転する者に対する知事の許可がある。
3　許可の対象は、事実行為又は法律的行為であり、認可の対象は、法律的行為で、それには、公法行為である場合と私法行為である場合とがある。
4　許可を要する行為を許可なしに行ったときは、原則処罰の対象となり、認可を要する行為を認可なしに行ったときは、原則強制執行の対象となる。
5　許可は、特定の行為を適法にできるようにするものであり、認可は、第三者の行為の補充であるから無効行為でも認可があれば原則として有効となる。

●準法律行為的行政行為とは、判断、認識、観念などの、**意思表示以外**の精神作用の発現を要素とし、行為者（処分庁）の意思とは無関係に、**一定の精神作用の発現**について、**法規の定めるところにより**法的効果が生ずる行為をいう。
○準法律行為的行政行為は、「行政庁の**意思表示を要素としない行政行為**」である。
○準法律行為的行政行為には、「**附款**」を付すことができない。
○準法律行為的行政行為には、行政庁に「**裁量権**」がない。
●準法律行為的行政行為には、次の4つがある。
　［**確認**］とは、特定の事実又は法律関係に関し、疑い又は争いがある場合に、公の権威をもってその存否又は真否を確認する行為をいう。
○例えば、当選人の決定、市町村の境界の裁定、発明の特許、建築確認、所得額決定などがある。
○確認は、疑い、争いを確認する「**判断の表示**」である。
○確認は、自由にこれを変更できない「**不可変更力**」を生ずる。
　［**公証**］とは、特定の事実又は法律関係の存否を公に証明する行為をいう。
○例えば、選挙人名簿への登録、不動産登記簿への登録、戸籍の記載、犬の鑑札の交付、弁護士・建築士などの登録などがある。
○公証は、「**認識の表示**」である。
○公証は、公の認識の表示として、「**反証**」によってのみ覆すことができる公の証拠力をもつ。
　［**通知**］とは、特定人又は不特定多数の人に、特定の事項を知らせる行為をいう。
○例えば、土地収用の告示、納税の督促、代執行の戒告、特許出願の公告などがある。
○通知は、ある事実についての観念の通知（土地細目の公告通知、特許出願の公告）であることがあり、行為者の意思の通知（納税の督促、代執行の戒告）であることもある。
○通知は、それ自体、独自の行政行為である。
○通知の効果は、行為者の意思に基づかず、もっぱら**法律によって生ずる**。
○通知は、別段の法律効果を生じさせない場合があり、この場合は、単なる事実行為に止まるが、法律により一定の効果が付与される限りにおいて準法律行為的行政行為に属する。
○通知は、すでに成立した行政行為の効力発生要件の交付、送達とは異なる。
　［**受理**］とは、他人の行為を有効な行為として受領する行為をいう。
○例えば、各種の申請、届出、結婚届などの受理があり、受理により**法律上の一定の効果が発生する**。
○受理は、単純な事実たる到達と異なり、受動的な意思表示である。
○受理は、要件が具備されていれば受理、不受理の裁量の余地はない。
○受理は、形式的要件を欠く場合には、受理を拒否できる。

☐☐☐☐☐
【No.055】　準法律行為的行政行為の記述として、妥当なのはどれか。

1　準法律行為的行政行為は、行政の判断、認識などに法が効果を付与したものであり、行政庁の裁量の余地が多いため、これに附款を付すことができる。

2　確認行為は、疑い又は争いがある法律関係を公の権威をもって確認する行為であり、確認後に対外的に表示する行為でもあり、不可変更力は生じない。
3　公証行為は、特定の事実又は法律関係の存否を公に証明する行為であり、認識の表示であるため、反証によってもくつがえすことができない。
4　通知行為は、特定の事実又は行政庁の意思を了知される行為で、それ自体独自行為であり、既に成立した行政行為の効力発生要件の交付、送達と異なる。
5　受理行為は、届出・申請などの他人の行為を有効な行為として受領する行為であり、形式的要件を欠く場合は、当然に受理を拒否することができる。

□□□□□
【No. 056】　準法律行為的行政行為の「確認」の記述として、妥当なのはどれか。

1　確認行為は、認識の表示として、既存の事実又は法律関係を公の権威をもって確認する行為である。
2　確認行為は、形式的行為であり、単なる判断の表示であり、これに対し法律が一定の効果を付与するものである。
3　確認行為は、公の権威をもって確定されたところは、自由にこれを変更できない不可変更力が生ずる。
4　確認行為は、その例として、特許法上の発明の特許、土地細目の公告、当選人の決定などがある。
5　確認行為は、どのような効果が生ずるかは行政庁の判断に委ねられており、法律の定めにこだわらない。

□□□□□
【No. 057】　準法律行為的行政行為の「公証」の記述として、妥当なのはどれか。

1　公証は、反証によってのみ覆すことができる公の証拠力を持つ。
2　公証は、判断の表示である。
3　公証は、効果意思の表示である。
4　公証は、その行為の法的効果は法律によって異ならない。
5　公証は、要式行為ではない。

8 行政行為の附款

●行政行為の附款
○附款とは、行政行為の効力を制限する意思表示の主たる内容に付加される「**従たる意思表示**」である。

主たる意思表示	従たる意思表示
法律等	①条件…発生「**不確実**」な将来の事実にかからせる附款。 　●「停止条件」条件達成により効果が**発生**するもの。 　●「解除条件」条件達成により効果が**消滅**するもの。 ②期限…発生「**確実**」な将来の事実(日時)にかからせる附款。 　●「始期」期限の到来により効果が**生ずる**もの。 　●「終期」期限の到来により効果を**失う**もの。 ③負担…一定の負担を命ずる意思表示。 ④取消権の留保…特定の場合に取消権を留保する意思表示。 ⑤法律効果の一部の除外…法令が行政行為に付した効果の一部の発生を除外する意思表示。

□□□□□
【No.058】 行政行為の「附款」の記述として、妥当なのはどれか。

1　附款の「条件」とは、行政行為の効果を将来到達することが確実な事実にかからせる意思表示で、効果が発生する場合と効果が消滅する場合がある。
2　附款の「負担」とは、授益的行政行為について主たる意思表示に付加して、行政行為の相手方に対し、これに伴う特別の義務を命ずる意思表示をいう。
3　附款の「期限」とは、行政行為の効果を発生不確実な将来の事実にかからせる意思表示をいい、効果が発生する場合と効果が消滅する場合がある。
4　附款の「取消権の留保」とは、行政行為にあたり主たる意思表示に付加して法令がその行為に付した効果の一部の発生を除外する意思表示をいう。
5　附款の「法律効果の一部の除外」とは、許認可で、主たる意思表示に付加して、特定の場合に行政行為を取消し得る権利を留保する意思表示をいう。

8 行政行為の附款

□□□□□
【No. 059】 行政行為の「附款」の記述として、妥当なのはどれか。

1 会社の設立を条件として河川の使用を許可する行為を「負担」という。
2 何月何日に予防接種を受けることを命ずる行為を「条件」という。
3 道路占用許可にあたり占用料の納付を命ずる行為を「取消権の留保」という。
4 出張で法定旅費の支給なしを示す行為を「法律効果の一部の除外」という。
5 営業免許で公益上必要のときは取消ができる旨の行為を「期限」という。

□□□□□
【No. 060】 行政行為の「附款」の記述として、妥当なのはどれか。

1 附款は、法律行為的行政行為の効果を制限するために付されるので、附款が無効の場合には、当然に附款の付かない行政行為として効力を生ずる。
2 附款は、法律行為的行政行為の効果を制限し、もって行政の具体的妥当性を図る制度であるから、必ずしも意思表示に付加されるとは限らない。
3 附款は、行政行為の要素たる意思表示を制限するために付加され、法律行為的行政行為はもとより、準法律行為的行政行為に対しても付し得る。
4 附款は、裁量権の範囲内にしか付することができないので、附款が違法な場合においては、行政行為の効力は当然に無効として取扱われる。
5 附款は、従たる意思表示であり、そのことを法令自身が認めているか、それとも法令に基づき行政庁の自由裁量を認めている場合に限って付される。

□□□□□
【No. 061】 行政行為の「附款」の記述として、妥当なのはどれか。

1 附款は、法律行為的行政行為のみに付すことができるので、法律行為的行政行為であれば、行政庁が自由かつ無制限に付すことができる。
2 附款は、法令に附款を付し得る旨の根拠規定がなくても、一定の場合に一定の行為を行うことが義務づけられている場合には、任意に付し得る。
3 附款は、行政行為に付された従たる意思表示であり、附款が無効である場合には附款のみが無効となり、附款の付かない行政行為として効力を生ずる。
4 附款を付し得るとしても一定の限界があり、行政庁の任意の意思により、法の要求している効果を制限する意味を持つものを付すことはできない。
5 附款は、行政行為の根拠となった法律が許容する限度で認められ、法的安定性から考え、法律によって許されている行政行為に限り付すことができる。

【No. 062】 次の行政行為の「附款」のAとして、妥当なのはどれか。

　A は、行政行為の附款のうち、主たる意思表示に付随して、行政行為の相手方に対し、これに伴う特別の義務を命じる意思表示をいう。道路占有許可にあたり、占用料の納付を命じるのがその例である。

1　条件
2　期限
3　負担
4　取消権の留保
5　法律効果の一部の除外

【No. 063】 行政行為の「附款」の記述として、妥当なのはどれか。

1　附款には、法律自らが行政行為に付加する条件と期限があり、これらは法定附款といわれており、この附款は行政行為の附款の中に含まれない。
2　附款は、法令による裁量が認められる場合にその範囲で付すことができるが、この附款を付せる裁量とは法規裁量であり、自由裁量には認められない。
3　附款が違法であるときは、その附款のみの取消しを求めて抗告訴訟を提起することができるが、当該附款の執行停止を求めることはできない。
4　附款は、行政庁の自由裁量の範囲が存在することを前提として付加されるものであり、どの様な附款を付そうとも行政庁の自由裁量である。
5　附款がその限界を超えて違法と判断される場合には、その行政行為の効力が失効する場合もあるが、附款の違反に対し刑罰が科せられることはない。

【No. 064】 行政行為の「附款」の記述として、妥当なのはどれか。

1　附款は、主たる意思表示に付加された従たる意思表示であるから、附款については、違法の瑕疵がある場合においても、公定力を生じない。
2　附款は、付す内容に一定の限界があり、具体的な行政行為の目的に照らし必要な限度に止どまりその限度は必ず法律に明示されていなければならない。
3　行政処分に附款が付され、その附款が違法であるときは、その附款のみを取消訴訟の対象とできるが、附款の執行停止を求めることはできない。
4　附款は、行政行為の効果に影響を及ぼすことから、場合を分けて考える必要があるものの、附款に違反すると必ず刑罰が科せられることになる。

5 　附款が行政行為の重要な要素であり附款が無効であれば、行政行為自体も無効となるが、重要な要素でないときはその附款が無効となるだけである。

□□□□□
【No.065】　行政行為の「附款」の記述として、妥当なのはどれか。

1 　附款の「条件」は、行政行為の効果を将来発生することの確実な事実にしようとする意思表示をいい、道路占用を許可する場合などがある。
2 　附款の「負担」は、附款の条件の場合と異なり、負担による義務が履行されない場合においても、行政行為の効力は当然に消滅しない。
3 　附款の「法律効果の一部除外」は、相手方に権利利益を与える行政に、一定の場合には、あらかじめ撤回することを宣言しておくことを内容とする。
4 　附款の「期限」は、許可や認可などの主たる意思表示に付随して行政行為の相手方に対し、これに伴う特別の義務を命ずる意思表示をいう。
5 　附款の「条件」は、行政行為の効果を発生するかどうかが不確実な将来の事実にかからしめる意思表示であり、条件成就による効力を解除条件という。

□□□□□
【No.066】　附款の「条件又は取消権の留保」の記述として、妥当なのはどれか。

1 　条件は、行政行為の効果を発生不確実な将来の事実にかからしめる意思表示であり、事実の発生により行政行為の効果を生じさせる場合を解除条件といい、例として、道路占用の許可にあたり占用料の納付が挙げられる。
2 　条件は、行政行為の効果を将来到達することの確実な事実にかからしめる意思表示であり、例として、一定期間内に工事に着手することを条件として地方鉄道の免許を与えることが挙げられる。
3 　条件は、主たる意思表示に付加して、行政行為の相手方に対しこれに伴う特別の義務を命ずる意思表示であり、例として、会社の成立を条件として河川の使用を許可することが挙げられる。
4 　取消権の留保は、主たる意思表示に付加して、特定の場合に行政行為を取消し得る権利を留保する意思表示であり、例として、各種営業の許可にあたり公益上の必要で取消すことが挙げられる。
5 　取消権の留保は、主たる意思表示に付加して、法令が一般にその行為に付した効果の一部を留保する意思表示であり、例として、公務員の出張命令に付加して法律の定める旅費を支給しないと意思表示することが挙げられる。

□□□□□
【No. 067】 行政行為の「附款」の記述として、妥当なのはどれか。

1 行政行為の附款は、行政行為の効果を制限するために主たる意思表示に付加される意思表示であるから、命令的行為に付され、形成的行為に付すことは許されない。
2 行政行為の附款は、法律行為的行政行為に付される行為であるから、法律行為的行政行為であるならば、行政庁が自由かつ無制限に付し得る。
3 行政行為の附款は、その行政行為の目的に照らして必要な限度にとどまらなければならないが、必要な限度を超えて付された附款は、すべて無効となる。
4 行政行為の附款は、法令に附款を付し得る旨の根拠がなく、一定の行為を行うことを義務づけている場合には、行政庁は、自己の任意の意思により、法の要求している効果を制限する意味を持つ附款を付しえる。
5 行政行為の附款は、その附款が公に違法と確定されたときに、その附款が行政行為を行うにあたって重要な要素でないときには、附款が無効となるだけである。

□□□□□
【No. 068】 行政行為の「附款」の記述として、妥当なのはどれか。

1 附款は、行政行為の主たる意思表示に付加される従たる意思表示であるから、行政庁のすべての行政行為に付すことができる。
2 附款は、法令に附款を付すことができる旨の根拠もなく、また行政庁が法律上一定の要件のもとに一定の行為を行うことを義務づけている場合でも、行政庁の自由裁量により付すことができる。
3 附款は、具体的な行政行為の目的に照らし必要な限度に止まらなければならないが、この限度については必ず法律に明示されていなければならない。
4 附款は、具体的な行政行為の目的に照らし必要な限度を超える違法なものである場合でも、その違法が確定されるまで、その行政行為は有効な附款つきの行政行為となる。
5 附款の効力は、行政行為の効力に影響を及ぼすが、附款が従たる意思表示であるから、例え無効の附款が付された行政行為であってもそれは常に有効である。

【No.069】 行政行為の「附款」の記述として、妥当なのはどれか。

1 　附款の撤回権の留保は、行政庁が行政行為を行うにあたり、将来それを撤回することのあることをあらかじめ留保しておく附款である。しかし撤回権を留保しても例文の域を出ないし、実際上あまり意味のない附款であり、相手方との信義則的な効果を持つにすぎない。
2 　附款は、行政行為の一部であるが、公定力が認められないから、違法な附款が付された場合でも、一応無効なものとして取扱われるので、相手方は行政行為の一部取消訴訟を提起して争うことになる。
3 　附款が違法であれば、行政行為を行うにあたって重要な要素をなしていないときであっても、附款が無効となるだけではなく、行政行為全体として効力が生じない。
4 　附款の条件は、行政行為の効果の発生、消滅を発生不確実な将来の事実にかからせる附款であり、事実の発生によって行政行為の効果を生じさせる解除条件と、事実の発生によって行政行為の効果が消滅する停止条件がある。
5 　附款は、準法律行為的行政行為にも付せる。附款は法令で定める場合又は法令による裁量権が認められている場合に付すことができるが、その場合にも附款の妥当性を確保するために一定の限界がある。

9 行政行為と裁量

●行政行為と裁量

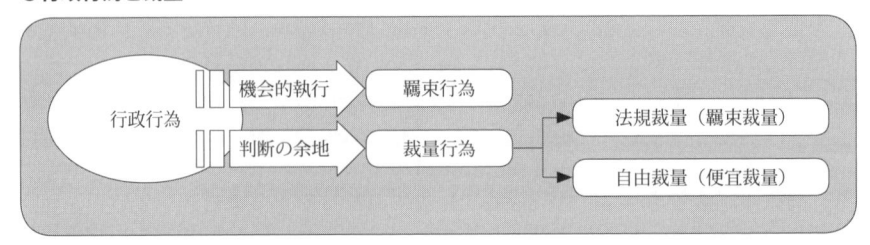

```
行政行為 ─┬─ 機会的執行 → 羈束行為
         └─ 判断の余地 → 裁量行為 ─┬─ 法規裁量（羈束裁量）
                                    └─ 自由裁量（便宜裁量）
```

○「**羈束行為**」とは、行政行為は、法規に基づいて行わなければならず、その拘束の度合いが、**法規**によって完全に**拘束**されている行為をいう。
○「**裁量行為**」とは、行政行為は、**法規**に基づいて行わなければならないが、具体的な事情に応じ、適切な措置を執るようにとの配慮から、法令自体がある程度行政庁の**裁量**の余地を認めている場合、その裁量に基づいて行う行為である。
●**両者を区別する理由**としては、次のとおり。
①主として訴訟の対象の範囲を定めるという、行政訴訟上の技術的要請に基づいている。
○司法審査に服するか否かによって羈束行為と裁量行為があり、裁量行為は、司法審査になじむか否かによって法規裁量と自由裁量とに区分される。
②両者は、その他、**附款**を付し得る行政行為であるかどうかの点で、意味を持ちえる。
●**裁量行為**
○「**法規裁量**」とは、法が一義的に定めをしていないために、解釈上裁量の余地のあるように見えるが、客観的には法の基準が存在し、そこでの裁量が、「**何が法であるか**」であり、その判断の誤りは違法となる。確認行為や公証行為などの**準法律行為的行政行為は、法規裁量**である。
○「**自由裁量**」とは「**何が公益に合致する**」かの裁量であり、その判断の誤りは、当・不当の問題を生じるにとどまり、違法の問題を生じない。ただ、自由裁量といえども、法から全く自由ではなく、法の許容する**裁量権の範囲を超え又は濫用があった場合**には「**違法**」となり、当然に裁判所の審理に服すると解されている。

□□□□□
【No.070】 羈束行為と裁量行為の記述として、妥当なのはどれか。

1 羈束行為は、行政機関に法の機械的執行が要求されている行為をいい、大きく法規裁量（羈束裁量）と自由裁量（便宜裁量）とに分けることができる。
2 羈束行為は、法規が多義的な定めをしていることから行政機関の裁量の余地を明確にし、行政庁に一定の範囲の裁量の余地を認めている行為である。

3 　羈束行為と法規裁量とを併せて羈束処分となり、司法審査の対象となるが、羈束行為と対比して自由裁量は原則として司法審査の対象とならない。
4 　裁量行為は、行政裁量に基づく行政行為であり、行政庁の恣意を認めることを意味し、裁量権の濫用も不当行為と見なされ、司法の介入の余地はない。
5 　裁量行為は、法規が要件や効果について一義的に明確に定めているために、単に法規を具体的にしかも機械的に執行するに止まる行為である。

□□□□□
【№071】　行政行為を羈束行為と裁量行為に、また裁量行為を法規裁量と自由裁量とに分けた場合の記述として、妥当なのはどれか。

1 　羈束行為とは、法が行政を羈束する行為であり、裁量行為との相違は、その行政行為が相手方に対して公定力を有するか否かという点にある。
2 　行政庁が法規裁量を誤る行為は、一般的には違法行為とはいえないが、その裁量権を濫用し、また裁量権の限界を超えた場合は違法行為となる。
3 　法規裁量とは、何が法であるかという判断であり、その裁量を誤る行為は行政訴訟の対象とはならないが、行政上の審査請求の対象となる。
4 　裁量権の範囲内でなされた行為は、仮に行政庁が自由裁量を誤っても、単に不当行為であるに止まるから、行政上の審査請求の対象とはならない。
5 　法規裁量と自由裁量との区別は裁量権の幅に関する量的な違いにすぎないが、区別する実益は、司法審理の限界を具体的に明確にすることにある。

□□□□□
【№072】　法規裁量と自由裁量の記述として、妥当なのはどれか。

1 　法規裁量とは、何が行政の目的に合致し公益に適するかの裁量であり、その裁量を誤る行為は、単なる不当の問題を生じるに止まり違法は生じない。
2 　法規裁量を誤る行為は、違法行為であり、訴訟の対象となるのに対して、自由裁量を誤る行為は、不当行為であり、訴訟の対象とならない。
3 　自由裁量とは、何が法であるかの裁量であるが、行政庁の恣意独断を認める趣旨ではなく、その裁量の判断を誤る行為は違法行為となる。
4 　法規裁量と自由裁量とに区別することができるが、ともにその裁量行為の誤りについては、裁判所の司法審理の対象となるものである。
5 　法規裁量は、自由裁量に対比する概念であり、権利又は利益を賦与する行為であり、自由裁量は、権利又は自由を剥奪する行為である。

□□□□□
【No.073】 行政庁の裁量行為の記述として、妥当なのはどれか。

1 行政庁の裁量行為は、法の枠内での裁量であるから、その枠を超えて行った処分や、法が一定の事実の存在を前提として裁量を認めている場合に、その前提となる事実が存在しないにもかかわらず行った処分は違法である。
2 行政庁の法規裁量に属する事項は、その判断が法律上行政庁の自由に委ねられており、その判断の誤りは不当とされるので、法規裁量について訴えがある場合、裁判所は審理を行うことなく却下するのが通常である。
3 行政庁が国民の権利又は利益を付与する行為は、原則として法規裁量に属するが、国民の権利又は自由を制限し、剥奪するなど不利益を課す行為は、原則として自由裁量に属する。
4 法が行政庁に、ある行政処分を行う権限を与えているだけで、どういう場合に、どういう処分をすべきかについて、何ら基準を示していないときは、常に行政庁の法規裁量の範囲に属する。
5 行政庁の裁量行為は、その判断が法律上行政庁の自由裁量に委ねている行為であるから、法が自由裁量を認めた目的を無視して恣意的に著しく公正を欠く裁量を行い、その結果行政の目的に違反した場合でも違法とならない。

□□□□□
【No.074】 行政行為の裁量の「判例」の記述として、妥当なのはどれか。

1 最高裁は、行政庁が出入国管理令に基づき外国人の残留期間の更新事由の有無を判断するにあたり、更新申請者の残留中の行状等、申請事由以外の事情を考慮することは認められないとして、行政庁の裁量権を否定した。
2 最高裁は、伊方原発訴訟において、行政庁による原子炉の安全性の認定は高度な科学的、専門技術的知見に基づく総合的判断であり、裁判所の審理は、その判断結果はもとより判断過程や手続についても及ばないとした。
3 最高裁は、懲戒権者の裁量権の行使としてされた公務員に対する懲戒処分の適否を審査するにあたっては、懲戒権者と同一の立場に立って懲戒処分をすべきであったかどうか又はいかなる処分を選択すべきであったかについて判断し、その結果と当該処分とを比較してその軽重を論ずべきものとした。
4 最高裁は、酒類販売業者の免許制は、酒税の適正かつ確実な賦課徴収を図るという立法目的の達成手段としては合理性があり、人口を基準に酒類消費量を計算している酒類供給は合理的な基準であるとした。
5 最高裁は、車両制限に基づく道路管理者の認定が5か月間留保されたことの適否が争われた裁判で、それが建築に反対する住民と上告人側との衝突を回避する措置であったとしても、行政行使の裁量として許容される範囲を超えて

いるとした。

□□□□□
【№ 075】 行政行為の裁量の「判例」のうち、妥当な組合せはどれか。

A　最高裁は、回転禁止区域において回転したタクシー運転手に対し公安委員会が運転免許の取消しを行った処分は、具体的な事実関係を客観的基準に照らして決定すべきであり、公安委員会には裁量権の余地はないとした。
B　最高裁は、国の通達により特別清掃区域内での汚物取扱業には市町村長の許可が必要とされことに伴う業者からの申請を、他市の汚物も持ち込まれるなどの理由による不許可処分は、裁量権の範囲を逸脱した違法な処分とした。
C　最高裁は、児童遊園設置の認可処分は県知事の自由裁量に属する行為であるから、県知事がもっぱら個室付浴場の開設阻止を目的としてその建設予定地の近くに児童遊園設置を認可する処分は、行政権行使の著しい濫用にあたり違法であるとした。
D　最高裁は、裁判所が懲戒権者の裁量権の行使としてされた公務員に対する懲戒処分の適否を審査するにあたっては、懲戒権者と同一の立場に立って懲戒処分を行うべきであったかどうか又はいかなる処分を選択すべきであったかについて判断し、その結果と当該処分とを比較して、その軽重を論ずべきものではなく、懲戒権者の裁量権の行使に基づく処分が社会観念上著しく妥当性を欠き、裁量権を濫用したと認められる場合に限り、判断すべきものであるとした。

1　AB　　2　AC　　3　BC　　4　BD　　5　CD

●裁量行為

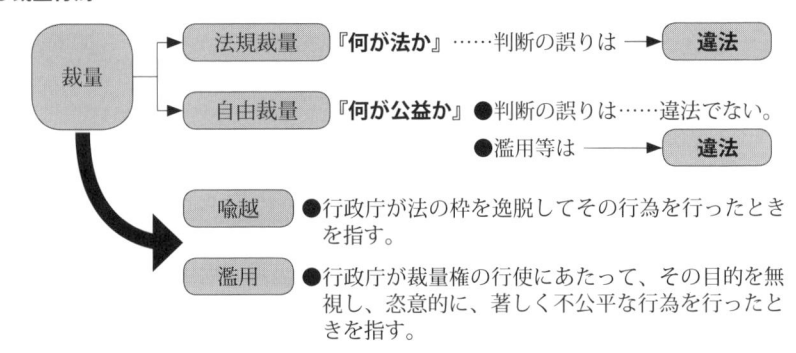

```
         ┌→ 法規裁量   『何が法か』……判断の誤りは → 違法
  裁量 ──┤
         │   自由裁量   『何が公益か』●判断の誤りは……違法でない。
         │                            ●濫用等は → 違法
         │
         └→ 喩越      ●行政庁が法の枠を逸脱してその行為を行ったとき
                         を指す。
            濫用      ●行政庁が裁量権の行使にあたって、その目的を無
                         視し、恣意的に、著しく不公平な行為を行ったと
                         きを指す。
```

□□□□□
【№.076】 行政庁の裁量行為の記述として、妥当なのはどれか。

1　法規裁量は、法が一義的に定めていないが、客観的には法の基準が存在し、そこでの裁量が「公益に合致するか」にある。
2　自由裁量は、「何が法であるか」かの裁量であり、その判断の誤りは、当・不当の問題を生じるに止まり、違法の問題は生じない。
3　自由裁量といえども、法からまったく自由ではなく、裁量権の濫用があった場合には違法となり、当然に裁判所の審理に服する。
4　裁量権には、喩越と濫用があり、喩越は、行政庁が裁量権の行使にあたって、その目的を無視し、恣意的に著しく不公平な行為を行ったときを指す。
5　裁量権には、喩越と濫用があり、濫用は、行政庁が法の枠を逸脱してその行為を行ったときを指す。

10 行政行為の瑕疵

●瑕疵ある行政行為の区別
①瑕疵ある行政行為の区別の実益は、主として訴訟手続との関連においてである。

	無効の行政行為	取消すことができる行政行為
出訴期間	制限がない	制限がある
審査請求	不要	前置主義をとる場合もある
公定力	当初からない	取り消されるまである
不当利益返還請求	当初からできる	取り消されるまでできない
国家賠償請求	直ちにできる	取り消されるまでできない

②区別の基準
（ァ）瑕疵の内容が重要な法規違反であること。
（ィ）瑕疵の存在が外観上明白であること。

□□□□□
【No. 077】 行政行為の「瑕疵」の記述として、妥当なのはどれか。

1 行政行為の瑕疵で、行政機関にあらざる私人の行為は、非行政行為といい、無効の行政行為と位置づけされなければならない。
2 行政行為の瑕疵で、無効の行政行為であっても、無効とすれば生活規律の安定を害するなどの場合には、有効として取扱うこともある。
3 行政行為の瑕疵で、その瑕疵の程度で区別することはできず、取消すことができる行政行為と無効の行政行為を区別する実定法上の意義は少ない。
4 行政行為の瑕疵で、行政行為の効力の発生を妨げる不当の行政行為は、行政庁又は裁判所により取消されるまでは、完全な効力を生ずる。
5 行政行為の瑕疵で、瑕疵の重要さの程度によって無効又は取消となるので、錯誤による行政行為の効力については、無効又は取消の原因となる。

□□□□□
【No. 078】 行政行為の「瑕疵」の記述として、妥当なのはどれか。

1 最高裁は、外国人退去強制令書において、法令の要請する執行者の署名捺印を欠いた場合、権限ある行政庁の行為であることが明らかであっても、無効であるとした。
2 最高裁は、村長解職賛否投票の無効が宣言された場合には、当該賛否投票の有効なことを前提として、それまでの間に行われた後任村長の行政処分は、無効であるとした。
3 最高裁は、青色申告承認取消処分に対して行われた審査請求が棄却された際の審査決定の理由が、理由として不備であることが明白な場合でも、この審査決定は違法でないとした。
4 最高裁は、固定資産評価審査委員会が口頭審査手続外で職権調査した資料を口頭審理に上程せずに判断の基礎に採用した場合には、当然に違法であるとした。
5 最高裁は、差押並びにその登記を含む一連の公売処分は、滞納者の所有に属することを前提としており、所有に属さない目的物件を対象として行われた競争落札人の取得効果を無効とした。

●行政行為の瑕疵の諸問題
[1]【違法性の承継】—違法性の承継とは、先行処分と後行処分が一連の関係がある場合には、先行処分の違法性は後行処分に承継されることをいう。したがって先行処分の違法を理由に後行処分の効力を争える。
○例えば、農地買収計画が違法理由に、これに基づく買収処分を違法とする場合がある。
○税の差押と公売処分の場合も、違法性が承継される。
○租税の賦課とその滞納処分のような場合には、承継されない。
[2]【違法行為の転換】—違法行為の転換とは、本来は違法又は無効であるが、別の行政行為として見れば要件を具備している場合にこれを有効として取扱うことをいう。
○例えば、死者に対する鉱業許可は、相続人に対してなされたものとして有効である。
[3]【瑕疵の治ゆ】—瑕疵の治癒は、行政行為の違法が、軽微な場合又はその後欠けていた要件が具備された場合に、当初から適法な行政行為と見なされる。
○例えば、買収計画の公告に軽微な瑕疵がある場合、又は縦覧期間の日数が足りなかった場合には、買収処分を争えるが、その後買収に不服申立てがないときは、有効と見なされる。
○行政行為の内容及び手続の瑕疵には治癒を認めることができるが、理由の付記の瑕疵は治癒を認めることができない。
[4]【行政行為の不存在】—行政行為の不存在とは、行政行為が、その成立要件を欠く場合をいう。
○例えば、行政機関の内部的意思決定はあるが、行政行為が未だ外部に意思表示されてい

ない行為などがある。
○無効の行政行為と行政行為の不存在は、同一のものとして取扱われる。
[5]【事実上の公務員の行為】──公務員のすべき行為を公務員でない者が行った行政行為の効力は無効であるが、行政行為の相手方の信頼を保護する必要があるときは、事実上の公務員の行為として有効と解される。

□□□□□
【No.079】「行政行為の不存在」の記述として、妥当なのはどれか。

1 　行政行為の不存在は、未だ外部に意思表示が行われていない行為であっても、すでに行政機関の内部的意思決定があるものは除かれる。
2 　行政行為の不存在は、通知、指導など、行政機関の行為であっても、法律的効果を伴わない行為は、不存在にあたらず、行政争訟の目的となり得る。
3 　行政行為の不存在は、行政行為の成立要件を具備後に取消しや撤回など、その効力が喪失する原因が行政行為に発生した場合は、不存在にあたらない。
4 　行政行為の不存在は、行政行為とみるべきものが存在しない場合をいい、特別な法上の措置がある場合を除き、行政庁の不作為自体が不存在にあたる。
5 　行政行為の不存在は、行政行為は形式上にも存在する場合をいい、重大かつ明白な瑕疵があるためにその効力が生じない場合をいう。

□□□□□
【No.080】　行政行為の「瑕疵の諸問題」の記述として、妥当なのはどれか。

1 　行政行為の不存在は、何ら行政行為としての効力を生じない点では無効の行政行為と同じであり、無効等確認訴訟の対象ともなる。
2 　違法性の承継は、先行行為に不可争力を生じた場合、その違法性は後行行為に継承されず、先行行為の違法を理由として後行行為を争うことができない。
3 　瑕疵の治癒は、違法な行政行為が、その後欠けていた適法要件を具備した場合に瑕疵が治癒したとするが、裁判所はこれを狭く認める傾向にある。
4 　違法行為の転換は、事実に同一性が無く、行政行為として違法であるが、他の理由によれば適法とされる場合にその行政行為を適法とするものである。
5 　違法性の承継は、先行行為と後行行為という相連続する行為であっても、各行為が目的を異にし、独立の効果を生ずる場合には、違法性は承継しない。

□□□□□
【No.081】 行政行為の「瑕疵の諸問題」の記述として、妥当なのはどれか。

1 「違法性の承継」の例として、死者を相手に行われた税の賦課処分を、相続人に対する処分とする場合がある。
2 「事実上の公務員の行為」の例として、公務員の行うべき行為を公務員でない者が行った行為を有効とする場合がある。
3 「瑕疵の治癒」の例として、私人がある地方公共団体の官名を詐称して行った行為の場合がある。
4 「行政行為の不存在」の例として、公職にある者の立候補届け出及びその受理は違法であるが、その後その者が公職を辞任した場合がある。
5 「違法行為の転換」の例として、農地買収計画が違法であることを理由としてこれに基づく買収処分を違法であるとする場合がある。

□□□□□
【No.082】 行政行為の「瑕疵の諸問題」として、妥当な組合せはどれか。

A 行政行為がその成立要件を欠く場合をいう。
B 先行行為と後行行為という相連続する2以上の行為が結合して一つの法律効果をめざす場合をいう。
C 違法な行為が行われた後に欠けていた要件を具備するかあるいはその瑕疵が軽微化する場合をいう。
D 行政行為としては、瑕疵があるけれども、他の行政行為として見れば要件を具備している場合をいう。

ア 違法性の承継
イ 違法行為の転換
ウ 瑕疵の治癒
エ 行政行為の不存在

1 A=ア B=ウ C=イ D=エ
2 A=イ B=ウ C=エ D=ア
3 A=ウ B=ア C=エ D=イ
4 A=エ B=ア C=ウ D=イ
5 A=エ B=ウ C=イ D=ア

□□□□□
【No. 083】 行政行為の「瑕疵の諸問題」として、妥当なのはどれか。

1 違法行為の転換とは、行政行為がなされた時点においては適法要件が欠けていたが、その後の事情の変化によって当該要件が充足された場合に、別の行政行為であるとしてその効力を維持することをいう。
2 瑕疵の治癒とは、法定の要件に欠ける違法な処分を、法定要件を充たす他種の処分として見ることにより、その処分の効力を維持することをいう。
3 違法性の承継とは、その行為が先行行為と後行行為という相連続する2個以上の行為が結合して1つの法律効果をめざすことをいい、先行の農地の買収処分の違法性は後行の売渡処分に承継される。
4 瑕疵の治癒とは、本来は違法又は無効であるが、これを別個の行政行為と見た場合には、瑕疵がなく、かつ目的、手続、内容も適法要件を満たす場合に、これを別個の行政行為と見立てて有効なものと扱うことである。
5 違法性の転換とは、ある行政行為に瑕疵があるが、その行政行為を別個の行政行為として見ると瑕疵がなく、かつ適法要件を充足している場合に、別個の行政行為としてその効力を維持する。

11 瑕疵ある行政行為

●**行政行為の瑕疵**—行政行為の瑕疵とは、次の場合をいう。
①行政行為が法の定める要件を欠く場合（**違法な行政行為**）
②公益に反する場合（**不当な行政行為**）で、行政行為の効力の発生を妨げる場合
●**瑕疵ある行政行為も一応有効であるが、「無効」と「取消」が可能である。**
①致命的な欠陥を有し、何人もその効力を否定し得る行政行為である「**無効の行政行為**」と、
②欠陥はあるが、一応有効なものとして存続し、正当な権限を有する行政庁又は裁判所によって取消されてはじめてその効力を失う「**取消すことができる行政行為**」とがある。
○**無効な行政行為**は、行政行為が、処分の相手方などの権利利益の保護や法的安定性などの要請に照らしても、許し難い程度の違法性を持つために、取消訴訟の排他的管轄の下で行政に優位な取扱いをすることが妥当でない行政行為である。
例えば、死者を名宛人として行われた農地買収処分のように、処分の内容を実現することが不可能な行政行為がある。
○**取消すことができる行政行為**は、処分の相手方などは自らの判断でそれを違法として無視することができるためには、取消訴訟を提起してその違法性を争わなければならない。
●**違法な瑕疵と不当な瑕疵**—瑕疵ある行政行為は、行政庁に裁量判断が認められていることから、裁判所の審査の程度により、「違法な行政行為」と「不当な行政行為」に区別される。
・「**違法な行政行為**」は、裁判所は判断代置して行政行為を**取消**することができる。
・「**不当な行政行為**」は、行政庁の専門技術的な判断領域として法律が行政庁に権限を授権していることから、裁判所は判断代置を行うことができず、裁量処分の逸脱、濫用があったかどうかについての**審査**に限定される。

□□□□□
【№.084】　瑕疵ある行政行為として、妥当なのはどれか。

1　瑕疵ある行政行為は、行政行為の効力を妨げる瑕疵をいい、たとえ軽微なものでも、その瑕疵が外観上明白であれば、何人もその無効の判断を行える。
2　瑕疵ある行政行為のうち取消せる行政行為は、すべて正当な権限を有する行政庁又は裁判所の取消しのあるのを待たず、初めから効果が生じない。
3　無効の行政行為は、すべて正当な権限を有する行政庁又は裁判所の取消しのあるまでは、有効な行政行為としてその効力が保持される。
4　瑕疵ある行政行為は、無効としたり取消したりすることが、公益上重大な影響がある場合には、有効な行為として取扱う場合がある。
5　瑕疵ある行政行為は有効なものとして扱われるが、その瑕疵が重大で取消す場合には、いつでも直接に裁判所に訴えて、その効力を争うことができる。

□□□□□
【No.085】 瑕疵ある行政行為の記述として、妥当なのはどれか。

1 瑕疵ある行政行為は、存在する行政行為が、行政庁又は裁判所による取消しを待つまでもなく、当初から法律効果が生じない行政行為である。
2 瑕疵ある行政行為は、その行政行為の成立に瑕疵があるにもかかわらず、権限ある行政庁又は裁判所が取消して初めて効力を失う行政行為である。
3 瑕疵ある行政行為は、その瑕疵が重大かつ明白なものであるなど一定の要件を満たす行為のときは無効であり、それ以外は取消し得る行政行為となる。
4 瑕疵ある行政行為は、その瑕疵について、権限ある行政庁又は裁判所による取消しを求め得るが、出訴期間後は不可争力を持つ行政行為である。
5 瑕疵ある行政行為は、相手方の信頼を裏切り、法的生活の安定を害する場合には、その行政行為を無効の行政行為とすることができる。

□□□□□
【No.086】 瑕疵ある行政行為の記述として、妥当なのはどれか。

1 瑕疵ある行政行為は、行政行為の瑕疵が無効原因のときは、正当の権限のある行政庁又は裁判所の判断を待つまでもなく、何人も無効の判断を行える。
2 瑕疵ある行政行為は、行政法関係の安定の要請から、法の定める要件を欠く違法な行政行為であるときは、当然に無効の行政行為となる。
3 瑕疵ある行政行為で、その瑕疵が軽微な行政行為であり、取消し原因にすぎないときには、発見された時点から行政行為の執行が停止される。
4 瑕疵ある行政行為も、一応、有効なものとして取扱われ、相手方の提起によって、取消し又は無効の確認があったときは、その時点から効力を失う。
5 瑕疵ある行政行為は、正当な権限を持つ行政庁又は裁判所が、相手方その他一定の利害関係者の訴訟の提起の有無にかかわらず、取消すことができる。

☐☐☐☐☐
【No. 087】 瑕疵ある行政行為の記述として、妥当なのはどれか。

1　瑕疵ある行政行為は、行政行為に存する瑕疵が重大かつ明白である場合は無効となるが、その無効の判断は訴訟によらなければ救済されない。
2　瑕疵ある行政行為にも公定力が認められることから、最終的には裁判所の判断によって決められ、行政行為を取消すことができるのは裁判所だけである。
3　瑕疵ある行政行為について、相手方がその取消し又は無効確認を求める訴訟を提起するには、法定の一定期間内に出訴しなければならない制限がある。
4　瑕疵ある行政行為は、瑕疵が重大であるなど無効の場合においては、裁判所の判断が出るまで、その行政行為は相手方を拘束する効力を有する。
5　瑕疵ある行政行為は、本来は無効又は取消しの行為であるが、相手方の信頼を保護し、かつ法的安定性を図る要請から有効として取扱う場合もある。

☐☐☐☐☐
【No. 088】 瑕疵ある行政行為の記述として、妥当なのはどれか。

1　無効の行政行為は、相手方の信頼を保護し、かつ法的安定性の見地から、正当な権限ある行政庁又は裁判所の取消しがあるまで、公定力を有する。
2　無効の行政行為は、効力の点においては、何人もその行政行為に拘束されることなく、他の国家機関はもちろん私人さえも無効として無視できる。
3　違法な行政行為で、それが国民に権利や利益を与えるものである場合には、行政庁は公益上の必要性を理由として取消すことができない。
4　瑕疵ある行政行為には、取消可能性があるが、その取消しは、行政庁に対する取消の審査請求又は裁判所への訴訟の提起があった場合に限られる。
5　無効の行政行為は、行政行為の瑕疵が無効原因にあたり、行政行為として初めから何らの効力をも生じない点で、行政行為の不存在と共通性がある。

□□□□□
【№.089】 瑕疵ある行政行為の記述として、妥当なのはどれか。

1 瑕疵ある行政行為には、法の定める要件を欠く違法の行政行為と、公益に反する不当の行政行為とがあり、前者は当然に無効であるが、後者は取消し得るにとどまる。
2 行政行為に瑕疵ある場合には、その瑕疵が取消し原因にすぎないものであっても、一旦瑕疵が発見されたときは、その時点から行政行為の執行が当然に停止される。
3 行政行為に瑕疵があるかどうかは最終的には裁判所の判断によって決められるから、瑕疵を理由にその行政行為を取消すことができるのは裁判所だけである。
4 行政行為に瑕疵があっても、既に行われた行政行為は一応有効なものとして取扱われ、取消し又は無効の確認があったときに、その時点から将来に向かって効力を失うのが原則である。
5 行政行為に瑕疵があるために当然に無効であるときは、裁判所の判断を待つまでもなくその行為は相手方に対して何らの拘束力を持たず、相手方はこれに従う義務がない。

□□□□□
【№.090】 瑕疵ある行政行為の「取権」の記述として、妥当なのはどれか。

1 瑕疵ある行政行為の取消権は、処分行政庁と裁判所のみがこれを有し、その行使は行政行為の相手方からの取消請求又は取消訴訟の提起があった場合に限って認められる。
2 瑕疵ある行政行為の取消権は、行政行為の瑕疵が軽微であり、その行政行為を前提として新しい権利義務関係が形成されていた場合でも、法治主義の原則から常にこれを行使できる。
3 瑕疵ある行政行為の取消権の効果は、原則として既往に遡るが、取消し原因が当事者の責に帰すべき場合を除いて、当事者の不利益のためには原則として既往に遡らない。
4 瑕疵ある行政行為の取消権は、不当な公益違反の是正ではなく、違法な行政行為の是正を目的とするものであり、その取消権について明示の法律の根拠がある場合に限って認められる。
5 瑕疵ある行政行為の取消権は、実質的確定力が生ずる行政行為については原則として処分行政庁が職権で取消しができる権限であり、行政行為の相手方の請求によって取消すことはできない。

12 無効の行政行為

●無効の行政行為は、次の特色をもつ。

［瑕疵］　無効の行政行為とは、**重大かつ明白な瑕疵がある**行政行為を指す。すなわち、行政に内在する瑕疵が重要な法規違反であるか、瑕疵の存在が外観上明白であることを要する。

［行為］　「**心神喪失**」「**脅迫**」による行為は無効であるが、「**詐欺**」「**強迫**」「**賄賂**」による行為は取消の対象となる。

［根拠］　無効の行政行為は、**法**の明示の**有無**にかかわらず認められる。

［効力］　無効の行政行為は、行政庁又は裁判所の判断を待つまでもなく、**無効**である。

［排除］　無効の行政行為は、審査請求の**前置や出訴期間の制限が排除**される。

［争力］　無効の行政行為は、**不可争力が認められない**。

［出訴］　無効の行政行為は、その利益がある限りいつでも**出訴**することができる。

［区別］　無効の行政行為は、行政行為らしい外観がある点で、行政行為の**不存在と区別**される。

□□□□□

【No. 091】　無効の行政行為の記述として、妥当なのはどれか。

1　「収賄による場合」は……………当然に無効の行政行為となる。
2　「虚偽の表示がある場合」は………当然に無効の行政行為となる。
3　「強迫による場合」は……………当然に無効の行政行為となる。
4　「錯誤に陥っていた場合」は………当然に無効の行政行為となる。
5　「心神耗弱状態にある場合」は……当然に無効の行政行為となる。

□□□□□

【No. 092】　無効の行政行為の記述として、妥当なのはどれか。

1　職員が、賄賂を受けて行った営業許可処分。
2　職員が、発信者の名前を誤植して行った公文書。
3　職員が、強迫を受けて行った営業許可処分。
4　職員が、錯誤により行った行政処分。
5　職員が、死者に対して与えた免許処分。

●無効の行政行為の場合

[主体]に瑕疵がある場合

① 権限がない者が行政機関として行った行為
② 正当に組織されない合議機関の行為
③ 他の機関の協力又は相手の同意を欠く行為
④ 行政機関の権限外の行為
⑤ 行政機関の意思に欠陥のある行為

- 公務員でない者が行った行為でも第三者に対しては有効。
- 公務員の任命には相手の同意を必要とする。
- 心神喪失、脅迫の行為は無効であるが、詐欺、強迫、賄賂は取消せる。
- 錯誤による場合は、内容の不能又は違法を理由として、無効又は取消せる。

[内容]に瑕疵がある場合

① 内容の不能な行為
② 内容の不明確な行為

- 存在しない者等を相手とする行為は無効。
- 買収土地の範囲を確定しない農地買収処分は無効。

[手続]に瑕疵がある場合

① 告示又は通知を欠く行為
② 利害関係者の立会い又は協議を欠く行為
③ 公開の聴聞又は弁明の手続を欠く行為
④ 諮問を欠く行為

- 告示に軽微な瑕疵があるときは、治癒される場合がある。
- 単に行政目的を適切ならしめる諮問は、欠いても無効ではない。

[形式]に瑕疵がある場合

① 書面によらない行為
② 行政庁の署名捺印を欠く行為
③ 理由又は日付等の記載を欠く行為

- 督促や争訟の書面を欠く場合は無効。記載に欠陥あるに止まるときは無効ではない。
- 理由が不備である場合には無効とならない。また日付の記載を欠く行為は、当然に無効とならない。

□□□□□
【No.093】 無効の行政行為の記述として、妥当なのはどれか。

1 行政機関の意思決定にあたり、行政庁の職員が飲酒していたため、心神耗弱状態に陥っていた場合には、無効である。
2 行政機関の意思決定にあたり、行政庁が、決定基準の解釈について錯誤に陥っていた場合には、無効である。
3 行政機関の意思決定にあたり、行政庁が、相手方から抵抗できない程度の脅迫を受けていた場合には、無効である。
4 行政機関の意思決定にあたり、行政庁が、相手方が偽っているのを知らなかった場合には、無効である。
5 行政機関の意思決定にあたり、行政庁が、相手方から謝礼として1万円の収賄をした場合には、無効である。

□□□□□
【No.094】 無効の行政行為の記述として、妥当なのはどれか。

1 単に、審議会の諮問を経なければならない場合に、その諮問を経ずに行った行政処分は、当然に無効ではなく、一応有効となる。
2 会計管理者が行った租税滞納処分については、当然に無効ではなく、一応有効となる。
3 税額を定めないで行った租税の賦課処分については、当然に無効ではなく、一応有効となる。
4 一定の期間、関係者の縦覧に供しないで行った選挙人名簿の確定は、当然に無効ではなく、一応有効となる。
5 審査請求に対する口頭による裁決については、当然に無効ではなく、一応有効となる。

□□□□□
【No.095】 無効の行政行為の記述として、妥当なのはどれか。

1 無効の行政行為は、私人が否定することは許されず、正当な権限ある行政庁又は裁判所による無効の確認があるまで公定力を有する。
2 無効の行政行為で、重大な瑕疵が存在しても瑕疵の存在が外観上明白でないときに行政事件訴訟を提起する場合には、出訴期間内の制限に服しない。
3 無効の行政行為は、行政行為の内容に適合する法律的効果を全く生ぜず、詐欺、強迫によって意思決定の瑕疵のある行政行為に基づく場合に見られる。
4 無効の行政行為は、行政事件訴訟を提起する場合には、原則として審査請求前置主義をとり、事前の審査請求に対する裁決を経ることが要件である。
5 無効の行政行為は、国民の権利救済の保護の見地から、その瑕疵の存在が客観的に明白である場合の行政行為に限り、認められる行為である。

□□□□□
【No.096】 無効の行政行為の記述として、妥当なのはどれか。

1 無効な行政行為とは、重大かつ明白な瑕疵がある行為を指す。すなわち、行政に内在する瑕疵に重要な法規違反があり、瑕疵の存在が外観上明白であることを要する。
2 行政行為は公定力を有するので、重大かつ明白な瑕疵がある行為でもその効力を無視することはできず、無効を主張する場合には、定められた期間内に取消訴訟を提起しなければならない。
3 無効な行政行為は、行政行為をして何らの法律上の効力を生じさせないもの

であり、したがって、心神喪失や強迫による行為は無効であるが、詐欺、脅迫、賄賂による行為は取消しの対象となる。
4　行政主体に関する瑕疵は、行政主体が法の定める要件を備えていないという瑕疵であり、錯誤による場合は、当然に無効となり、外部から認識される場合には錯誤を正し、正しい内容のものとして効力が生じ、外部に認識されない場合には、表示により判断される。
5　行政行為の手続に瑕疵があっても、それが単なる行政内部の便宜的理由から行われる場合は無効でないので、土地収用における事業認定の告示を欠く場合においても無効となることはない。

□□□□□
【No. 097】 行政行為の無効及び取消の記述として、妥当なのはどれか。

1　無効な行政行為であるというミニマムの基準としては、当該行政行為に内在する瑕疵に重大な法規違反があれば充分足りると解されている。
2　行政行為の取消は、処分庁及び裁判所が行うことができるが、成立する行為を失わせる効力は、将来に向かってのみ生じ、既往に遡るものではない。
3　行政行為の取消は、その取消しについて法の明示がある場合に限って認められるが、無効な行政行為は、法の明示の有無にかかわらず認められる。
4　無効な行政行為は、正当な権限のある行政庁又は裁判所の判断を待つまでもなく無効であり、審査請求の前置及び出訴期間の制限が排除される。
5　無効の行政行為は、行政行為の瑕疵が無効原因にあたり、行政行為として初めから何らの効力をも生じない点で、行政行為の不存在と共通性がある。

□□□□□
【No. 098】 無効な行政行為の記述として、妥当なのはどれか。

1　公務員となりえない者が公務員として行った行為等は、無権限の行為として無効であり、その行為の相手方に信ずる理由がある場合でも、無効となる。
2　心神喪失中の行為とか抵抗することのできない脅迫による行為は無効であるが、錯誤による行政行為も、それ自体を理由として当然に無効である。
3　買収すべき土地の範囲を明確にしない農地買収処分や境界を明確にしない境界の査定は、内容が不明確な行政行為として、原則として無効となる。
4　行政行為の内容を適切妥当のために行う行政庁又は特別の審議機関の諮問を欠く行為は、無効な行政行為となり、行政行為の効力に影響を与える。
5　行政行為が書面を要件とする場合に、書面によらず口頭で行った行為は、原則無効であり、また書面の記載事項に欠缺がある場合も当然に無効となる。

13 行政行為の取消

●行政行為の取消
○行政行為の取消は、行政行為によって法律関係が形成・消滅したとき、その行政行為に瑕疵がある場合に、これを取消すことによって元に戻すことにある。

	取 消
瑕疵	成立に瑕疵がある。
権者	処分庁・(監督庁)・裁判所が取消できる。
根拠	法令の根拠の有無に関係ない。
制限	【条理上の制限がある】取消に制限がある。 ①授益的行政行為を侵害する場合。 ②公共の福祉を侵害する場合。 ③訴訟や関係人の確認がある場合。 ○その他、不可変更力ある行政行為や確認行為などは、職権で取消しができない。
手続	・取消には「職権」と「請求」の2つの手続がある。

□□□□□
【№.099】 行政行為の取消の記述として、妥当なのはどれか。

1 (瑕疵)―行政行為の取消とは、その成立に瑕疵がない行政行為について、その法律上の効力を失わせる行政行為をいう。
2 (権者)―行政行為の取消は、正当な権限を有する行政庁、すなわち処分庁及び監督庁がこれを行えるが、裁判所が取消すことはできない。
3 (制限)―授益的処分の取消にあたって、法律による行政の要請の回復と取消しで相手方が受ける不利益を衡量し、後者が優る場合に職権の取消しができる。
4 (手続)―行政行為の取消は、職権又は請求に基づいて取消すことができるが、行政庁は、不可変更力の生じた行政行為を職権で取消すことはできない。
5 (効果)―行政行為の取消の効果は、既往に遡るので、その取消しの原因が当事者の責めに帰すべきときであっても、既往に遡ることになる。

□□□□□
【№.100】 行政行為の「取消」の記述として、妥当なのはどれか。

1 行政行為の取消は、瑕疵を有するが有効な行政行為であるから、相手方に権利や利益を与える場合には、行政庁が絶対に取消すことができない。
2 行政行為の取消は、違法又は不当な行政行為を是正することを目的とするこ

とから、裁判所は、訴訟の提起があった場合に限り取消すことができる。
3　行政行為の取消は、取消しの原因が存しても審査請求の期間が経過し、行政行為が確定した場合は、もはや処分庁は自らそれを取消すことができない。
4　行政行為の取消は、正当な権限を有する行政庁又は裁判所も有するが、不可争力が認められないので、法定期間経過後も争訟で争うことができる。
5　行政行為の取消は、正当な権限を有する処分庁及び監督庁も、明示の法の根拠の有無にかかわらず、職権又は請求に基づいて取消すことができる。

□□□□□
【No. 101】　行政行為の「取消」の記述として、妥当なのはどれか。

1　行政行為の取消は、成立当初に存した瑕疵を理由として取消すもので、違法な行政行為に対して認められるが、不当な行政行為には認められない。
2　行政行為の取消は、法律上の効力を失わしめる行為で、取消し原因が存在するだけでは足りず、取消しを必要とする公益上の必要性がなければならない。
3　行政行為の取消は、その成立に瑕疵があることを理由として行政行為の効力を失わせるものであり、明示の法律の根拠がある場合に限って認められる。
4　行政行為の取消は、行政庁が、利害関係人の参加によって行われた実質的確定力が生ずる行政行為に対しても、職権によって取消すことができる。
5　行政行為の取消は、正当な権限を有する処分行政庁が職権で行えるが、監督行政庁も、法律に明文の規定がある場合に職権による取消権を有する。

□□□□□
【No. 102】　行政行為の「取消」の記述として、妥当なのはどれか。

1　違法な行政行為であっても、それが国民に権利や利益を与えるものである場合は、公益上の必要を理由として行政庁がこれを取消すことはできない。
2　取消には職権取消と争訟取消とがあり、裁判所は、取消しを求める訴訟の提起があった場合に限り、違法又は不当な行政行為を取消すことができる。
3　不可変更力の生じた行政行為については、行政庁は職権によってこれを取消すことができるが、被処分者の請求によって取消すことはできない。
4　処分の審査請求の期間を経過し、行政行為が形式的に確定した場合であっても、処分行政庁が職権によって取消すことが可能な場合もある。
5　取消訴訟においては、原告の請求に理由があっても、それを棄却するいわゆる事情判決が認められるが、審査請求においては事情裁決が認められない。

□□□□□
【No. 103】 行政行為の「取消」の記述として、妥当なのはどれか。

1 行政行為の取消とは、瑕疵を有するが一応有効な行政行為からその成立当初に存した瑕疵を理由として効力を失わせることをいい、この取消しには職権取消と一定の資格に係わらず請求できる争訟取消がある。
2 行政行為の職権取消は、当初の行政行為を授権された行政庁の権限行為の一環として行われるものであるから、取消権を行使できるのは処分行政庁であり、監督庁といえども取消権を行使することはできない。
3 行政行為の職権取消は、その効果を無条件に過去に遡及させると、相手方の信頼を害する結果を招くので、行政庁が当該行政行為を職権で取消す場合には、取消しの効果は将来に対してのみ生じる。
4 利益的行政行為の職権取消にあたって、処分行政庁は、取消しによって得られる法律による行政の要請の回復と、取消しによって相手方が受ける不利益とを比較衡量して、後者が優る場合に限って職権取消ができる。
5 行政行為の職権取消は、当該行政行為が審査請求その他行政審判などの争訟裁断手続を経て発せられたものである場合には、不可変更力が認められ、処分庁自体が当該行政行為を職権で取消すことはできない。

□□□□□
【No. 104】 行政行為の「取消」の記述として、妥当なのはどれか。

1 行政行為の取消は、職権又は請求に基づくが、ただし不可変更力の生じた行政行為は職権で取消せない。一般に職権の取消しでは、一定の機関又は利害関係人の意見を聴くなど、手続上、一定の制限が定められている。
2 行政行為の取消は、行政行為の成立当初から違法である場合には当該行政行為を取消すことができるが、行政行為が成立当初から不当である場合には当該行政行為を取消すことはできない。
3 行政行為の取消は、成立に瑕疵がある場合に取消すことができるが、取消すことができるのは正当な権限を有する行政庁又は裁判所であるが、この場合の行政庁とは処分庁に限られ、監督庁は含まれない。
4 行政行為の取消は、国民に権利利益を与え又は義務を免除する授益的行政行為については、国民の虚偽の申請に起因して当該行政行為が生じた場合であっても、行政庁は当該行為を取消せない。
5 行政行為の取消は、その効果は原則として既往に遡る。ただし取消しの原因が当事者の責めに帰すべきときは既往に遡らない場合があるが、授益的行政行為の職権による取消しの場合は、既往に遡る。

14　行政行為の撤回

●**行政行為の撤回**
○行政行為の撤回は、有効に成立した行政行為の効力を、その後に生じた事情を理由として行政庁が失わせることをいう。

	撤　回
瑕疵	成立に瑕疵がない。
権者	処分庁のみ撤回できる。（法令に根拠あれば監督庁）
根拠	法令の根拠の有無に関係ない。
制限	【制限】 ①侵害的行政行為の撤回は、公益上必要あるときは原則自由である。 ②授益的行政行為の撤回は、原則、認められない。 ○その他、不可変更力ある行政行為や確認行為は、撤回できない。
手続	・撤回の手続は法定されていない。 ・行政庁の裁量による。 ・授益的行政行為の撤回には、公聴会・弁明の機会を経るものがある。
効果	・撤回の効果は将来に向かって生ずる。

□□□□□
【No.105】　行政行為の「撤回」の記述として、妥当なのはどれか。

1　撤回意義……成立時に瑕疵のある行政行為の効力を失わせる。
2　撤回権者……処分行政庁及び監督行政庁が行える。
3　撤回原因……新たな事由の発生等により公益に適合する必要がある。
4　撤回限界……権利利益を与える行政行為は原則として自由撤回である。
5　撤回効果……行政行為の成立時に遡って生ずる。

□□□□□
【No. 106】 行政行為の「撤回」の記述として、妥当なのはどれか。

1 （権者）―撤回は、原則として処分庁のみが権限を有するが、処分庁を指揮監督する監督行政庁も、法令の根拠の有無にかかわらず撤回権を有する。
2 （根拠）―撤回は、公益上の必要があるとき、又は処分の相手方に法律違反の行為などがある場合に、法令の根拠の有無にかかわらず、自由に行える。
3 （制限）―撤回の制限には2つの場合がある。権利利益の制限や不利益を科する場合の撤回は自由でないが、権利利益の付与する撤回は自由である。
4 （手続）―撤回手続は法定されている。だが前の行政行為と抵触する行政行為が行われることによって前の行政行為が撤回されたと認められることもある。
5 （補償）―授益的な行政行為の撤回において、相手方に特別の犠牲を強いた場合でも、法令に補償の規定がない場合には、損失補償をする必要がない。

□□□□□
【No. 107】 行政行為の「撤回」の記述として、妥当なのはどれか。

1 撤回は、行政行為が成立した後になって瑕疵が発見されたために、将来に向かって、処分行政庁が当初の効力を失わせる行為である。
2 撤回は、行政行為を行った処分行政庁の上級行政庁にも認められ、当該行政行為について、法令に特別の定めがなくとも撤回権を有している。
3 撤回は、事後に当初の行政行為の効力を失わせる行為であるから、既存の法律秩序を害することになるので、法律上の根拠がなければ撤回できない。
4 撤回は、当初の行政行為が義務又は不利益を科するものであると、権利又は利益を付与するものであるとを問わず、行政庁の裁量で自由に撤回できる。
5 撤回は、その性質において新たに同一の行政行為を行うのと同じであり、それは処分行政庁の専属管轄に属する事項と解されている。

□□□□□
【No. 108】 行政行為の「撤回」の記述として、妥当なのはどれか。

1 撤回は、相手方に権利又は利益を賦与するときは、相手方の既存の利益を覆し、法的安定性を害するから、相手方の同意のある場合に限り認められる。
2 撤回は、行政庁が当然に選択できず、行政庁の意思行為によるものであり、その意思行為に基づきその効力を失う行政行為の失効と同じである。
3 撤回権の留保の附款が付されている場合は、一定期間の到来や解除条件の成就で効力が消滅するが、当該の撤回の場合には実質的な事由は必要でない。
4 撤回は、行政庁の公益判断の変化等に対応する積極的介入であるが、撤回の

可否で、公開の聴聞、弁明の機会の付与等の手続を要件とする場合もある。
5　撤回は、公益上の理由により行政行為が撤回され、その結果、相手方に損失が発生した場合であっても、法令の定めがなければ補償の対象とならない。

□□□□□
【No.109】　行政行為の「撤回」の記述として、妥当なのはどれか。

1　撤回は、瑕疵がなく成立した行政行為について、後発的な事情を理由に行われるもので、行政庁の意思行為の有無にかかわらず消滅させる行為をいう。
2　撤回は、権利又は利益を賦与する行政行為の撤回の場合には、公益上の必要があるときでも、原則としてその財産上の損失について相当の補償を要する。
3　撤回は、行政行為の附款として付される場合があり、行政行為の附款として取消権が留保されている場合には、それを理由に無条件の撤回が許される。
4　撤回は、確定力又は準ずる効力を生ずる場合を含めて、相手方に義務その他の不利益を科する行政行為の撤回は、原則として自由である。
5　撤回は、授益的行政行為の場合は原則認められるが、撤回の必要性が相手方の責めに帰すべき事由によって生じた場合には、その撤回は許容されない。

□□□□□
【No.110】　行政行為の「撤回」の記述として、妥当なのはどれか。

1　行政行為の撤回は、当初は適法であった行政行為について、監督行政庁が行政行為の後発的事情を理由として行う独自の行政行為である。
2　行政行為の撤回は、撤回について相手方の同意がある場合、又は行政行為に撤回権が留保されている場合に限って行うことができる。
3　行政行為の撤回は、有効に成立した行政行為の効力を事情の変遷に応じ、常に公益に適合させるために、法令の規定の有無にかかわらず認められる。
4　行政行為の撤回は、処分行政庁が行政行為の原始的瑕疵を理由に除去する行政行為をいい、その効果は行政行為の成立時に遡って生ずる。
5　行政行為の撤回は、処分行政庁又は監督行政庁が撤回の可否について公開の聴聞や弁明の機会の付与などの手続を経た場合のみに認められる。

□□□□□
【No.111】 行政行為の「撤回」の記述として、妥当なのはどれか。

1 撤回は、有効に成立している行政行為について、その成立に瑕疵があることが明らかとなったために、その効力を将来に向かって失わせる処分である。
2 撤回は、有効に成立している行政行為について、解除条件の成就などにより、その効力の失われたことを監督行政庁が宣誓する行為である。
3 撤回は、侵略的行政行為の場合には、その相手方に利益を与えるものであるから、争訟の裁断手続のように不可変更力を備える行政行為にも自由である。
4 撤回は、義務を免ずる授益的な内容を持つ場合には、原則として認められないが、相手方の同意がある場合に限りその効力を失わせる。
5 撤回により相手方に損失を与えた場合は、法律に補償の規定がない場合でも、類似の事例の法律に補償規定がある場合には、補償を求めることができる。

15 行政立法

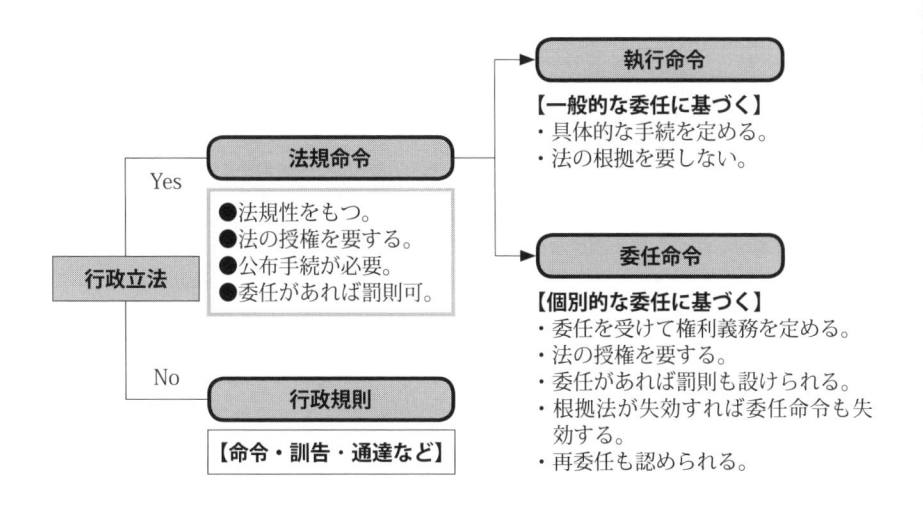

```
                    ┌─── 執行命令
                    │    【一般的な委任に基づく】
                    │    ・具体的な手続を定める。
         法規命令 ──┤    ・法の根拠を要しない。
      Yes  ●法規性をもつ。
           ●法の授権を要する。
           ●公布手続が必要。
行政立法   ●委任があれば罰則可。
                    │    委任命令
                    └─── 【個別的な委任に基づく】
                         ・委任を受けて権利義務を定める。
                         ・法の授権を要する。
      No                 ・委任があれば罰則も設けられる。
         行政規則        ・根拠法が失効すれば委任命令も失
         【命令・訓告・通達など】  効する。
                         ・再委任も認められる。
```

【No.112】 行政立法の記述として、妥当なのはどれか。

1　行政立法は、法律を補完する基準を設定することであるが、法律の解釈規定、法律の補充的規定、法律の具体的規定に止まるべきであるとされている。
2　行政立法では、行政規則と法規命令という2つの異なる内容を取扱うが、法規の性質を有する行政規則と、法規の性質を有しない法規命令とがある。
3　行政立法は、行政権が法条の形式をもって一般抽象的な定めを行うことであり、法律に違反しない限り制定できる行政権に伴う当然の権能である。
4　行政立法は、法規命令及び行政規則ともに、それらに違反した行為は違法な行政行為として、その効力が否定されたり、妨げられることになる。
5　行政立法は、法律の定める要件に適合しなければならず、かつこれを外部に表示（公布）する手続が定められており、公布されることで効力が生ずる。

□□□□□
【No.113】 行政立法の記述として、妥当なのはどれか。

1 法規命令は、その主体、内容、手続及び形式のすべての点において法律の定める要件に適合することを要するが、これを外部に公布する必要はない。
2 執行命令は、法律によって定められた権利義務などを具体化する手続や形式を定めるにすぎないが、その制定には、個々の法律の授権が必要である。
3 委任命令は、法律の委任により制定されたものであるから、根拠となる授権法律が失効すれば、法律に特段の定めがない限りその命令も失効する。
4 行政規則は、行政権に伴う当然の機能として定めることができ、法規たる性質を有するので、裁判規範として裁判所をも拘束することになる。
5 委任命令は、法律の委任に基づき国民に権利義務を課する規定を設けることができるが、あくまでも補充規定で、罰則規定を設けることは許されない。

□□□□□
【No.114】 行政立法の「法規命令」の記述として、妥当なのはどれか。

1 法規命令とは、行政権の定立する法規たる定めをいい、現行憲法で認められている法規命令は、執行命令、委任任命及び緊急命令に限られている。
2 法規命令は、行政権が定める法規たる性質を持つ定めを指し、国会における民主的コントロールに服し、法律と同じ手続的な制約を受けることになる。
3 法規命令は、国民の権利や義務に関する定めであって、正当な権限を有する行政官庁が、適法な手続及び形式で定立した時点で、現実に拘束力を生ずる。
4 法規命令は、制定権限の所在を明確にし、上級法令で与えられた命令制定権そのものを下級官庁に委任し又は部下に授権代理させることはできない。
5 法規命令は、行政権の意思表示であるから、根拠法が消滅又は廃止されても、命令自体の廃止手続が執られない限り有効に存続することになる。

□□□□□
【No.115】 行政立法の「法規命令」の記述として、妥当なのはどれか。

1 法規命令は、国民の権利義務に関する定めではなく、行政の内部的関係に関する定めであり、国民に対する直接の法効果を有しない規定である。
2 法規命令は、行政官庁の権限事項に関して定められるが、法律に根拠がなくとも、当然に行政官庁の命令制定権そのものを下級行政官庁に委任できる。
3 法規命令を発した行政官庁が廃止されても、当該事項が他の官庁の権限事項として存続する限り、その権限を有する官庁の命令として効力を存続する。
4 法規命令には、原則として、特に法律の個別的・具体的な委任に基づくこと

なく、一般的・包括的な委任によって罰則を設けることができる。
5　法規命令は、形式上立法行為の性質を有するが、実質上は行政権の意思表示であって、法律と異なり外部に公布しなくても現実に拘束力が生じる。

□□□□□
【No.116】　行政立法の「法規命令」の記述として、妥当なのはどれか。

1　法規命令は、委任命令と執行命令に分けられ、委任命令を制定するためには、法規による個別的・具体的な委任に限らず、一般的・包括的委任に基づく場合にも許される。
2　法規命令は、法律の補充的規定又は上位法令を執行するための細目的、手続的規定であり、憲法の定める罪刑法定主義の原理から、法律は法規命令に罰則の制定を委任することを一切禁じている。
3　法規命令は、これを発する権限をもつ行政機関の違いに応じて政令、省令、外局規則などの形式をとることが多いが、行政機関が決定事項を公に知らせる告示の形式をとって発せられる場合もある。
4　法規命令は、行政機関の権限による行政行為の一種と定義され公定力を有するので、法規命令の根拠となった法律が廃止されても、その法規命令が効力を失うことはない。
5　法規命令は、法律により特定の事項について委任されるが、法律の規定によりその特定事項について法規命令から再委任できるとすることは、国会のもつ立法府としての責任を放棄することになるので許されない。

□□□□□
【No.117】　「委任命令と執行命令」の記述として、妥当なのはどれか。

1　委任命令は、国民の権利義務の内容を定めるもので、憲法上直接その根拠が認められているのに対し、執行命令は、条理上認められているにすぎない。
2　委任命令は、法律による個別的、具体的な委任があった場合に法律事項を規定し得るのに対して、執行命令は、法律事項を規定することができない。
3　委任命令は、権限の所在を標準とし、その形式として政令のみが認められているのに対し、執行命令は、政令のほか省令の形式も認められている。
4　委任命令は、地方公共団体の条例と同様、一定の範囲内で罰則の一般的委任が認められているのに対し、執行命令には、罰則を付すことが認められない。
5　委任命令は、法律から委任された事項の一部を下級命令に再委任することが一切認められていないのに対し、執行命令は、広く再委任が認められている。

【No.118】「行政規則」の記述として、妥当なのはどれか。

1　行政規則は、法規たる性質を有する。
2　行政規則は、法律の授権を要する。
3　行政規則は、原則として告示の形式をとる。
4　行政規則は、公布されることで効力を生ずる。
5　行政規則は、行政権に伴う当然の権能として認められる。

【No.119】「行政規則」の記述として、妥当なのはどれか。

1　行政規則は、一般にこれに違反してもその効力は妨げられない。
2　行政規則は、行政権の定立する法規たる定めをいう。
3　行政規則は、これに違反すると、取消しができる行為となる。
4　行政規則は、常に国民の権利義務に関係のない事項が定められる。
5　行政規則は、法律の根拠に基づき行政権の権利として定められる。

【No.120】　行政規則の「通達」の記述として、妥当なのはどれか。

1　通達は、行政庁がその所掌事務について行政組織内部において妥当するものとして示達するために発するものであり、官報への公示が効力の要件となる。
2　通達は、所管の機関及び職員の権限行使を制約し、国民の権利・義務に直接の法的影響を及ぼすものであることから通達には法律の根拠が必要である。
3　通達は、行政組織内部だけに妥当するものであるが、法規の性質を持つことから、私人の権利利益に直接影響を及ぼすものである。
4　通達は、行政庁の所掌事務について所管の諸機関及び職員の権限行使を制約するので、それらの者は通達に拘束され、また私人も通達に拘束される。
5　通達に違反して行われた処分が当然に違法となるものではない。また私人は、通達自体を対象として行政争訟を提起することは許されない。

16 行政機関

●**行政機関の種類**──行政機関は、その機能から6種類に分類される。
①**行政庁**……行政主体の法律上の意思を決定し、外部に表示する権限を持つ機関で、特に行政庁を行政官庁という。
○行政庁は、法律により権限を与えられた自然人（独任制）又は自然人の合議体（合議制）の場合がある。
（独任制）は、各省大臣、都道府県知事、市町村長など、通常の行政庁である。
（合議制）は、公正取引委員会、行政委員会などが該当する。
②**諮問機関**……行政庁から諮問を受けて意見を具申する機関である。行政庁は、諮問機関の答申を尊重すべきであるが、答申には法的に拘束されない。
○各種の審議会や公務員制度調査会などが該当する。
③**参与（議決）機関**……行政庁の意思を拘束する議決を行う行政機関であり、その参与機関の議決は行政庁の意思決定を法的に拘束する。
○電波監理審議会、検察官適格審査会などが該当する。
④**監査機関**……行政機関の事務や会計の処理を検査し、その適否を監査する機関である。
○会計検査院、総務庁、監査委員などが該当する。
○会計検査院は、憲法自体によって認められた行政機関で、内閣に対して独立の地位を有する独立行政機関である。人事院・行政委員会も独立行政機関に位置づけられるが、会計検査院は、内閣の統制下になく、国家行政組織法の適用を受けないなどの点で、他の独立行政機関とは区別される。
⑤**執行機関**……行政目的を実現するために必要とされる実行を行使する機関である。
○滞納処分を行う収税職員、検察官、自衛官、徴税職員、消防職員などが該当する。
⑥**補助機関**……行政庁その他の行政機関の職務を補助するために、日常的な事務を遂行する機関である。
○事務次官、局長、部課長から一般職員などが該当する。

【№.121】 行政機関の記述として、妥当なのはどれか。

1 　行政庁とは、行政主体のためにその法律上の意思を決定し、外部に表示する権限を持つ機関であり、すべて独任制の機関として位置づけされている。
2 　執行機関は、行政組織の機関の中で、行政庁の命令を受けて、行政目的を実現するための実行機関であり、自治法上の執行機関と同じ観念である。
3 　補助機関は、行政庁その他の行政機関の職務を補助するため、日常的な事務を執行する機関であり、局長、部課長から一般職員などが該当する。
4 　諮問機関は、行政庁から諮問を受けて答申し、又は意見を具申する権限を有する行政機関であり、行政庁は諮問機関の答申に法的に拘束される。
5 　参与機関は、行政庁の意思決定に参与する権限を有する行政機関であるが、その参与機関の議決は行政庁の意思決定を法的に拘束しないとされる。

●**行政庁の権限の代行**──代表的なものが、「権限の代理」「権限の委任」「専決・代決」である。
●権限の「**代理**」………
○代理とは、行政庁の権限の所在それ自体を変更させないで、その権限を他の者が代理行使し、それが被代理庁の行為として効果が生ずる場合をいう。
○代理は、その事務を**被代理庁の名と責任で処理**する。
○代理は、被代理庁の行為として行われるので、監督関係が生ずる場合がある。
○代理には、法定の事実の発生に基づき法律上当然に発生する「**法定代理**」と、被代理庁の授権によって代理関係が発生する「**任意代理**」とがある。
○**法定代理**は、**法律に根拠がある**場合に代理するが、**任意代理**は、**法律の根拠を必要としない**。
●権限の「**委任**」………
○権限の委任は、行政庁が自己の意思によりその権限を他の機関に委任することをいう。
○権限の委任は、「**法令の根拠**」を必要とし、法令に根拠のない委任は許されない。
○権限の委任は、権限の「**一部**」の委任が認められ、全部の委任は認められない。
○権限の委任により、委任庁はその委任事項を処理する権限を失い、その委任事項は受任庁の権限となる。
○委任された事項は、受任庁が**受任庁の名と責任で処理**する。
○権限の委任は、原則として、第三者に**再委任**することは**許されない**。
○権限の委任が、補助機関又は下級行政庁に行われた場合にも、委任庁は、本来これらの機関を指揮監督する地位にあるから、委任事務にも指揮監督権が及ぶ。
○地方公共団体の長は、その権限に属する事務の一部を、その管理に属する行政庁に委任することができる規定が「地方自治法」にある。
●「**専決・代決**」………
○行政庁の補助機関が、行政庁の名においてその行政庁の権限を行使する場合、その内容をあらかじめ示された条件で処理することを**専決**といい、緊急を要する案件で処理することを**代決**という。

○専決・代決とも、**権限を対外的に委任せず**又は**代理権も付与せずに**、行政主体の内部における事務処理方式であって、内部的委任ともいわれ、外部には行政庁の名で権限が行使される。

□□□□□
【№122】 行政庁の「権限の代理」の記述として、妥当なのはどれか。

1 権限の代理は、ある行政庁の権限の所在それ自体を変更せないで、その権限を別の行政機関（補助機関など）が代理機関となって行使することをいう。
2 権限の代理は、行政庁が自己の権限の一部を他の行政庁に委譲するものであり、その行為は、代理者としての行為としての効果が生ずる。
3 権限の代理は、被代理庁の権限の一部を代理機関が代理権に属する事項を行うことであり、代理する事務は、代理機関の名と責任で処理することになる。
4 権限の代理は、行政庁が自己の権限の一部を他の行政庁に委譲するものであり、代理庁と被代理庁との間に監督関係が生ずることはない。
5 権限の代理は、代理関係によって法定代理と授権代理とに区分されるが、代理権の範囲については、いずれも法律の授権を必要とする。

□□□□□
【№123】 行政庁の「権限の委任」の記述として、妥当なのはどれか。

1 権限の委任は、行政庁が自己の意思により、法律の根拠がある場合において、その権限の全部を他の行政機関に委任することをいう。
2 権限の委任は、法令の定められた権限を移転することに他ならないから、法令の根拠を必要とし、法令に根拠のない委任は許されない。
3 権限の委任は、行政庁の権限を他の行政庁に委任することから、委任庁はその事務を処理する権限を失うが、その処理結果は委任庁に帰属する。
4 権限の委任で、行政庁が下級行政機関又は補助機関に委任した場合には、委任庁はこれらの機関を指揮監督する地位に立たない。
5 権限の委任は、行政庁の権限の一部が委任されたにすぎないから、当該委任事務に対する抗告訴訟に対しては、委任庁が被告となる。

☐☐☐☐☐
【No.124】 行政庁の「専決・代決」の記述として、妥当なのはどれか。

1 専決は、行政庁の権限を対外的に委任し、委任を受けた行政庁の補助機関が行政庁の名においてその行政庁の権限を行使する方式である。
2 専決は、単なる内部的な補助執行方式であり、行政庁の代理権の付与に基づいて、実際上、補助機関が行政庁の名において権限を行使する方式である。
3 専決は、内部的な意思決定に際し行政庁が不在で決裁ができないときに、あらかじめ示された条件において補助機関が緊急案件を処理する方式である。
4 専決・代決ともに、行政内部の事務処理方式であって、内部的委任ともいわれ、外部に対しては行政庁の名において権限が行使される。
5 代決は、行政庁（決定権者）が不在で決裁ができない場合においてのみ代決権が代わって行使される場合をいい、権限の配分を変更するものである。

17 行政契約

●**行政契約**──国や地方公共団体などの行政主体が、その活動の過程において締結する契約を総称して「行政契約」という。

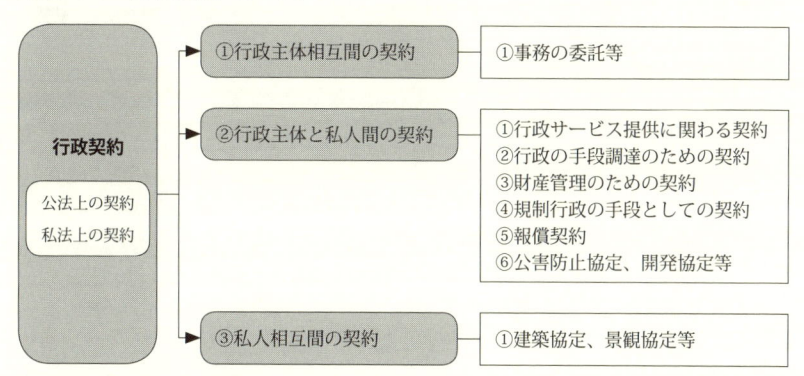

```
                    ┌─ ①行政主体相互間の契約 ─── ①事務の委託等
                    │
                    │                          ①行政サービス提供に関わる契約
                    │                          ②行政の手段調達のための契約
行政契約 ────────┼─ ②行政主体と私人間の契約 ─── ③財産管理のための契約
 公法上の契約       │                          ④規制行政の手段としての契約
 私法上の契約       │                          ⑤報償契約
                    │                          ⑥公害防止協定、開発協定等
                    │
                    └─ ③私人相互間の契約 ──── ①建築協定、景観協定等
```

○行政契約は、**非権力的行政**である。
○行政契約には、**行政手続法が適用されない**。

●**行政契約の種類**
❶**行政主体相互間の契約**……行政主体間に独自のものとして「**事務委託**」などがある。この委託は民法上の委託と異なり、事務処理の権限のすべてが受託者に移り委託した行政主体は何ら権限を持たなくなる。
❷**行政主体と私人間の契約**
(1) **準備行政の契約**……物的手段を整備する行為であり、例えば、土地の取得などがある。
(2) **給付行政の契約**……生活保護や年金などの社会保障分野の各種の給付や、国又は地方自治体からの補助金の交付も含まれる。
(3) **規制行政の契約**……相手方を拘束する契約であり、その代表例に「**公害防止協定**」がある。
❸**私人相互間の契約**……土地の所有者など関係人の合意で環境を保全する建築協定、緑地協定、景観協定など、契約手法による自主的規制が図られる。

●**行政契約に対する統制**
❶**法律の根拠**……行政契約は当事者の意思の合致により成立するものであり、一般に**法律の根拠は不要**である。ただし事務委託のように法律の根拠を必要とする場合もある。
❷**行政法の一般原則**……行政契約には、行政処分を行う場合と同様に、契約締結にあたって、**平等原則や比例原則などの法の一般原則が適用**される。
❸**民商法の適用**……行政契約において、私法上の契約を含むときは原則として民法、商法の適用があるが、公法上の契約の場合には、民法や商法の規定が全面的に適用されるわけではない。法律・条例などで特則が設けられている場合がある。

●行政契約に関する訴訟

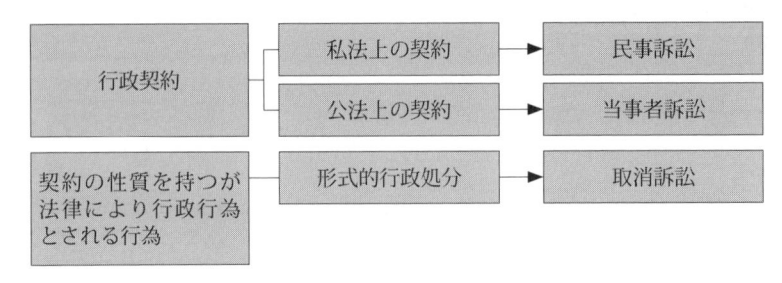

○行政契約に対する訴訟は、私法上の契約については「民事訴訟」、公法上の契約については「当事者訴訟」となる。ただし、契約と解される行為であっても、処分であることが法律によって規定されている場合には、行政事件訴訟法の適用を受け「取消訴訟」を提起しなければならない。

□□□□□
【№125】 公法上の契約の記述として、妥当なのはどれか。

1 公法上の契約とは、公法的効果の発生を目的とする複数の当事者間の同一方向の意思表示の合致によって成立する公法行為をいう。
2 公法上の契約は、一般的な観念によるよりも行政契約として捉えるが、行政主体相互間及び行政主体と私人との間に行われる契約に限られている。
3 公法上の契約は、公法的効果の発生を目的とすることから、私法の原則がそのまま適用されるため、このため公共の福祉が保護されることはない。
4 公法上の契約は、行政行為とその範囲を異にし、対等な当事者間の意思の合致により成立し、私法上の契約と同様に、法律上の明文規定を必要としない。
5 公法上の契約は、当事者間の意思の合致により成立するものであり、契約に関し当事者間に紛争が生じた場合には、行政事件訴訟法の適用を受ける。

□□□□□
【№126】 行政契約の記述として、妥当なのはどれか。

1 行政契約は、国や地方公共団体などの行政主体が行政目的達成の手段として締結する契約であり、締結には、必ず法律の根拠が必要である。
2 行政契約は、当事者の反対方向の意思表示の合致により成立する法行為であり、その例として、地方公共団体の組合の設立行為などがある。
3 行政契約は、給付行政の分野だけでなく、規制行政の分野においても用いられ、例として法令の不備を補うため事業者と締結する公害防止協定がある。
4 行政契約は、行政主体が当事者となることから、公法上の契約に限定されて

おり、私法である民法や商法が適用される余地はないとされる。
5 行政契約は、行政作用の一形態であるが、行政処分を行う場合と異なり、契約締結にあたって、平等原則や比例原則など法の一般原則は適用されない。

□□□□□
【No. 127】 行政契約の記述として、妥当なのはどれか。

1 行政契約とは、行政主体がその活動過程において締結する契約をいい、行政主体相互間の契約であって、土地収用などの私人間の契約は含まれない。
2 行政契約は、相手方の同意を得て締結されるものであり、これに対する法律の根拠は行政行為その他の権力的行為の場合と同じである。
3 行政契約は、両当事者の合意に基づく非権力的行為であり、行政が主体的に契約できる権限を有するため、契約に際し議会の議決を要求されない。
4 行政契約は、行政主体がある者と契約を締結し、行政目的を達成しようとする場合においては、第三者が自由に裁判所に不服申立てを行える。
5 行政契約にも、一般原則である平等原則や比例原則が適用され、原則として民法や商法が適用されるので、行政契約は民法や商法の実体的規制を受ける。

□□□□□
【No. 128】 行政契約の記述として、妥当なのはどれか。

1 行政契約は、当事者の対等性を前提としており、個別具体的事情に即して弾力的に行政目的を達成できる特徴があり、具体例としては、法的拘束力を有する公害防止協定や地方公共団体間の事務委託が挙げられる。
2 行政契約は、当事者の対等性を前提としているが、私法規定が全面的に適用排除される特徴があり、具体例としては、建築基準法上の建築協定や公営住宅の利用関係が挙げられる。
3 行政契約は、私法契約と異なり当事者の対等性を前提とせず、個別具体的事情に即して弾力的に行政目的を達成できる特徴があり、具体例としては、公営住宅の利用関係や河川占用権の譲渡の認可が挙げられる。
4 行政契約は、私法契約と異なり当事者の対等性を前提とせず、私法規定が全面的に適用排除される特徴があり、具体例としては、法的拘束力を有する公害防止協定や地方公共団体間の事務委託が挙げられる。
5 行政契約は、私法契約と異なり当事者の対等性を前提とせず、私法規定が全面的に適用排除される特徴があり、具体例としては、建築基準法上の建築協定や河川占用権の譲渡の認可が挙げられる。

☐☐☐☐☐
【No.129】 行政主体をその一方又は双方の当事者とする契約を広く行政契約と解した場合における行政契約に関する記述として、妥当なのはどれか。

1 行政契約は、特別権力関係に基づく行政主体の優越的な権力作用であり、明示の法律上の根拠がない限り、行政主体は契約を締結することができない。
2 行政契約は、当事者間の同一方向の意思表示の合致で成立する権力的な行政活動であるから、行政主体は公益上の理由があっても契約を解除できない。
3 行政契約は、対等な当事者間における契約であり、処分性を有する契約でも行政事件訴訟法が適用されず、すべて民事訴訟法の手続に従って行われる。
4 行政契約は、その本質においては行政主体の優越的な権力作用であり、憲法上の平等原則、契約自由の原則に全面的に支配されることになる。
5 行政契約は、行政目的達成の手段として行われる非権力的な行政活動であり、憲法上の人権保障の原理が適用され、この原理に反する契約は許されない。

☐☐☐☐☐
【No.130】 行政契約の記述として、妥当なのはどれか。

1 行政契約は、行政主体が行政目的のために、その活動の過程において他の行政主体又は私人と締結する契約をいい、必ず法律の根拠を必要とする。
2 行政契約は、行政主体と私人間で締結される場合には私法の規定が適用され、契約に関し当事者に紛争が生じても行政事件訴訟法の規定は適用されない。
3 行政主体間の行政契約に民法の契約関係が成立することもあるが、行政主体間に独自のものとして事務委託がある。事務委託には法律の根拠を要する。
4 行政契約は、対等の当事者間の合意に基づく非権力的な行為形式であるから、相手方の求めを前提とする給付行政における契約は行政契約とされない。
5 行政契約の公害防止協定には、紳士協定説と契約説があり、紳士協定説では事業者の任意同意のある規制は法理論的に許され、合意は法的拘束力を持つ。

【№.131】 行政契約の記述として、妥当なのはどれか。

1 行政契約は、国や地方公共団体などの行政主体がその活動の過程において締結する契約で、公務員の勤務契約や建築請負契約の公法上の契約と、公共用地取得の土地収用法上の協議などの私法上の契約がある。
2 行政契約は、相手方の同意を得て締結されるものであるから、行政行為の権力的行為ほど法律の根拠は強くないが、法律の根拠を必要とする場合もある。ただし行政契約の一つである公害防止協定などは法律の根拠を要しない。
3 行政契約は、行政主体と私人間で締結される場合には、両者が対等の立場に立ち、民商法の具体的な規制を受けることから、法律・条例等で特則を設けることはできない。
4 行政契約は、対等の当事者間における反対方向の意思表示の合致によって成立する行政上の行為形式であり、行政契約に関する訴訟には、行政事件訴訟法の規定が適用されない。
5 行政契約は、規制行政で広く活用され、行政主体と企業との合意に基づく公害防止協定では法律より厳しい内容の義務を課すことができ、裁判所の債務名義がなくても、当該協定を根拠に義務違反に対し刑罰を科すことができる。

18 行政指導

●**行政指導**
○行政指導とは、行政庁が行政目的を達成するために、助言、指導といった非権力的な手段で住民等に働きかけ、住民などを指導して、行政庁の欲する行為を行う作用をいう。
①**根拠**―行政指導は、**法律の根拠を必要としない**。ただし実定法に根拠を置くものが多い。
②**権限**―行政指導は、当該機関の**権限に属する事項**に限られる。
③**行為**―行政指導は、**非権力的**な行為形式である。
○行政指導は、単なる「**事実行為**」である。（勧告、指導、助言など）
○行政指導は事実上の作用であって、行政行為にあたらないので、**公定力は有しない**。
○行政指導は、法に違反して行われてはならない。ここにいう法とは制定法に限られず、法の一般原則である**平等原則や比例原則も含まれる**。
④**分類**―行政指導には、次の3つがある。

- ①**助成的指導**・（保健指導、農業指導など）
- ②**調整的指導**・（企業の合併指導など）
- ③**規制的指導**・（建築物違反の指導など）

○上記のいずれの指導も法律の根拠を必要としないが、規制的指導を行う場合には、例外的に法律の根拠が必要な場合もある。
⑤**方法**―行政指導は、**書面や口頭**でできる。（相手方が書面を求めたときは書面で行う）
⑥**強制**―行政指導は、「**法的強制力**」や「**法的拘束力**」を持たない非権力的行為である。（ただし勧告に従わぬ者を公表したり、給付を打ち切ることがある）
⑦**訴訟**―行政指導は、**処分性がない**ので、原則として**行政事件訴訟法の対象とはならない**。
○違法性の有無で、**民法的手法が用いられることがある**。
○宅地開発に関する指導要綱で、行政指導に従わぬ者に、水道の供給をしない定めは、水道法に違反する判例がある。
⑧**損害**―行政指導は、原則として**国家賠償法の対象とならない**。ただし行政指導が違法の場合には、国家賠償法の対象となる場合がある。
⑨**行政手続法の適用除外**―行政指導に関しては、**行政手続法に規定がある**。ただし行政手続法は、地方公共団体の機関がする行政指導については適用しないとしている。
○行政手続法も、行政指導に法律の根拠を必要としていない。

□□□□□
【No.132】 行政指導の記述として、妥当なのはどれか。

1 行政指導は、行政主体が一定の公の行政目的を達成するための行為で、常に法律の根拠がある行政処分を行う場合に行うことができる行政作用である。
2 行政指導は、行政機関が国民や他の行政主体等に働きかける非権力的な行政作用であるがゆえに、法律の留保の原則に基づくものでなければならない。
3 行政指導は、相手方の任意的な協力を求める法的拘束力を伴わないものであり、その指導の範囲は限定されており、規制的な指導は不可能である。
4 行政指導は、事実上の行為であり、必ずしも法律上の根拠を必要としないが、法律に違反してはならないとする法律優先の原則の適用を受ける。
5 行政指導は、一定の行政目的を達成するための行政庁が行う行政処分であるから、行政指導で何らかの不利益を受けた場合には抗告訴訟の対象となる。

□□□□□
【No.133】 行政指導の記述として、妥当なのはどれか。

1 行政指導は、強制的なものではなく非権力的な行為形式であるから、違法な行政指導であっても、取消訴訟を提起してそれ自体を争うことはできない。
2 行政指導は、行政行為のように正式な行為形式であるから、行政指導を行うことができる旨の法律に定めがある場合に限り指導を行うことができる。
3 行政指導は、勧告、助言、指導といった非権力的な手段で国民に働きかける単なる事実上の行為であって、行政主体相互間で行われることはない。
4 行政指導は、調整的指導、助成的指導、規制的指導に区分できるし、拘束力又は強制力を伴う権力的指導とそれを伴わない助成的指導とに区分できる。
5 行政指導は、直接国民の権利義務に影響を及ぼさないので、違法又は不当な行政指導で損害を受けても、国家賠償法の救済を求めることはできない。

□□□□□
【No.134】 行政指導の記述として、妥当なのはどれか。

1　行政指導は、社会の実態に対して現に存在する行政法規では適切に対応できない場合に行われるものであり、実定法に根拠を置かない点に特色がある。
2　行政指導は、国民や他の行政主体に働きかける事実行為であり、行政機関内部における指揮監督の行政作用としての助言、勧告も含まれる。
3　行政指導は、行政主体が所掌事務に関し、強制的によることなく、行政客体の任意的意思に基づく協力による行政目的の達成のための事実行為である。
4　行政指導は、行政客体の一定の作為・不作為を期待して働きかける行為であり、特定の相手方だけに行われる行為ではなく、広く国民一般に行われる。
5　行政指導は、行政事件訴訟法第3条に定める行政庁の処分にあたるので、違法な行政指導がある場合には、当然に取消訴訟を提起することができる。

□□□□□
【No.135】 行政指導の記述として、妥当なのはどれか。

1　行政指導は、行政目的達成のための公権力の行使による助言又は勧告といった権力的な作用であるが、これに従うか否かは国民の任意に委ねられる。
2　行政指導は、必ずしも法律上の根拠を要しないとする見解が一般的立場であり、その指導は、当該行政機関の組織法上の権限内の事項に限られている。
3　行政指導のうち規制的指導については、法律の根拠に基づくものがあるが、法律上に根拠がある場合には、その指導に拘束力が働く場合がある。
4　行政指導は、任意的行為であるが国民の義務権利に直接影響を及ぼすことから処分性が強く、その点から審査請求や抗告訴訟の対象となっている。
5　行政指導は、まさに規制的指導であり、国民の権利を侵害する行為であるから、行政指導が違法のものであった場合には、必ず補償する義務が発生する。

【No. 136】 行政指導の記述として、妥当なのはどれか。

1 行政指導は、一般に法の根拠の有無にかかわらず、行政庁が非権力的な手段で国民に対し働きかけ、行政庁の意図するところを実現する作用である。
2 行政指導は、一般に法の根拠に基づく権力的な行政活動であり、行政庁は住民相互間の紛争の解決を図る場合に、法的拘束力を有する規制指導ができる。
3 行政指導は、一般に法の根拠に基づく非権力的な行政活動であり、行政庁は特別の場合に、行政指導に従わぬ者に行政強制を加えることができる。
4 行政指導は、一般に法の根拠に基づく権力的な行政活動であり、行政指導によって損害を受けた者は、この指導について審査請求を行うことができる。
5 行政指導は、一般に法の根拠の有無にかかわらず、上級行政庁が下級行政庁の職務運営又は執務処理の基本的問題に関し、必ず文書で行う命令である。

【No. 137】 最高裁の行政指導の判例の記述として、妥当なのはどれか。

1 最高裁は、行政指導は、相手方の任意の協力と任意の服従のもとに指導が行われるべきものであるが、相手方の明示の意に反してその受忍を強いることは許されるので、違法ではないと判示した。
2 最高裁は、文部大臣が、七三一部隊に関する事柄を教科書に記述することについて時期尚早とする規制的な行政指導を行ったことに対し、判断過程に看過し難い過誤があるものの裁量権の範囲を逸脱しておらず違法でないと判示した。
3 最高裁は、石油業法に直接の根拠を持たない価格指導で、必要性があり、社会通念上相当と認められる方法によって行われ、独禁法の目的に実質的に抵触しないものであっても、総合的に考慮して違法であると判示した。
4 最高裁は、マンション確認申請に対し住民から建設反対の陳情を受け、住民との紛争を解決しなければ建築確認処分を行わないとした行政指導について、行政指導が行われている理由で確認処分を留保することは違法ではないと判示した。
5 最高裁は、住宅開発に関する指導要領で、事業主に開発負担金の名目で寄附金を求めた行政指導について、これに従わない場合に給水を拒否することは、違法であると判示した。

19 行政調査

●**行政調査**
○行政調査は、行政機関によって行われる行政目的達成のための情報収集の活動である。
○行政調査には、法律上、報告の徴収、資料提出の請求、家宅の立ち入り、臨検検査などがある。
●**種類**—行政調査には、特定の行政行為のために行われる「**個別調査**」(所得の質問検査等)と、一般的な目的のために行われる「**一般調査**」(国勢調査等)がある。
○行政調査には、①相手方の抵抗を排除して行う「**強制調査**」と、②調査の実効性を担保するために罰則が定められている「**間接強制的調査**」と、③相手方の任意の協力を得て行われる「**任意調査**」がある。
①**強制調査**は、相手方に義務を課し、又は相手方の抵抗を排除しても行うことができる調査であり、国税犯則取締法第2条による臨検・捜索・差押えの犯則調査などがある。強制調査には「**法律の根拠が必要**」である。
②**間接強制的調査**は、例えば、収税官吏の所得税に関する調査における質問検査などがある。その限度において私人の家宅のプライバシーに対する立ち入りの受忍を強要する要素を含んでいるから、「**法律の根拠が必要**」である。
③**任意調査**には、警察官職務執行法第2条に基づく質問(職務質問)などがある。行政組織法上の根拠があればよく、「**個別具体的な法律の根拠を必要としない**」。
○**任意調査の限界**
・警察官による所持人の承諾のない所持品検査を任意調査として認められるかについては、具体的状況のもとにおいては、承諾のない検査が許容される。
・自動車の一斉検問は相手方の任意の協力のもと、利用者の自由を不当に制約しない方法・態様であれば、認められる。
●**手続要件**—行政調査には、調査に先立って一定の手続を必要とする場合がある。憲法第35条が定める「**令状主義**」は、一般に行政調査には適用されないが、実質的に刑事責任追及に直接結びつくような場合には、調査に先立って令状が必要となる。
○法律に根拠があっても、所得税賦課のための行政調査は、刑事責任を追及する目的でない場合には、令状主義は適用されない。
○行政調査に身分証明などの携帯・提示を定めるものがある。
●**調査の利用**—行政調査は、行政決定のために認められるものであり、他の行政目的に用いることは、法令の定めがない限り許されない。
●**行政調査の瑕疵と行政行為の瑕疵**—行政調査と行政行為は、相対的に独立の行為であり、特に調査を必要とせずに行政行為が行われる場合があるから、一般的に、行政調査の違法は当然には行政行為の違法を構成しない。しかし調査の違法性によって、行政調査の違法が行政行為の違法を構成する場合もあり得る。

□□□□□
【№.138】 行政調査の記述として、妥当なのはどれか。

1 行政調査は、行政機関によって行われる行政目的達成のための情報収集活動であり、資料提出の請求、立入りなどがあるが、臨検検査とは異にする。
2 行政調査は、調査の実効性を担保する罰則を定める強制調査や間接強制を伴う調査と、相手方の任意の協力による任意調査とに分類することができる。
3 行政調査は、情報収集活動であるものの、調査に先立って一定の手続を必要とする場合があるが、行政調査に令状主義を適用することはできない。
4 行政調査は、一定の行政決定のために認められる調査であり、法律の調査権限により収集した資料を他の行政目的に用いることは、何ら制限を受けない。
5 行政調査と行政行為は、相対的に独立の行為であるから、行政調査が違法でも、行政調査の行為が行政行為の違法を構成することは、全くあり得ない。

□□□□□
【№.139】 行政調査の記述として、妥当なのはどれか。

1 行政調査は、行政機関によって行われる行政目的達成のための調査活動であり、方法として質問や書類検査で行われ、家宅に対する立入りは行政調査には含まれない。
2 警察官による自動車の一斉検問は、相手方の任意の協力を求める形で行われたとしても、結果的に自動車の利用者の自由を不当に制約することになるので、違法である。
3 行政調査には、調査の拒否に対する罰則規定がおかれた調査があり、このような行政調査において調査が拒否された場合には、行政機関が相手方の意に反し実力を行使して調査を行うことができると解されている。
4 行政調査は、法律を授権するときには、調査はそれを必要とする行政決定のために用いらなければならず、例えば、税務調査と犯則調査では調査の目的等が異なるから、犯則事実の発見のために税務調査を行うことは許されない。
5 行政調査が、所得税の賦課徴収のための必要な資料を収集する目的の手続であっても、その性質上、刑事責任を追及する目的となるので、憲法上の令状主義は当然に適用され、令状のない所得税法の質問検査は違憲となる。

20 行政計画

●行政計画
(概念)――行政計画は、一般に、行政が総合的な観点に立って将来到達すべき目標を設定し、その目標達成のために必要な諸手段を総合的に調整する作用である。
(役割)――行政計画は、一定の目標を立て、その目標の達成のために既存の諸行為形式を総合的に調整し、誘導するところに本来の役割がある。すなわち行政計画には「**目標の設定**」と「**手段の総合性**」がある。
(分類)
①**法律の根拠の有無による分類**……行政計画には**法律に根拠**を**持つものと持たないもの**がある。
○法律の根拠のある計画を「**法定計画**」という。例えば、国が定める環境基本計画や自治体が定める公害防止計画は環境基本法に根拠のある計画であるから法定計画である。これに対し環境庁が定める環境保全長期構想などは法律の根拠のない事実上の計画である。
②**法的拘束力の有無による分類**……行政計画には**法的拘束力**を**持つものと持たないもの**とがある。
○私人に対して法的拘束力を持つ計画を拘束的計画という。例えば、都市計画や土地区画整理事業計画は拘束的計画である。これに対し国の経済成長計画は非拘束的計画である。
(特徴)
①**行政計画目標の設定**……目標の設定性は、行政計画の共通の特徴である。また一つの行政計画は、上位計画や他の行政計画との整合性が保たれるように配慮されなければならない。例えば、都市計画は、公害防止計画が定められている場合にはこれに適合しなければならない。
②**行政計画の策定**……行政計画の策定には、設定目標を達成するための行政手法、行政活動を、当該計画が定める目標及び上位計画との整合性（縦の整合性）と、各行政手続・行政活動相互間の整合性（横の整合性）を図りながら、総合されなければならない。
③**行政計画に対する救済**……行政計画は、**行政訴訟の対象にならない**とする見解が支配的である。
(統制)――行政計画には、組織法上の根拠が必要であり、計画の具体的な内容や機能を考慮しながら、作業法上の統制を設けることが望ましい。
○行政計画には、議会の統制があるものと議会の統制がないものとがある。例えば、議会の統制があるものに、国土利用計画法などがある。
(手続)――行政計画の策定手続として、住民が参加する事前手続があり、現行法では、計画案の縦覧、公聴会の開催などがある。
○行政計画の策定手続は、**行政手続法の対象とならない**。
(訴訟)――行政計画は、法的利益を侵害するものでない限り、原則、行政訴訟の対象とならない。
○拘束的な計画である「土地区画整理事業計画」についても、その処分性が否定される。

ただし「**再開発事業計画**」は**処分性**をもち**抗告訴訟の対象となる。**
○最高裁は、都市計画における用途地域指定の決定は、個人に対する具体的な権利侵害を伴う行政処分であり、抗告訴訟の対象になるとした。
(賠償)—行政計画は、そこに**違法性**があり、住民が損害を受けた場合には、国家賠償法第1条による**損害賠償請求の対象となる。**

□□□□□
【No.140】 行政計画に関する記述として、妥当なのはどれか。

1 (根拠)—行政計画は、将来を展望して一定の行政目標を設定し、それとの整合性を図りながら、当該目標を達成するための規制、事業、誘導などの各種の基準を設定する行為をいう。
2 (統制)—行政計画は、組織法上の根拠を必要とせず、計画の具体的な内容や機能を考慮しながら作業法上の統制を設けるものであり、行政計画に対する議会の統制もない。
3 (手続)—行政計画の策定手続として、住民が参加する事前手続があり、現行法では、計画案の縦覧、公聴会の開催などがあるが、行政計画の策定手続は、行政手続法の対象となる。
4 (訴訟)—行政計画は、拘束的な計画である土地区画整理事業計画についても、その処分性が否定される。したがって再開発事業計画も処分性を持たず、抗告訴訟の対象とならない。
5 (賠償)—行政計画は、そこに違法性があり、住民が損害を受けた場合でも、国家賠償法第1条による損害賠償請求の対象とならない。

□□□□□
【No.141】 行政計画の記述として、妥当なのはどれか。

1 行政計画は、行政作用により決定される行政目標ないしその達成する手段であって、その行政計画の策定には、必ず法律の根拠が必要とされる。
2 行政計画は、将来の行政活動の基準を設定する行為であり、直接国民生活に与える影響が大きく、計画策定過程には必ず議会の審議が必要とされる。
3 行政計画は、国民に対しては行政立法と同様な強い法的拘束力を持つが、行政機関内部では、通常、指針的な効果を持つも何らの規範性は持ち得ない。
4 行政計画に不服がある場合、国民は一般に審査請求を行うことができるが、その相手方は当該計画を策定した行政庁ではなく、直近上級庁に限られる。
5 行政計画は、行政の指針を示したり、権利変動の抽象的な可能性を定めるに止まるなど、処分性を欠く場合には、通常、訴訟の対象とならない。

□□□□□
【No.142】 行政計画の記述として、妥当なのはどれか。

1　行政計画は、行政が総合的観点に立って将来到達すべき目標を設定し、その目標の達成のために必要な諸手段を総合的に調整する非拘束的計画である。
2　行政計画は、現実を踏まえ、あるべき将来の姿を描く政策的な創造作用であり、行政作用を誘導し統制するが、法律を誘導する機能は持たない。
3　行政計画は、違法な行政計画であって、国民に損害を与えた場合には、国民の損害を救済する手段である国家賠償法第1条の損害賠償の対象となる。
4　行政計画は、一般的に法律に一定の根拠を持つ法定計画であり、行政計画の具体的な内容についても法律上の規定に基づいて策定されている。
5　行政計画は、現行行政訴訟制度の枠内で処理される側面を持っていることから、原則として行政訴訟制度の対象となる見解が支配的である。

21 強制手段

●強制手段

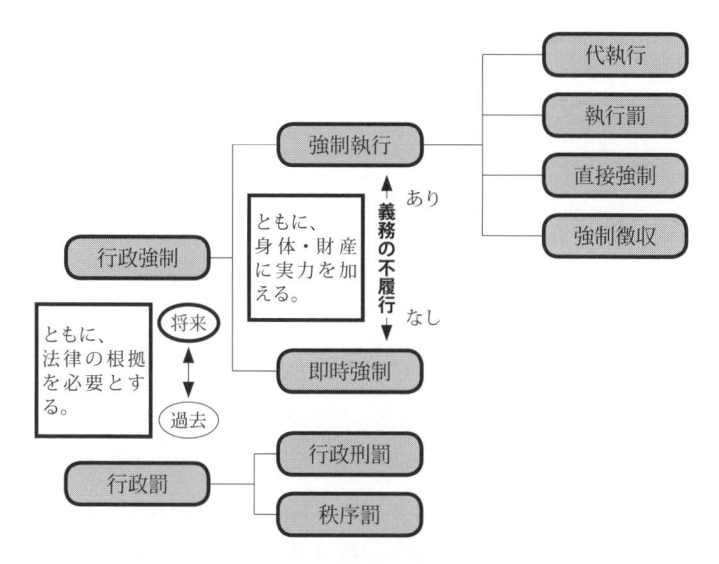

```
                                    ┌─ 代執行
                         ┌─ 強制執行 ─┼─ 執行罰
              ┌ともに、   │   ↑      ├─ 直接強制
              │身体・財産 │   あり   └─ 強制徴収
行政強制 ──────┤に実力を加│義務の
              │える。    │不履行
              │          │   なし
              │          └─ 即時強制
ともに、        ↑将来
法律の根拠      ↓過去
を必要とす
る。
              ┌─ 行政刑罰
行政罰 ────────┤
              └─ 秩序罰
```

□□□□□
【No. 143】 強制手段の記述として、妥当なのはどれか。

1　強制手段としては、大きく分けて行政強制と行政罰とがあり、ともに行政上の目的を達成するために人の身体や財産に実力を加える行政作用である。
2　強制手段のうち、行政強制については常に法律の根拠に基づくことを必要とするが、行政罰については法律の根拠に基づくことを必要としない。
3　行政強制は、過去の行政上の義務違反に対する制裁であり、行政罰は、将来に向かい義務の履行を強制するための行政法上の強制執行の手段である。
4　行政強制である強制執行と即時強制は、いずれも義務の不履行に対して、行政権の主体が実力を持ってその義務を履行させる行政作用である。
5　行政強制には、強制執行と即時強制があり、これらは行政上の間接的な強制の行政作用であるのに対し、行政罰は、直接的な強制の行政作用である。

□□□□□
【№.144】 行政上の強制執行（A）と行政罰（B）は、ともに行政上の義務の履行を確保する手段として作用するものであるが、両者を比較した記述として妥当なのは、次のどれか。

1　Aは、行政上の義務の不履行が必ずしも前提とならないが、Bは、過去の行政上の義務の不履行が前提となり、その制裁として科されるものである。
2　A及びBともに、義務者の義務違反に対する制裁としての性質を有するが、同一の義務の不履行に対して両者を同時に科することはできない。
3　Aは、条例に定める義務の不履行に対して条例で定める種類の執行ができるが、Bは、過去の義務違反の制裁であるから条例で科することはできない。
4　Aは、義務者に対して行政上の義務の履行があるまでは反復して科せるが、Bは、同一の義務違反に対しては重ねて科することができない。
5　Aは、主として許可などの命令的な行政処分の履行確保に、Bは、主として認可などの形成的な行政処分の履行確保に用いられるのが通例である。

□□□□□
【№.145】 行政強制の記述として、妥当なのはどれか。

1　強制執行は、強制それ自体によって行政目的を達成するものであり、行政上の義務の不履行を前提としない点で、行政上の即時強制とは区別される。
2　強制執行と行政罰では、強制執行が将来に向かい義務の履行を強制する手段に対して、行政罰は過去の義務違反に対する制裁である。
3　強制執行に関する一般法として行政代執行法があり、法律で命ぜられた義務に不履行がある場合には、行政庁は直ちに代執行をとるのが原則である。
4　強制執行は、同一の義務違反に対して重ねて科すことができないが、これに対し行政罰は、義務の履行があるまで反復して科すことができる。
5　強制執行の一つの手段である執行罰の通告が一定期間を定めて行われた以上、その後において義務者が履行しても、執行罰を免れない。

22 行政強制

● 行政強制

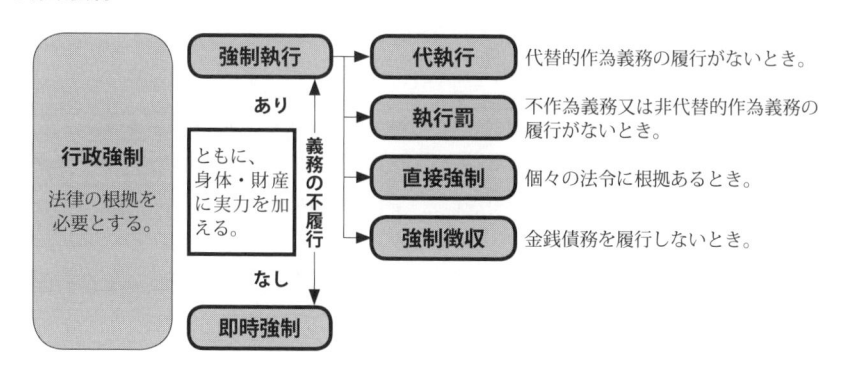

```
行政強制              強制執行 → 代執行   代替的作為義務の履行がないとき。
法律の根拠を         あり              執行罰   不作為義務又は非代替的作為義務の
必要とする。      ともに、                    履行がないとき。
              身体・財産            直接強制  個々の法令に根拠あるとき。
              に実力を加
              える。                強制徴収  金銭債務を履行しないとき。
                    なし
                    即時強制
```

□□□□□

【№ 146】 行政強制の記述として、妥当なのはどれか。

1 執行罰は、非代替的作為義務や不作為義務が履行されない場合にとられ、強制執行の一手段であり、義務違反の制裁として罰の性格を併せ持っている。
2 即時強制は、目前急迫の障害を除去するために、義務の不履行の有無に関係なく、行政上必要な状態を実現することを目的とした制裁手段である。
3 強制執行は、行政主体が自らの手で義務履行の実現を図る自力執行力を持つことから、その作用は、法律の授権がなくても行うことができる。
4 直接強制は、目前急迫の障害を除去する必要上から、即時、かつ直接に国民の身体又は財産に実力を加え、行政上の必要な状態を実現する作用である。
5 代執行は、他人が代ってなすことができる代替的作為義務の不履行に対する強制手段であり、それに要した費用は、義務者から徴収する手段である。

□□□□□
【No. 147】 行政強制の記述として、妥当なのはどれか。

1 代執行は、他人が代わって行うことのできる代替的作為義務が、義務者から履行されない場合に限って認められる強制執行の原則的な方法である。
2 即時強制は、行政上の義務の履行を強制して、行政上必要な状態を実現することを目的として、国民の身体又は財産に強制を加える制裁手段である。
3 執行罰は、間接的に義務の履行を促す間接強制の方法であり、代替的作為義務の不履行に対する罰であり、目的が異なる行政罰との併科はできない。
4 強制徴収は、金銭納付義務が履行されないときに法律で認められている場合であっても、場合によっては、民事法上の強制執行によることも可能である。
5 行政強制は、国民の身体又は財産に実力を加える作用であるから、常に法律の根拠を必要とし、かつ必要最小限度で行使することができる。

□□□□□
【No. 148】 行政強制の記述として、妥当なのはどれか。

1 強制徴収は、租税など公法上の金銭債務の徴収漏れがあれば、個々の法律の根拠なしに、国税徴収法に基づき、その義務の履行を図る作用をいう。
2 代執行は、義務者に不作為義務の不履行があるときに、行政庁自ら義務者の行うべき行為を行い、又は第三者をして行わせる作用をいう。
3 執行罰は、不作為義務又は非代替的作為義務の履行のない場合に、その履行を強制するために科する罰であり、行政罰の一種であるとされる。
4 強制執行は、あらかじめ国民に義務を課し、国民が自ら履行することを期待し、それが履行されない場合にだけ権力の発動が行われる作用である。
5 即時強制は、行政上必要な状態を実現するための直接手段であり、それは身体に対する強制であって、財産に対する強制は認められない。

□□□□□
【No. 149】 行政強制の記述として、妥当なのはどれか。

1 直接強制は、義務の不履行の場合に、直接義務者の身体又は財産に実力を加え、義務の履行があったのと同一状態を実現する作用である。
2 即時強制は、権利者である行政主体が自らの手で、行政上の義務の不履行に対し、将来に向かって実力を持ってその義務を履行させる作用である。
3 強制徴収は、行政上の金銭債務を強制的に実現する手続過程であり、個々の法令に強制徴収の規定がない場合は、一般法の国税徴収法が適用される。
4 代執行の一般法として行政代執行法が定められており、法令により直接命ぜ

られた行為が履行されない場合には、直ちに行うことが原則である。
5　執行罰は、義務の不履行に対し一定額の過料を科すことを通告して間接的に義務の履行を促す作用であり、その義務違反に制裁として科する罰である。

□□□□□
【№.150】　行政強制として、妥当な関係はどれか。

1　違法駐車に対する移動処分……………………………直接強制
2　国税徴収法に基づく滞納処分…………………………即時強制
3　出入国管理令に基づく退去強制のための収容……直接強制
4　警察官職務執行法に基づく強制……………………直接強制
5　砂防法に基づく罰………………………………………行政刑罰

●代執行
（意義）―代執行とは、「**代替的作為義務**」の履行がないときに、行政庁自らが代って行い又は「**第三者**」をして義務者の行うべき行為を行い、その費用を徴収することをいう。
○代執行は、**非代替的作為義務や不作為義務を対象としない。**
（根拠）―代執行は、個別法で手続が定められている場合のほか、代執行の一般法である「**行政代執行法**」の定める手続に基づき行われる。
○代執行は、「**法律**」又は法律の委任に基づく**命令**、**規則**及び「**条例**」により命じられた義務が対象となる。
（要件）―代執行は「**他の手段によって履行が困難**」かつ「**不履行の放置が著しく公益に反する場合**」の2つの要件がある。
○代執行は、行政行為により課せられた義務のほか、法令により直接課せられた義務も含まれる。
○要件の「**他の手段**」には、**執行罰や直接強制や行政罰は含まれない。**
（機関）―当該行政庁（国又は地方公共団体（行政委員会含む））が行う。
（裁量）―代執行を行うか否かは、行政庁の**裁量**である。
（戒告）―代執行を行う場合には、相当の期間を定めて文書で**戒告**しなければならない。戒告を口頭で行うことはできない。ただし緊急の場合は戒告手続を省略できる。
○戒告も、行政処分であり、行政不服審査法の審査請求や取消訴訟の対象となる。
（停止）―代執行に対して訴えがあっても、原則として**執行を停止しない**。
（賠償）―**違法な**代執行の場合は、**原状回復か、損害賠償**の対象となる。
（費用）―義務者が代執行に要した**費用を納付しない**ときは、**国税徴収法**の滞納処分の例により**強制徴収**することができる。費用の徴収は、国税、地方税に次ぐ順位となる。
（訴訟）―代執行の戒告に不服がある者は取消訴訟を提起できるが、代執行が終了した後は、代執行に対する取消訴訟の利益を失う。国家賠償法の請求のみが可能となる。

□□□□□
【No.151】 強制執行の「代執行」の記述として、妥当なのはどれか。

1 代執行は、私人の側の代替的作為義務が履行されないときに、当該行政庁が自ら義務者のなすべき行為をし又は第三者にこれを行わせる作用である。
2 代執行は、義務者が他人が代ってできる行為を履行しないときに、他の手段によってもその履行を確保することが困難な場合に限り行うことができる。
3 代執行は、一般法として行政代執行法が定められているので、法律上の別段の定めにかかわらず、全て行政代執行法に基づいて行わなければならない。
4 代執行をすることができる者は、当該義務の履行を強制する権限を有する当該処分行政庁のみならず監督行政庁も代執行を行うことができる。
5 代執行は、発動要件が充足されていてもすぐに行えず、戒告及び代執行令書による通知の手続が必要であり、その手続を経ないで行うことはできない。

□□□□□
【No.152】 「代執行」は行政法上の義務の不履行に対して行われるものであるが、その対象となる義務は、次のどれか。

1 医師の診療義務
2 予防接種を受ける義務
3 許可を受けないで一定の建築をしてはならない義務
4 薬剤師の調剤義務
5 消毒方法の施行義務

□□□□□
【No.153】 強制執行の「代執行」の記述として、妥当なのはどれか。

1 代執行は、行政上の非代替的作為義務の不履行がある場合に限って、当該行政庁が義務者のすべき行為をし又は第三者をして代執行を行う行為である。
2 代執行は、義務者の履行がなく、他の手段による履行が困難かつその放置が公益に反する場合に行われるが、代執行を行うか否かは行政庁の裁量である。
3 代執行を慎重にする上から、相当の履行期限を定め、その期限までに履行がないときには、直ちに代執行の手続を執ることが許される行為である。
4 代執行に要した費用は、義務者に対して納付が命ぜられるが、これを義務者が納付しないときには、国税滞納処分の例による強制徴収は困難である。
5 代執行の戒告などに不服がある者は訴訟を提起でき、違法な代執行として訴えの提起がある場合には、原則としてその執行を停止しなければならない。

□□□□□
【No. 154】 強制執行の「代執行」の記述として、妥当なのはどれか。

1 代執行の「要件」には、義務者がその義務を履行しない場合において、他の手段によってその履行を確保することができる場合にも行える場合がある。
2 代執行の「行為」は、行政庁自らが義務者に代わって代替的執行を行わなければならず、代執行を第三者をして行わせることは認められていない。
3 代執行の「費用」は、文書若しくは口頭により義務者に納付を命じなければならず、その要した費用を納付しないときは強制徴収をすることができる。
4 代執行の「実行」にあたっては、その執行者が責任者たる本人であることを示すべき証票を携帯し、要求があれば証票を提示しなければならない。
5 代執行の「救済」は、代執行の戒告や代執行令書の通知で要件が認定されるから取消訴訟が提起でき、行政手続法上の不利益処分の規定が適用される。

□□□□□
【No. 155】 強制執行の「代執行」の記述として、妥当なのはどれか。

1（要件）―代執行は、他の手段によって履行が困難かつ不履行の放置が著しく公益に反する場合に行い、この「他の手段」には執行罰や直接強制も含まれる。
2（機関）―代執行は、当該行政庁が行うことができるが、その当該行政庁とは、国又は地方公共団体に限られており、行政委員会は含まれない。
3（根拠）―代執行は、法律又は法律に基づく命令、規則及び条例により命ぜられた義務が対象となり、義務者がこれを履行しないときに代執行が行われる。
4（戒告）―代執行を行うには、相当の期間を定めて文書で戒告しなければならず、戒告は行政処分であるから、緊急性があっても戒告手続を省略できない。
5（訴訟）―代執行の戒告や通知に不服がある者は、すでに代執行が終了した後においても取消訴訟を提起できるし、国家賠償法の請求も提起できる。

□□□□□
【No. 156】 強制執行の「代執行」の記述として、妥当なのはどれか。

1　代執行を行う場合には、文書で戒告しなければならないが、この戒告は行政処分ではないので、戒告は行政不服審査法や取消訴訟の対象とならない。
2　代執行の対象は、法律で直接命じられ又は法律に基づき行政庁に命じられた義務に限られ、条例で命じられ又は条例に基づく行政行為は対象外である。
3　代執行は、他人が代わってなすことのできる代替的作為義務を履行しない場合だけでなく、不作為義務を履行しない場合にも行うことができる。
4　代執行は、代替的作為義務が履行されないときに実施されるので、誰でも履行できる金銭納付義務も代替的作為義務であり、代執行の対象となる。
5　代執行は、国民の権利自由を侵害するものであるから、命令で義務を課する法律上の根拠のほか、不履行の代執行ができる法律の根拠が必要である。

□□□□□
【No. 157】 強制執行の「代執行」の記述として、妥当なのはどれか。

1　代執行は、他人が代わって行える作為義務の履行のある場合に、当該行政庁が自ら義務者の行うべき行為を行い、又は第三者に行わせ、その費用を義務者から徴収することをいう。
2　代執行は、法律、法律の委任に基づく命令、規則及び条例により直接命ぜられた代替的作為義務の不履行に、他の手段で履行を確保することが可能であっても、緊急性があれば、直ちに代執行を執ることができる。
3　代執行は、その義務の履行を強制できる権限を有する国の行政官庁及び地方公共団体のほか、教育委員会・公安委員会その他行政執行権を持つ地方公共団体の機関が行うことができる。
4　代執行は、まず相当の履行期限を定め、その期限までに履行が行われないときは、代執行を行う旨をあらかじめ文書で戒告しなければならず、戒告の手続なしの代執行は許されない。
5　代執行は、指定の期日までにその義務を履行しないときに、義務者の行うべき行為を行い、それに要した一切の費用を義務者から徴収できるが、この徴収金は国庫や地方公共団体の収入とはならない。

●執行罰
（意義）─執行罰とは、「**不作為義務**」又は「**非代替的作為義務**」の不履行があるとき、その履行を強制するために科す「**金銭罰**」をいう。（**制裁の罰ではない**）
○執行罰は、一定の期限を示して「**過料**」を科すことを「**予告**」することで義務者に心理的圧迫を加えその履行を将来に対し**間接的に**義務の履行を確保する強制手段である。
（手続）─執行罰は、期限を定めて**予告**する手続が必要である。
（根拠）─執行罰は、強制方法としては実効性に乏しいために、現在では根拠法として「**砂防法第 36 条**」のみがある。行政の実際においても用いられていない。
○条例によって執行罰の根拠を置くことはできない。
（反復）─執行罰は、義務の履行があるまで、「**反復**」**して科せる**。
（併科）─執行罰は、**行政罰と併科**することが**できる**。

☐☐☐☐☐
【No. 158】 強制執行の「執行罰」の記述として、妥当なのはどれか。

1　執行罰は、代替的作為義務の不履行がある場合に科する罰である。
2　執行罰は、一定の過料に処すべきことを予告して履行を強制できる。
3　執行罰は、その義務違反に対する制裁として科せられる。
4　執行罰は、反復して科すことができない。
5　執行罰は、行政罰と併科することが許されない。

☐☐☐☐☐
【No. 159】 強制執行の「執行罰」の記述として、妥当なのはどれか。

1　執行罰は、行政上の義務が履行されない場合において、一定の期間内にその履行を強制するために科する罰であり、一種の制裁と位置づけられている。
2　執行罰は、義務の履行確保の手段として執られる罰であるが、義務の履行があるまで又は履行が不充分であるときでも繰返し反復して科すことはない。
3　執行罰は、義務の履行の実現を義務者に心理的な圧迫を加えて強制することが直接の目的であり、その履行がない場合において科する金銭罰である。
4　執行罰は、一定の過料に処する旨をあらかじめ予告し、なお義務者が義務を履行しない場合に、義務者の過去の不履行に対して科する罰である。
5　執行罰は、主として非代替的作為義務や不作為義務の履行確保の手段としての金銭罰であり、行政罰と併科して科することは認められていない。

●直接強制
(根拠)――直接強制は、**直接**、義務者の**身体**又は**財産**に実力を加え、行政上**必要な状態を実現する**作用をいう。
○直接強制は、**非代替的作為義務**の不履行のみならず、**不作為義務**の不履行にも行うことができる。現在は、許可を受けない建築のような不作為義務には、不履行に対する強制方法はなく、その義務違反に対する罰則の定めがあり、間接的に義務の履行を期待するにすぎない。
(区別)――直接強制は、義務の**不履行を前提**とする点で、義務の不履行を前提としない即時強制と区別される。
(要件)――直接強制は、①代執行及び執行罰によっては強制が不可能と認められる場合と、②**緊急**の事情がある場合にのみ行うことができる限定要件が課せられている。
(法律)――直接強制は、人権侵害が強いので、一般的な制度としては認められておらず、「**個々の法令に根拠**」が**ある**場合に限られる。
○個別法で直接強制を認めているのは、学校施設の確保に関する政令第21条、成田国際空港の安全確保に関する緊急措置法第3条第8項だけである。

□□□□□
【No. 160】 強制執行の「直接強制」の記述として、妥当なのはどれか。

1 直接強制は、義務の不履行の有無にかかわらず、義務者の財産又は身体に実力を加え、履行があったのと同一の状態を実現する作用をいう。
2 直接強制は、直接実力を行使するという非常に権力的なものであって、直接的に義務者の財産に対する強制であり、身体に対する強制は認められない。
3 直接強制は、実力で義務の履行を強制する作用であり、代執行と強制徴収を除いたものが直接強制であり、代替的作為義務がある場合に認められる。
4 直接強制は、直接的な実力行使であるから、最も速効的であるが人権侵害のおそれが大きいため、その作用については、行政代執行法に規定されている。
5 直接強制は、一般的な規定はなく、個別法に規定されている場合にのみこの手段を執り得るが、学校施設の確保に関する政令第21条などわずかである。

●強制徴収

(意義)——強制徴収は、国民が、国又は地方公共団体に対し**公法上の金銭債務を履行しない**場合に、国税徴収法によりその義務を求めるものである。
(根拠)——強制徴収には、**個々の法令の根拠を必要とする。**
○国税は国税徴収法、地方税は地方税法が、それぞれ強制徴収について定めている。
(手続)——強制徴収は、国税徴収法の定めにより**①督促、②財産の差押、③財産の換価、④換価代金の滞納債務への充当の4段階**をとる。
(不服)——強制徴収に不服がある者は、国税通則法、国税徴収法に定めがある場合を除き、行政不服審査法に基づき**審査請求**をすることが**でき**、その後**訴訟を提起**することが**できる。**

□□□□□
【№161】 強制執行の「強制徴収」の記述として、妥当なのはどれか。

1 強制徴収は、法律上明文で認められている公法上の債権において強制の徴収が認められる方法であり、民事上の強制執行の手段によらない方法である。
2 強制徴収については、通則的な規定が存在しないため、法律又は条例によらず、当然に国税徴収法に基づき義務の履行を実現する強制執行の手段である。
3 強制徴収は、通則に近い国税徴収法は国税を、地方税は国税徴収法の例により強制徴収が認められるが、使用料や手数料の強制徴収は認められない。
4 強制徴収は、義務者が金銭納付義務を履行しない場合に強制的に徴収する方法であり、強制執行の性質を有する観点から、債務名義を必要としている。
5 強制徴収は、財産の差押え、公売処分の行為が行われるが、義務者がこの強制徴収に対し不服があっても、行政上の争訟による救済の方法を有しない。

□□□□□
【№162】 強制執行の「強制徴収」の記述として、妥当なのはどれか。

1 強制徴収は、公法上の金銭債務の強制執行の手段であり、法律又は条例に明文の規定がない場合でも、当然に国税滞納処分の例によることができる。
2 強制徴収が、国や地方公共団体の金銭債権であれば、私法上の金銭債権と異ならないものでも、民事上の強制執行の手段によらないとされている。
3 強制徴収は、国や地方公共団体の金銭債権であっても、使用料や手数料などは、私法上の債権と類似した公法上の債権の強制執行の手段となり得ない。
4 強制徴収としての滞納処分と民事上の強制執行とは、法的な性質において異なり、行政上の強制徴収としての滞納処分は債務名義を必要としない。
5 強制徴収は、審査請求を行うことなく裁判所へ出訴することが認められており、その出訴期間も一般の場合より長期となっている。

23 即時強制

●**即時強制**
(**根拠**)──即時強制には、**必ず法令の根拠**が必要である。**条例でも可能**である。
○現行法上、即時強制を認める法律として「**警察官職務執行法**」があり、延焼防止のための消防対象物の消火活動（**消防法**）、感染症患者の強制収容（**感染症予防法**）などがある。
(**限度**)──即時強制は、その目的に照らし、必要最小限度にとどまる。
(**要件**)──即時強制の要件としては、一般に、①目前急迫性又は義務づけの無意味性、②義務づけの不存在、及び③行為の直接的強制性が挙げられる。
○即時強制は、法律のほか比例原則などの憲法上又は条理上の制約原理が適用される。
○即時強制は、**義務の不履行を前提とせず、代替・非代替あるいは作為・不作為を問わず**、また**義務の履行を強制するものではない**。
○要件の認定や実力行使の程度は、行政庁の**裁量**に委ねられている。
(**令状**)──即時強制は、原則として「**令状主義ではない**」。ただし、即時強制が刑事事件と併せもち、刑事責任を追及する場合にのみ、司法官憲の令状を必要とする。
(**戒告**)──即時強制は、**あらかじめ戒告する必要がない**。
(**救済**)──即時強制は、即時に終了するのが普通であり、一過性の即時強制には、違法に行われても**行政不服審査法と行政訴訟の救済がない**。しかし**損害賠償の請求は可能**である。ただ継続的効果を有するものには、その限りで行政不服審査法、行政訴訟による救済の方法がある。
○即時強制で、延焼防止のための緊急必要性から行われる火元以外の家屋に対する破壊消防の場合には、特別犠牲として損失補償が必要である。
(**費用**)──即時強制は、先行する義務の履行を強制するものではないので、代執行と異なり、要した**費用は行政庁が負担**する。
(**訴訟**)──即時強制が、行政不服審査法の公権力にあたる場合には、この訴えの**訴訟の提起は、行政事件訴訟法**の手続による。
○**即時強制と直接強制**

即時強制	直接強制
・身体・財産に対して実力を加える作用である。 ・法律の根拠を必要とする。	
義務の不履行を前提としない。	義務の不履行を前提とする。
目前急迫の必要がある。	

○即時強制の態様を2つに区分すると、
(1) **物に対する強制**──①災害・火災時の物件・土地の使用、処分、使用制限、②水門の閉鎖、③銃刀などの物の仮領地、④関税による留置、⑤禁酒等の没収・廃棄、⑥狂犬の処分、⑦違法駐車の移動などがある。
(2) **人に対する強制**──①警察官の職務質問、②警察官による保護、③感染症などによる入院措置などがある。

□□□□□
【No. 163】 行政上の「即時強制」の記述として、妥当なのはどれか。

1 即時強制は、目前急迫の障害を除去するために、代替的作為義務の不履行があった場合に、直接国民の身体又は財産に対して実力を加える作用である。
2 即時強制は、義務の不履行により、直接義務者の身体又は財産に対し実力を加え、義務の履行があったのと同一の状態を実現する場合に発動される。
3 即時強制は、義務の不履行はないが、目前急迫の障害を除くため、直接国民の身体又は財産に実力を加え、必要な状態を実現する場合に行われる。
4 即時強制は、非代替的作為義務の不履行があった場合に、行政庁が国民の身体又は財産に実力を行使し、行政上の義務の履行を強制するものである。
5 即時強制は、作為義務の違反があり、その違反状態を排除する場合に、実力を加える作用であり、延焼防止の消火活動は、典型的な即時強制の例である。

□□□□□
【No. 164】 行政上の「即時強制」の記述として、妥当なのはどれか。

1 即時強制は、行政上の義務の賦課行為を介在させず、国民の身体又は財産に実力を加える作用であり、警察官職務執行法に基づくものに限られる。
2 即時強制は、国民の身体又は財産に強制を加える作用では強制執行と共通するが、即時強制は、義務者の義務の不履行を前提として初めて行われる。
3 即時強制は、例えば、警察官職務執行法に基づく警察官の行う質問、立入、武器の使用により行政上必要な状態を実現するための制裁手段である。
4 即時強制は、身体又は財産に強制を加える侵害処分であるから、基本的人権尊重の見地から、必ず、憲法に定める司法官憲の令状を必要とする。
5 即時強制は、強制執行と同様に、国民の身体又は財産に実力を加え、国民の自由を侵害する行為であるから、法治主義から必ず法律の根拠を必要とする。

□□□□□
【No.165】 行政上の「即時強制」の記述として、妥当なのはどれか。

1 即時強制は、非代替的作為義務又は不作為義務が履行されない場合に、行政庁が法令に基づき、義務の履行の実現を図る作用をいう。
2 即時強制には、必ず法令の根拠が必要である。条例でも可能である。ただし要件の認定や実力行使の程度は行政庁の裁量に委ねられている。
3 即時強制は、令状主義ではないので、即時強制が刑事事件と併せ持ち、刑事責任を追及する場合であっても司法官憲の令状を要しない。
4 即時強制は、これを行う場合には、あらかじめ戒告を行わなければならないが、緊急を要するときには例外的に戒告手続を省略することができる。
5 即時強制は、一過性であるが、即時強制が違法に行われた場合においては、不服申立ての行政訴訟による救済や損害賠償請求の道がある。

□□□□□
【No.166】 行政上の「即時強制」の記述として、妥当なのはどれか。

1 即時強制は、非代替的作為義務又は不作為義務が履行されない場合に限り、行政庁が直接に義務者の身体又は財産に実力を加え、義務の履行を実現する作用であり、これを行うには、裁判所の発する命令が必要である。
2 即時強制は、行政法上の義務が履行されない場合に限って行われるものであり、危険の発生を防止するために緊急に義務を履行させるときは、裁判所の発する令状を必要としない。
3 即時強制は、代替的作為義務が履行されない場合に、行政庁が自ら義務者の行うべき行為を行い、義務の履行があったのと同一の状態を実現する作用であり、この根拠法としては、警察官職務執行法がある。
4 即時強制は、その性質上義務を命ずることによっては、行政目的を達成できない場合などに行われるものであり、比例原則などの憲法上又は条理上の制約原理は適用されない。
5 即時強制は、目前急迫の障害を除く必要上義務を命ずる暇のない場合などに、行政庁が直接に、国民の身体又は財産に実力を加え、行政上必要な状態を実現する作用であり、これを行うには法律上の根拠が必要である。

24 行政罰

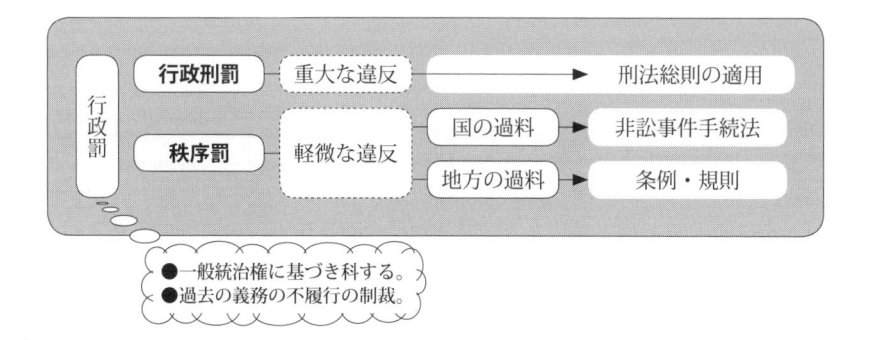

```
         ┌─────────┬──────────┐
         │ 行政刑罰 │ 重大な違反 │ ──→ 刑法総則の適用
行政罰 ──┤         ├──────────┤
         │         │          │ 国の過料 ──→ 非訟事件手続法
         │ 秩序罰  │ 軽微な違反├──────────
         │         │          │ 地方の過料 ──→ 条例・規則
         └─────────┴──────────┘
```

- 一般統治権に基づき科する。
- 過去の義務の不履行の制裁。

●行政刑罰………
（意義）─行政刑罰とは、**行政法上の義務違反**に対して科せられる刑法に定める刑罰である。
（根拠）─行政刑罰には、**法律の根拠**が必要である。
○例外として、地方公共団体の**条例**で定めることもできる。
（適用）─行政刑罰には、原則として、刑法の刑名のある刑罰（死刑・懲役・禁錮・罰金・拘留・科料等）を科する「**刑法総則**」が適用される。
（対象）─行政刑罰は、**自然人**のみならず**法人**にも科せられ、また使用者や事業主をも罰する「**両罰主義**」を採用している。
（制裁）─**過去**の義務違反の制裁として科せられる。
（手続）─行政刑罰は、行政庁が義務違反を発見して告発し、**刑事訴訟法**の定める手続によって科せられる。
（例外）─行政刑罰は、刑事訴訟法の手続によって科せられるが、例外として、即決裁判制度、交通反則金制度、通告処分制度がある。
（別名）─行政刑罰は、「**行政犯**」又は「**法定犯**」ともいい、人身の自由や財産の自由に対する侵害としての刑罰が科せられる点で刑事犯と同質である。
○行政犯は、必ずしも犯意を必要とせず、**過失をもって足りる**。
○刑事犯は、自然人のみを処罰の対象とするが、「行政犯」は、法人をも処罰の対象とする。

●秩序罰………
（意義）─秩序罰とは、届出、登録、通知義務違反などの**軽微な違反行為**に対し、行政法上の秩序違反に対して科する制裁で、一般に「**過料**」といわれる一種の「金銭罰」である。
○過料は、国と地方では異なる。**国は裁判所が科するが、地方は長が科する**。
（根拠）─秩序罰は、**法律**又**条例・規則**の根拠が必要である。
○秩序罰は、刑罰ではないので、刑事訴訟法の手続による必要はない。
（手続）─「法律に定める義務違反の**国の過料**」には、原則として、「**非訟事件手続法**」に

より裁判所が科するが、「**条例や規則で定める過料**」は、地方公共団体の長が科する。
(併科) ― 秩序罰は、刑罰ではないので、**秩序罰と行政刑罰の併科は可能**である。
(訴訟) ― 秩序罰を受けた者が不服であるときには、**審査請求又は行政事件訴訟を提起できる**。

□□□□□
【No. 167】 行政罰の記述として、妥当なのはどれか。

1　行政罰は、過去の行政上の義務違反に対して罰として科されるだけでなく、将来にわたり行政法上の義務の強制執行手段としても科される罰である。
2　行政罰のうち、行政刑罰の罰金又は科料を科すものについては、一般に刑事訴訟手続の前段として罰金又は過料を納付すべき旨の通告処分による。
3　行政罰が科されるのは、行政上の義務違反に対する取締りの見地から、法令上の責任者と定められた者であって、必ずしも現実の実行者に限られない。
4　その対象となる義務の不履行に対して行政上の強制執行がなされるときは、行政上の義務違反を前提とする行政罰を同時に科すことができない。
5　行政罰のうち刑法に刑名のある刑罰は、特別の規定がある場合のほか原則として刑法総則の適用があるが、刑事罰と異なり罪刑法定主義の適用はない。

□□□□□
【No. 168】 行政罰の記述として、妥当なのはどれか。

1　行政罰は、行政上の義務違反に対し特別権力関係における特別権力に基づき制裁として科す罰のことであり、行政罰を科すべき非行を行政犯という。
2　行政罰は、過去の行政上の義務違反に制裁として科すだけでなく、将来にわたり義務の履行を強制するために強制執行の手段としても科せられる。
3　行政罰は、法律で個別的・具体的に罰則の定立権の委任がある場合のほか、法律の一般的な委任に基づき科す罰であるが、刑法総則は適用されない。
4　行政罰は、行政刑罰と秩序罰とに分けられるが、原則として、行政刑罰は刑事訴訟法によって科せられ、秩序罰は非訟事件手続法によって科せられる。
5　行政罰は、社会生活上許せない道義的本分に違反し、法益に現実の侵害を加えるがゆえに処罰される行為であり、反道義性、反社会性を有する罰である。

□□□□□
【No. 169】 行政罰に関する記述として、妥当なのはどれか。

1 (行政罰と刑事罰) ― いずれも法規上の命令禁止に反する行為に対し、制裁として科せられるものであり、その行為は反道義性、反社会性を持っている。

2 （行政罰と執行罰）―行政罰は、将来にわたり行政上の義務の履行を確保するために科せられ、執行罰は、過去の行政上の義務違反の制裁として科せられる。
3 （行政罰と懲戒罰）―行政罰は、特別権力関係において秩序を維持するために科せられ、懲戒罰は一般統治権に基づいて科される制裁である。
4 （行政罰と刑事罰）―刑事罰は、実質的に法益を侵害する犯人の悪性に対する罰であり、行政罰は、非行者の行政法規の不遵守に対する罰である。
5 （行政罰と懲戒罰・刑事罰）―同一の行為に対し、行政罰と懲戒罰は、併科することができるが、刑事罰と懲戒罰とは、併科することができない。

□□□□□
【No.170】 行政罰の「行政刑罰」の記述として、妥当なのはどれか。

1 行政刑罰は、行政上の義務違反に対して科せられる罰であり、この種の行政刑罰の種類として、懲役、禁錮、罰金、拘留、科料のほか、過料も含まれる。
2 行政刑罰は、行政上の義務違反に対して科されるものであるから、特別の規定のある場合のほかは、原則として刑法総則が適用されない。
3 行政刑罰は、刑法に刑名のある刑罰を科する場合であって、原則として刑法総則が適用され、通常裁判所において刑事訴訟法の規定に基づき科される。
4 行政刑罰は、刑罰であることから罪刑法定主義が適用され、原則として裁判所において行政事件訴訟法の手続に基づき科する刑罰である。
5 行政刑罰は、刑事罰のように犯人の悪性に対する罰ではなく、刑法典上の軽微な義務違反に対する罰による制裁であり、即決裁判手続による場合が多い。

□□□□□
【No.171】 行政罰（A）と強制執行（B）の記述として、妥当なのはどれか。

1 Aは行政上の命令禁止違反に対する制裁として科せられ、Bは国民に義務を課し履行されないときに新たな侵害を加えるものである。
2 Aは義務者の義務不履行について将来に向かって義務の履行を強制する手段であるが、Bは行政上の義務の懈怠に対する過去の義務違反の制裁である。
3 Aは義務履行の実現を図るため義務の履行があるまでは反復して科されるが、Bは同一の義務違反に対しては重ねて科すことができない。
4 AとBは、ともに義務違反に対する制裁としての性質を有し、それぞれ目的を同じにするので、同時に併科することはできない。
5 AとBは、義務履行の確保の機能、目的を持つ共通性があるが、Aは行政上の義務の不履行が前提となり、Bは行政上の義務の不履行が前提とならない。

□□□□□
【No.172】 行政罰（A）と強制執行（B）の記述として、妥当なのはどれか。

1 Aは賦課された義務の実現を図るため将来に向かっての強制執行の手段であり、Bは過去の義務違反に対する間接的に将来の履行を強制する点で異なる。
2 Aは現にある義務の不履行に対し義務の履行があるまでは何回も反復して科すことを妨げないが、Bには一事不再理の原則が適用される。
3 Aは一般統治権に基づくことから常に法律の根拠を必要とするが、Bは新たな侵害を加える内容ではないから、特に法律の根拠に基づく必要がない。
4 AもBも、ともに義務違反に対する制裁としての性質を有するが、同一の義務の不履行に対して両者を同時に科すことはできない。
5 Aは過去の義務違反への制裁であり、Bは非代替的作為義務又は不作為義務の履行がないとき行政庁が義務者に対しその履行を間接的に強制する。

□□□□□
【No.173】 行政罰に関する記述として、妥当なのはどれか。

1 行政罰の種類は、行政法規の実効性を確保するために、刑法に刑名の定めのある刑罰、例えば、死刑、懲役、禁錮、罰金などに限られている。
2 行政罰の行政上の秩序罰としての過料を科す場合には、過料は刑罰でないので刑法総則の適用がなく、これに関する一般原則の定めもない。
3 行政罰と懲戒罰とは、その目的を異にしており、これを科する権力の基礎を異にするものであるから、行政罰と懲戒罰の併科は認められない。
4 行政罰は、特別権力に基づきその秩序を維持するためのものであるから、どのような義務違反に対しても、法律の根拠を必要としないとされている。
5 行政罰としての過料は、非訟事件手続法に基づきすべて裁判所によってのみ科せられるものであり、地方公共団体の長が過料を科すことはできない。

24 行政罰

□□□□□
【No. 174】 行政罰に関する記述として、妥当なのはどれか。

1 行政罰は、過去の行政上の義務違反に対する制裁として科せられるだけでなく、将来にわたり義務の履行を強制することを目的とする行政上の強制執行の手段としても科せられる。
2 行政罰は、行政上の義務違反に対し、特別権力関係における特別権力に基づき制裁として科せられる罰のことであり、その例として住民基本台帳法に定める届出を怠った者に対する過料が挙げられる。
3 行政罰は、行政刑罰と行政上の秩序罰とに分けられるが、原則として、行政刑罰は刑事訴訟法の定める手続によって科せられ、行政上の秩序罰は非訟事件手続法の定める手続によって科せられる。
4 行政罰は、法律による一般的な委任規定に基づいて科せられる罰であるが、刑事罰と異なり、罰の対象となる行為が反道義性及び反社会性を有しないことから刑法総則が適用されない。
5 行政罰は、過失は原則として罰しないこと、法人には犯罪能力を認めないこと、及び違反行為者だけでなくその事業主も罰する両罰主義を採用していることを特色としている。

□□□□□
【No. 175】 行政罰に関する記述として、妥当なのはどれか。

1 行政刑罰は、行政上の義務違反に対して科せられるものであり、刑事罰とは異なり、反社会的、反道義的な性質を有しない行為に科せられるため、刑法総則の適用はなく、また行政庁が科すこととされている。
2 行政刑罰は、懲役、禁錮など刑法に刑名のある刑罰を科すものであり、刑法と同様に両罰規定を設けることはできず、違反行為者だけが罰せられ、また非訟事件手続法の定める手続により科せられる。
3 行政上の秩序罰は、行政上の秩序を維持するために罰金、科料などの財産刑を科すものであり、刑事訴訟法の定めるところにより、罰せられるべき者の住所地の地方裁判所において科せられる。
4 行政上の秩序罰は、行政上の義務違反の程度が比較的軽い行為に対して科せられるものであり、例として、国税犯則取締法に基づく通告処分、交通事件即決裁判手続法に基づく即決裁判制度などがある。
5 行政上の秩序罰には、地方自治法に定める過料があり、これは地方公共団体の長が条例又は規則の違反に対して科すものであり、過料が期限までに納付されないときは、地方税の滞納処分の例により処分できる。

【No.176】 行政罰の「行政刑罰」の記述として、妥当なのはどれか。

1 行政刑罰は、行政上の義務違反に対して科せられる刑法に定める刑罰であることから、法律で定める必要があり、条例で定めることはできない。
2 行政刑罰は、原則として刑法の刑名のある刑罰（死刑・懲役・禁錮・罰金・拘留・科料など）を科することができるが、刑法総則は適用されない。
3 行政刑罰は、行政犯又は法定犯ともいい、人身の自由や財産の自由に対する侵害としての刑罰が科せられる点でみると、刑事犯と異なることになる。
4 行政刑罰は、行政上の目的を侵害する非行者の行政法規の不遵守に対する罰であり、行為者の処罰と、法人を併せて処罰する両罰主義を採っている。
5 行政刑罰とは、行政上の義務違反に対し、特別統治権に基づき制裁として科せられる罰をいい、本質は、将来の義務の履行を強制する制裁である。

【No.177】 行政罰の「行政刑罰」の記述として、妥当なのはどれか。

1 行政刑罰は、行政上の義務違反に対し科せられる刑法に定める刑罰である。罪刑法定主義の見地から法律の根拠が必要であるが、例外として条例で定めることもできる。
2 行政刑罰は、行政上の義務違反に対し特別統治権に基づき、制裁として科せられる罰であり、過去の行政上の義務の不履行に対する制裁として科せられる。
3 行政刑罰は、行政上の目的を侵害する非行者の行政法規の不遵守に対する罰で、行為者を処罰することであり、利益の帰属主体である法人を併せて処罰する両罰主義を採っていない。
4 行政刑罰は、行政目的を達成するための命令、禁止の違反行為に対する制裁であり、刑事罰とは区別されるので、法令に特別の定めがない限り、刑法総則が適用されない。
5 行政刑罰は、過去の義務違反に対する制裁としてだけではなく、将来に向かって義務の実現を図るためにも科せられる処罰であり、義務の不履行がある場合には、同一事実に対して目的を達するまで繰り返し科すことができる。

24 行政罰

□□□□□
【№ 178】 行政罰の「秩序罰」の記述として、妥当なのはどれか。

1 秩序罰は、地方公務員法の規定に基づき、特別権力関係の秩序を維持するために職務上の義務に違反した職員に対して行う懲戒免職の処分がある。
2 秩序罰は、義務違反に対して科される金銭的制裁であり、転入に関し虚偽の届出をした住民に対し行う住民基本台帳法の規定に基づく過料処分がある。
3 秩序罰は、社会的非難の程度が軽い行為に科せられ、例えば、保護施設の管理規程に従わない被保護者に行う生活保護法に基づく保護停止処分がある。
4 秩序罰は、比較的軽微な違反行為の制裁を目的とし、交通整理の警察官の指示に従わない歩行者に行う道路交通法の規定に基づく科料処分がある。
5 秩序罰は、義務の懈怠に対して科され、不正な業務を行った宅地建物取引業者に対して行う宅地建物取引業法の規定に基づく免許取消処分がある。

□□□□□
【№ 179】 秩序罰としての「過料」の記述として、妥当なのはどれか。

1 過料は、刑法の定める刑罰に該当する。
2 過料は、刑法総則の適用を受ける。
3 過料は、法律に基づき知事などが科する。
4 過料は、法律の根拠の有無を問わず科せる。
5 過料は、非訟事件手続法により科する。

□□□□□
【№ 180】 過料の記述として、「妥当でない」のはどれか。

1 秩序罰としての過料は、刑事罰とはその性質を異にするので、刑法総則の適用はなく、非訟事件手続法により地方裁判所が科すのが原則である。
2 地方自治法に定める過料には、行政刑罰の性質を持つものもあるが、地方公共団体の長がこれを科し、滞納処分の例により強制的に徴収できる。
3 懲戒罰の過料は、特別権力関係の秩序維持のために科す制裁であり、一般統治権に基づく行政罰とその性質と目的を異にし、両者を併科できない。
4 執行罰の過料は、行政上の義務不履行に対しその義務履行を強制するもであるから義務履行があるまで反復して科せるし、行政罰の過料も併科できる。
5 過料は、刑事罰ではないから、行政刑罰としての科料とは区別されるが、広く行政罰というときには、両者を含んでいると解されている。

25 国家賠償法（損害賠償）

●国家賠償法（損害賠償）

損害賠償	「公権力の行使」に基づく場合
●違法 ●公務員 ●故意又は過失　　国又は地方公共団体の公務員、国の中には立法権、司法権も含む。	●違法行為に基づく場合の「**過失責任主義**」 ●行為の外形が職務執行行為と認められる場合の「**外形主義**」を含む。 ●公務員の故意又は過失による場合の「**代位責任**」 ●公務員への「**求償権**」は、「**故意又は重大な過失**」ある場合に限る。 ●公務員選任監督と給与支払者が異なるとき、被害者はいずれにも損害賠償の請求ができる……**費用負担責任**。 ●被害者が外国人の場合は「**相互保証主義**」である。
	公の「**営造物の設置・管理**」の瑕疵の場合
	●客観的に営造物の安全性が欠けていれば足り、管理義務違反を問わない「**無過失責任主義**」である。 ●営造物は、**不動産**に限らず、**動産**も対象となる。 ●営造物設置者と管理者と、費用負担者が異なるときは、いずれにも請求できる……**費用負担責任**。 ●被害発生の「**予測可能性**」と「**回避可能性**」の有無が問われることがある。 ●国等が、電車、バス等の私経済的作用を行う場合には、特別の定めがない限り、原則「**民法が適用される。**」

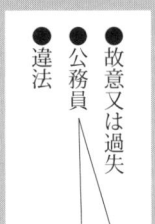

□□□□□
【No. 181】 国家賠償法の記述として、妥当なのはどれか。

1 （代位責任）―その職務を行うにあたり、公権力を行使する公務員に故意又は過失がない場合には、相手方に対し国又は地方公共団体の賠償責任は生じない。
2 （公権行使）―公権力の行使には、国又は地方公共団体の優越的な意思の発動に関する作用のみならず、私経済作用を含む作用が含まれると解される。
3 （職務行為）―賠償責任とは、公務員の加害行為が職務と実質的に関係のある場合の責任を指すものであって、外形における職務執行行為は認められない。
4 （監督免責）―賠償責任は、国又は地方公共団体が公権力の行使にあたる公務員の選任及び監督について過失がないことを立証すれば、責任は免れる。
5 （求償権）―国又は地方公共団体が相手方に損害賠償を行ったすべての場合において、国又は地方公共団体は当該公務員に対して求償権を有する。

□□□□□
【No.182】 国家賠償法の記述として、妥当なのはどれか。

1 国家賠償法では、違法な行為を行った公務員が、その違法な行為に故意又は過失があれば、当然に被害者に対して直接責任を負うものとしている。
2 国家賠償法では、国又は地方公共団体が被害者に損害を支払った場合には、その原因となった公務員に対して求償関係が生ずるものとしている。
3 国家賠償法では、道路、河川その他の公の営造物の設置又は管理の瑕疵を原因とする損害賠償責任については、過失責任主義を原則としている。
4 国家賠償法では、賠償責任を具備するときに、公務員の違法な公権力の行使について国又は地方公共団体が被害者に負う責任は、代位責任としている。
5 国家賠償法では、外国人が被害者であるときは、相互保証主義を採用していないため、外国人には国家賠償法を適用することができないとしている。

□□□□□
【No.183】 国家賠償法の記述として、妥当なのはどれか。

1 国家賠償法による国の賠償責任は、違法な行政作用によって権利利益を侵害され被害を受けた日本人のみならず、外国人にも、原則として認められる。
2 国家賠償法の賠償責任は、国又は地方公共団体の損害賠償責任に関し別段の規定があるときはその規定によるが、別段の規定のないときでも認められる。
3 国家賠償法による損失補償は、違法な行政作用によって国民の権利利益を侵害する場合であり、公権力の行使による財産上の特別の犠牲の補償である。
4 国家賠償法による公の営造物の設置管理の瑕疵に基づく損害賠償責任は、損害の発生を防止する必要な注意がある場合には、賠償責任が免れる。
5 国家賠償法による国の賠償責任は、行為者である公務員の選任監督として過失がある場合に生じ、選任責任がない場合には賠償責任が生じない。

□□□□□
【No.184】 国家賠償法第1条の「国又は公共団体の①公権力の行使にあたる公務員が、その②職を行うについて、③故意又は過失によって④違法に他人に損害を加えたときは、⑤国又は公共団体がこれを賠償する責に任ずる。」に関する下記の記述として、妥当なのはどれか。

1 損害賠償の「公権力の行使」とは、一方的に命令し強制する作用を指し、一方的に法律関係を形成・変更・消滅させる作用は含まれない。
2 損害賠償の「職務を行う」とは、公務員が職務の遂行として行う行為に限定されており、客観的に職務の外形を有する行為については含まれない。
3 損害賠償の「故意又は過失」とは、公務員の主観的な認識の有無ではなくして、公権力の行使が違法なら故意又は過失の存在が認定される。
4 損害賠償の「違法に」とは、厳格的な法規の違反を指すものであって、その行為が客観的に正当性を欠くことを意味するものではない。
5 損害賠償の「国又は公共団体がこれを賠償する責に任ずる」とは、民法の選任監督者と同様に、公務員の選任監督者としての責任と解されている。

□□□□□
【No.185】 国家賠償法の記述として、妥当なのはどれか。

1 国家賠償法は、国又は公共団体の権力的作用に基づく損害について一般的にその賠償責任を認めた法であり、行政上の不法行為責任の一般法である。
2 国家賠償法には、公権力の行使に基づく損害賠償責任と公の営造物の設置管理の瑕疵に基づく損害賠償責任とがあり、いずれも無過失責任を採っている。
3 国家賠償法は、国又は公共団体が、私人と同じ立場で私経済的作用（バス経営）などを行う損害賠償においても、原則として私法を適用しないとしている。
4 国家賠償法による公の営造物の設置管理の瑕疵に基づく損害賠償責任は、国又は公共団体が所有する公の営造物の設置管理の瑕疵に限定されている。
5 国家賠償法の公の営造物の設置管理の瑕疵とは、営造物が有すべき安全性を欠く状態を指し、この瑕疵に故意又は過失がある場合に賠償責任が生ずる。

【No. 186】 国家賠償法の記述として、妥当なのはどれか。

1 賠償責任の要件として公権力の行使があり、本来の権力的活動のほか広く公の行政活動のみならず、私経済作用を含む全ての公の行政作用が該当する。
2 賠償責任の要件として職務行為があり、これは職務行為自体を指すものであって、職務遂行の手段としての行為や職務に付随する行為は含まれない。
3 賠償責任の要件として違法性の問題があり、違法には、厳密な意味での法規の違反行為だけでなく、その行為が客観的に正当性を欠くことも意味する。
4 賠償責任の要件として行為の故意又は過失があり、損害賠償の責任の成立については、故意又は過失の有無にかかわらず無過失責任主義を採っている。
5 賠償責任の要件として他人に損害を与える場合があり、公務員の不法行為に対しては、国又は地方公共団体が直接、損害の責任を負わないとされている。

【No. 187】 損害賠償の記述として、妥当なのはどれか。

1 損害賠償は、公務員が公権力の行使にあたるに際し、その行政権を行うについて他人に損害を与えたことを要件としており、立法権及び司法権の行使にあたる場合は含まれないとされている。
2 損害賠償は、公務員が過失による公権力の行使によって他人に違法に損害を与えた場合であっても、当該公務員の選任及びその職務の監督が適切に行われていたことを立証したときは、国又は公共団体は、賠償の責任を負わない。
3 損害賠償で、公務員が公権力の行使によって他人に損害を与えた場合の損害賠償の対象は権力的作用であって、公立学校の教育活動などの非権力的による場合には、損害賠償の対象とならない。
4 損害賠償は、公務員が他人に損害を与えたとしても、当該公務員の行為が客観的に職務行為の外形を備えていないときは、当該公務員を監督する国又公共団体は、賠償の責任を負わない。
5 損害賠償は、公務員が公権力の行使によって他人に損害を与え、国又は公共団体が損害賠償をしたときは、公務員の当該行為に故意又は過失がある場合に限って、国又は公共団体は求償権を行使することができる。

☐☐☐☐☐
【No.188】 国家賠償法の記述として、妥当なのはどれか。

1 国家賠償法上の公権力の行使にあたる公務員は、国家公務員や地方公務員のみを指し、公権力の行使を委託され、その委託された職務に従事する者は公権力の行使にあたる公務員に含まれない。
2 公務員の加害行為の中で賠償責任が認められるのは、職務を行う行為に限られ、この職務行為は、職務行為それ自体及びそれに随伴して行われた行為に限られ、外形上職務行為と見なし得る行為は含まれない。
3 国家賠償法は、外国人に対して相互保証主義を採っているので、相互保証のない外国人は、国又は地方公共団体に対して、国家賠償法のみならず、民法上の不法行為規定に基づいても、損害賠償を求めることができない。
4 国家賠償法上の賠償責任は、公務員が故意又は過失によって違法に他人に損害を与えた場合に賠償責任が生ずるが、過失と違法の区別は相対化しておらず、過失だけで賠償責任を認容し、違反の推定から過失及び違法性を推定することはない。
5 国家賠償法第1条は、国家賠償責任の主体として国と公共的団体を挙げているが、この国の中には行政権だけでなく立法権、司法権が含まれ、また公共的団体の中には地方公共団体のほか特殊法人や公共組合も含まれる。

☐☐☐☐☐
【No.189】 国家賠償法に規定する公権力の行使に基づく賠償責任と公の営造物の設置管理の瑕疵に基づく賠償責任との「前者」と「後者」に関する記述として、妥当なのはどれか。

1 沿革的には、前者は個人主義的思想に基づく道義的責任を基礎原理とし、後者は団体主義的思想に基づく社会的公平負担の実現を基礎原理としている。
2 国又は地方公共団体が負う賠償責任の本質については、前者は自己責任としているが、後者は国又は地方公共団体が代位する代位責任としている。
3 前者では、相互保証主義が採られていないので、外国人に適用される余地はないが、後者は、相互保証主義が採られているので、外国人にも適用される。
4 被害者は、前者の選任監督者と公務員の給与等の支払者、後者の設置管理者と設置管理の費用負担者とが異なる場合には、いずれにも請求できる。
5 国家賠償法は、公益と私益との合理的な調整を図るため、前者、後者ともに、不法な結果（損害）が生じた場合に責任を負う無過失責任主義を採っている。

25 国家賠償法（損害賠償）

□□□□□
【No. 190】 国家賠償法第2条の公の営造物の記述として、妥当なのはどれか。

1 （意義）—公の営造物とは、道路、河川、港湾など物的な施設のみを指し、警察の公用車や公立学校のプールの飛込台の動産は公の営造物に該当しない。
2 （性質）—公の営造物に対する国又は地方公共団体の責任は、民法より被害者救済を拡大するが、公務員の故意又は過失を問う過失責任主義を採用する。
3 （要件）—公の営造物の賠償責任は、公の営造物の管理又は管理の瑕疵の有無を要件とせず、営造物が通常備える安全性を欠く状態を要件とする。
4 （請求）—公の営造物の設置者と管理者とにおいて、その費用負担が異なるときには、先ず営造物の設置者に対して賠償請求を行うことになる。
5 （公物）—公の営造物の人工公物に瑕疵がある場合は賠償責任を免れないが、自然公物による不可抗力の場合には賠償責任が免れる場合もある。

□□□□□
【No. 191】 国家賠償法第2条の公の営造物の記述として、妥当なのはどれか。

1 公の営造物とは、道路、河川、庁舎、学校など、公の目的に供用される有体物自身を指し、これに付随する物体は公の営造物に含まれない。
2 公の営造物の設置管理の瑕疵による損害について、国又は地方公共団体は、他にその損害について責任を負うべき者があるときは賠償責任を有しない。
3 公の営造物に関する賠償責任で、国又は地方公共団体は、他にその損害の原因について責任を負うべき者があるときは、これらの者に求償権を有する。
4 公の営造物の設置管理の瑕疵について、国又は地方公共団体がその損害の発生を防止するために必要な注意を尽くしていたときは、賠償責任を免れる。
5 公の営造物の設置管理に伴う瑕疵で賠償責任を具備するときは、その損害の発生が客観的に回避可能性のない場合又は不可抗力の場合でも責めを負う。

□□□□□
【No.192】 国家賠償法第2条の公の営造物の記述として、妥当なのはどれか。

1　国家賠償法第2条は、公の営造物の設置又は管理に瑕疵がある場合を挙げ、賠償責任は民法の確認規定であり、対象の範囲は民法と同じである。
2　国家賠償法第2条に基づく賠償責任は、損害が公の営造物の設置管理の瑕疵に起因する場合に限り追及でき、ここには自然公物や動産も含まれる。
3　国家賠償法第2条は、その設置管理の瑕疵を要求するが、この管理の瑕疵は、営造物が通常有すべき安全性を欠き、かつ過失の存在を必要としている。
4　国家賠償法第2条は、公の営造物の設置・管理に瑕疵がある場合に適用されるので、公が管理している普通財産の場合も適用の対象となる。
5　国家賠償法第2条は、被害発生の予測可能性と回避可能性の有無とによって瑕疵の存否が判定されるので、制限的手法はまったく適用されない。

■最高裁の判例「国家賠償法第1条」
●公務員の職務行為の範囲訴訟
○警視庁の巡査が非番の日に制服制帽を着用し、現金等を奪おうとしたが声をたてたので拳銃で射殺死亡させた本件で、東京都は、非番で、職務管轄区域外、金品の不法領得行為などを挙げ、公務員の職務行為にあたらないと主張したが、公務員がその行為に出ずる意図目的はともあれ、行為の外見において職務執行と認められるとして、他人に損害を与えた場合には、国又は地方公共団体に損害賠償責任があると判示。

●沖縄の工場誘致施策変更訴訟
○工場誘致の土地を譲渡する旨の議決に反対する村長が当選し、工場側の建築確認申請を却下したことによる損害発生について、損害を補償するなどの代償的な措置を講ずることなく施策を変更することは、それがやむをえない限り、違法性が生ずると判示。

●小樽保健所予防接種後遺症訴訟
○保健所での種痘の予防接種による後遺障害について、接種を実施するに適した者であっても、必要な予診を尽くしたかどうかで判断され、予診を怠った本件には、賠償責任があると判示。

●クラブ活動の顧問教諭の監視指導義務訴訟
○課外クラブ活動中に生徒同志のトラブルによる失明事件で、顧問教諭の監視指導がとわれたが、事故発生の危険性を予見できる場合を除き、クラブ活動の顧問教諭が個々の活動に立会い、指導すべき義務を負うものではないと判示。

●失火責任法適用訴訟
○消防職員が消火のため出動したが、すでに消し止められていたので消火活動をせず、出火調査、残り火の点検を行って引き揚げた。その後再び同じ部屋から出火し、全焼した。本件火災で消防職員に重過失があるか否かで争われた。国家賠償法第4条は民法の規定が補充的に適用され、失火責任法は民法第709条の特則を規定したものであるから、公権力にあたる公務員の失火による国又は地方公共団体の損害賠償責任のみを排除する合理理由が存在しないとされ、国家賠償法第4条により失火責任法が適用され、当該公

務員に重大な過失があると判示。
■最高裁の判例「国家賠償法第2条」
●大東水害事件訴訟
○河川の管理の瑕疵の有無は、過去の水害等を総合的に考慮し、一般水準及び社会通念に照らし安全性を備えているかで判断し、既に改修計画が進行中であったことから、河川管理に瑕疵があったとは言えないと判示。（多摩川水害訴訟も……「大東判決」と同一内容である）
●熊野市鬼ケ城転落事件訴訟
○三重県熊野市の鬼ケ城を訪れ、観光客向けに設置された周回路を散策中に橋から転落した事故について、公の営造物の設置・管理の瑕疵の損害賠償は、法律上の費用負担義務者だけでなく共同執行する事実上の費用負担者も含まれると判示。
●大阪城外濠転落事故訴訟
○外濠への不用意な転落事故を防止するには、既存の柵で足り、転落を防止、外濠の設置・管理に瑕疵はないと判示。
●高知国道落石事件訴訟
○防護柵の設置費用が多額で予算措置が困難であったとしても、結果的に、道路の管理の瑕疵が生じた損害は、その責任を免れないと判示。
●国道43号線阪神高速道路騒音廃棄ガス規制等請求訴訟
○周辺住民が自動車騒音などにより受けた被害が社会生活上受忍すべき限度を超える場合は道路の設置又は管理に瑕疵があるが、本件は、道路の設置又は管理に瑕疵が認められるための積極的な要件となるものではないと判示。
●道路管理の瑕疵（事故車の放置）訴訟
○道路上に放置された故障車の後部に激突して即死した被害者の両親の訴訟で、常時道路を巡視する看視体制をとらず故障車が長時間放置されていることを知らず、バリケードを設けるなどの道路の安全性を保持する措置を講じておらず、警察官が違法駐車に対して駐車の方法の変更・場所の移動などの規制を行うことを理由に、和歌山県は損害賠償責任を免れることはできないと判示。
●道路管理の瑕疵訴訟
○道路管理者が道路工事現場に設置した赤色灯標柱が倒れていたため、道路工事現場で交通事故が生じた場合、当該標柱が事故直前に他車によって倒され、道路管理者として遅滞なくこれを現状に復旧し道路を安全良好な状態に保つことは不可能であり、道路管理に瑕疵はないと判示。
●校庭開放の事件訴訟
○幼児が、校庭開放中にテニスの横の審判台に昇り、その後降りようとして審判台が倒れ、下敷き死亡した事故に対し、幼児がいかなる行動に出ても不足の結果が生じないようにせよというのは、設置管理者に不能を強いるもので、本件は極めて異常な方法によるものであり、設置者の予測し得ないものなので賠償の責任を負わないと判示。
●阪神高速道路騒音廃棄ガス規制等請求訴訟
○道路が通過している地域の住民が道路を走行する自動車がもたらす騒音、振動、大気汚染によって被害を被っていると共用の差止めを求めた訴訟で、最高裁は、本件道路の設置又は管理に受忍限度を認める積極的な要件はなく、過去の損害賠償請求について慰謝

料を認めることに対して、施設の共用の差止めと金銭による賠償をすることは、性格的に異なると判示。

●大阪国際空港夜間飛行禁止等請求訴訟
○最高裁判決「空港の設置・管理の瑕疵」では、公の営造物の設置又は管理の瑕疵には、当該営造物を構成する物的施設自体に存する物理的、外形的な欠陥ないし不備によって一般的に他人に危害を及ぼす危険性がある場合のほか、その営造物が供用目的に添って利用されることとの関連において危害を生ぜしめる危険性がある場合を含み、また、その危害は、営造物の利用者に対してのみならず、利用者以外の第三者に対するそれを含むものと解すべきであると判示。

●山王川事件訴訟
○国家賠償法に規定する営造物の設置又は管理の瑕疵とは、当該営造物を構成する物的施設自体に存する物理的、外形的な欠陥ないし不備によって一般的に他人に危害を生ぜしめる危険性がある場合をいい、供用目的に沿って利用されることとの関連において危害を生ぜしめる危険性がある場合も含むものであり、また、その危害は、当該営造物の利用者以外の第三者に対するそれを含むものである。このような危険性のある営造物を利用に供し、その結果周辺住民に社会生活上受忍すべき限度を超える被害が生じた場合には、原則として賠償賠償法に基づく責任を免れないと判示。

□□□□□
【No.193】 損害補償に関する「最高裁の判例」として、妥当なのはどれか。

1　最高裁は、警察官が制服を着用し職務執行の外形を備える行為を行い他人に損害を与えた場合でも、当該行為が非番に警察官自身の利を図る意図をもった行為であるときは、地方公共団体は損害賠償責任を負わないとした。
2　最高裁は、公権力の行使にあたる公務員の職務行為に基づく損害賠償については、公務員が個人として被害者に対しその責任を負い、地方公共団体は監督者として免責されるとした。
3　最高裁は、公権力の行使にあたる公務員がその職務を行うにあたって他人に損害を与えた場合には、当該公務員に故意又は過失がなくても、損害賠償責任を負うとした。
4　最高裁は、裁判官が行った争訟の裁判に上訴等の訴訟法上の救済方法によって是正されるべき瑕疵が存在したときには、これにより当然に違法な行為があったものとして国の損害賠償責任は免れないとした。
5　最高裁は、行政介入を必要とする緊急性が著しく高い状況下で、行政庁がなお権限行使を怠る場合には、その権限の不行使は権限の消極的な逸脱・濫用にあたり、損害賠償責任の対象になるとした。

□□□□□
【No. 194】 国家賠償法に関する「最高裁の判例」として、妥当なのはどれか。

1 最高裁判例では、クラブ活動中の生徒同士のトラブルによる失明事件で、教諭の監督責任について、教諭は事故発生の危険性を予見できる場合を除き、個々の活動に立会い、指導すべき義務を負わないとして、補償の対象とならないとしている。
2 最高裁判例では、工場誘致の土地を譲渡する旨の議決に反対する村長が当選し、建築確認申請を却下したことによる工場側の損害発生については、代償的措置なしに変更しても、補償の対象とならないとしている。
3 最高裁判例では、保健所での予防接種による後遺障害について、予防接種を実施するに適した者であるときは、予診を怠った場合でも、賠償責任の対象とならないとしている。
4 最高裁判例では、公務員が、客観的に職務執行の外形を備える行為を行い他人に損害を加えた場合に、当該行為が自己の利を図る意図を持って行ったものであるときは、損害賠償責任の対象とならないとしている。
5 最高裁判例では、改修した河川におい水害が発生し、住民に損害を与えた場合に、河川の管理に瑕疵があるか否かについて、予測される災害を防止するに足りる河川管理であった場合でも、補償の対象となるとしている。

26 国家賠償法（損失補償）

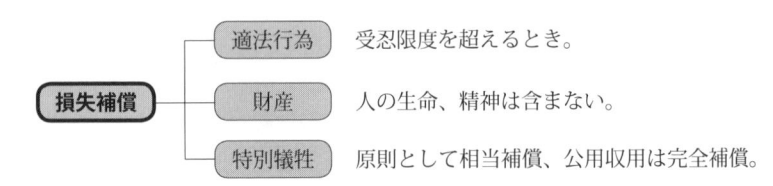

●国家賠償法（損失補償）

損失補償
- 適法行為 —— 受忍限度を超えるとき。
- 財産 —— 人の生命、精神は含まない。
- 特別犠牲 —— 原則として相当補償、公用収用は完全補償。

○損失補償とは、行政庁が**公益目的のために**国民の**財産を収用又は制限した場合**に、その特別の犠牲に対して全体の負担で補償する制度である。
○損失補償は、「**適法な**」公権力の行使のために、「**財産上**」の「**特別な犠牲**」に対し補償することをいう。
○損失補償は、適法行為に基づくもので、違法行為に基づく損害賠償と異なる。
○損失補償は、財産上の「特別の犠牲」の補償であり、人の生命・精神など身体の補償は含まれない。
○損失補償は、一般的な負担や財産に内在する**社会的制約にはなじまない**。
○損失補償は、法律に**補償規定を欠く場合でも、憲法第29条第3項に基づき、請求**することができる。
○損失補償は、原則として**金銭**をもって補償しなければならないが、代替地の提供や工事の代行で行う補償もある。

□□□□□
【No. 195】 公法上の「損失補償」の記述として、妥当なのはどれか。

1 損失補償は、適法な公権力の行使による財産上の特別犠牲を補償する制度であり、一般的な負担や財産権に内在する社会的な制約も、補償の対象とする。
2 損失補償は、プログラム規定であり、損失補償に関し法律に明文の規定がなければ、当然に補償の義務を生ずるものではなく、補償の対象とならない。
3 損失補償は、私有財産に対して加えられる特別偶然の損失を調整する形式であり、原則として金銭補償の方法で行い、例外的に現物補償の方法による。
4 損失補償は、公益と私益の調節を図る形式であり、公共の安全の確保など消極的な目的であっても、一般的な財産権の制限は特別な犠牲と見なされる。
5 損失補償は、公共のために私有財産を用いるための補償であるので、財産権者が被った財産上の損失をすべて算定した額の完全補償を意味している。

【No.196】 公法上の「損失補償」の記述として、妥当なのはどれか。

1 損失補償は、適法な公権力の行使によって財産権の侵害がある場合には、相手方に与える私有財産上のすべての損失が補償の対象になるとしている。
2 損失補償は、何が補償の対象となるかの判断は難しいが、行政上の適法な行為に基づく財産上の損失補填のみならず身体的な侵害も補償に該当する。
3 損失補償は、公共のために私有財産を用いる補償であり、その特別の犠牲に対し正当な補償をしなければならず、その正当な補償とは完全な補償である。
4 損失補償は、公法上の適法な行為に基づく経済上の特別の犠牲に対する全体的な公平負担の見地からこれを調節するためにする財産的補償である。
5 損失補償は、適法な公権力による財産上の特別の犠牲に対する補償のみならず、公の営造物の設置管理の瑕疵に基づく損害の補償も対象としている。

【No.197】 公法上の「損失補償」の記述として、妥当なのはどれか。

1 損失補償は、行政庁の不法行為によって加えられた財産上の特別の犠牲に対し、全体的な手で補填し、特定人に公平の見地から行う財産的補償である。
2 損失補償は、行政庁の故意又は重大な過失によって相手方に加えられた財産上の特別の犠牲に対してなされた正当な補償に基づく財産的補償である。
3 損失補償は、行政庁の違法な行為によって加えられた財産上の特別の犠牲に対する補償であり、私有財産の保護の見地から行う財産的補償である。
4 損失補償は、行政庁の適法な公権力の行使によって加えられた財産上の特別の犠牲の概念を用いた、平等原則の無過失責任の原則に基づく補償である。
5 損失補償は、行政庁の適法な行為によって加えられた財産上の特別の犠牲に対し、全体的な手で補填し、特定人に公平の見地から行う財産的補償である。

□□□□□
【No. 198】 公法上の「損失補償」の記述として、妥当なのはどれか。

1 損失補償は、適法な行政活動により、特定私人に生じた財産的損失を補償するものであり、私法契約上の反対給付と同じ性格を有する。
2 損失補償は、一般的負担や建築基準法上の建築制限など社会的共同生活の調和を保つ財産権に内在する社会的制約については、補償の問題とならない。
3 損失補償は、土地収用法などに個別の規定が存在するが、法律に具体的な損失補償の規定がない限り、直接憲法第29条を根拠に補償を請求できない。
4 損失補償は、具体的にどのような場合に補償が認められるかは、特定人に対する制約であるか否かであり、受忍限度を超える制約かの判断基準はない。
5 損失補償は、原則として金銭補償によるが、複数の被害者に対し個別的に支払うか、そのうちの1人に対して一括して支払うかは、後者が原則である。

□□□□□
【No. 199】 公法上の「損失補償」の記述として、妥当なのはどれか。

1 損失補償は、財産上の特別な犠牲に対する補償であり、社会生活上の受忍限度を超える犠牲を強いるものであるか否かは問われない。
2 損失補償は、公用収用であることが前提要件であるが、法律が補償の規定なしに収用できる旨を定めた場合には、当該法律は無効となる。
3 損失補償は、特定人の財産権に対する偶発的かつ特別な犠牲を対象とするだけではなく、国民が一般的に負担すべき財産権の制約をも対象とする。
4 損失補償は、特別の犠牲に対し相当な補償で足りる。したがって補償に対し当事者間の意見の一致が得られなくても、訴訟を提起することはできない。
5 損失補償は、社会生活の安全確保という一般的な財産権の制限は対象とならないが、産業や交通の発展の積極的な目的を持つときは補償の対象となる。

□□□□□
【No. 200】 公法上の「損失補償」の記述として、妥当なのはどれか。

1 「緑地帯に指定されたため、土地の価格が下落した場合」は、損失補償の対象となる。
2 「市長が違法に営業の許可を撤回した場合」は、損失補償の対象となる。
3 「財産の払下げを受けた者が、誤って市に払下げ金を多く払い過ぎた場合」は、損失補償の対象となる。
4 「バス用地として土地が収用された場合」は、損失補償の対象となる。
5 「公道に穴が開いており、自転車に乗った者がその穴に落ちて怪我をした場

合」は、損失補償の対象となる。

□□□□□
【No. 201】 公法上の「損失補償」の記述として、妥当なのはどれか。

1 損失補償は、国や地方公共団体の公権力の行使に基づく財産上の犠牲に対する補償であり、この公権力の行使には、適法なものだけでなく、不法なものも含まれる。
2 損失補償の要否を判断する基準に実質的基準説があり、財産権の剥奪や財産権の高揚を妨げる侵害は要補償とし、その程度に至らない社会共同生活の調和のために必要な限度の場合には、補償不要としている。
3 損失補償の内容として、憲法は正当な補償を行うことを定めているが、正当な補償の意味が明確でないために正当補償説と完全補償説が対立していたが、両説とも個別的侵害は正当な補償で一致している。
4 損失補償は、国土の開発・利用・保全などの合理的な土地利用を図るために、特定の財産権に対して課せられる制限、いわゆる公用制限に対しても、一般的に及ぶ。
5 損失補償を要する場合の例として、消防法の消火活動のための延焼のおそれのある消防対策物を処分した場合においては、消防法に基づき損失補償を行わなければならない。

■損失補償「最高裁判例」
●破壊消防に伴う損失補償事件訴訟
○旅館から出火し、消防団長は延焼を防ぐため建物の破壊を命じたが、結果的に一部の延焼に止まった。この建物の破壊を受けた者たちが、損失補償を求めた事件において、消火活動において損害を受けた者が損失補償を受けるためには、火災が発生しようとし又は発生し、又は延焼のおそれがある消防対象物でありかつ人命救助の緊急性の必要性を必要とする。延焼防止のためやむを得ない要件が満たされない限り、損失補償の請求をすることができると判示。
●旧河川付近地制限令事件訴訟
○最高裁は、被告人が許可を拒否され、砂利の採取ができずに損失を被る場合に、損失補償規定がなくとも、一切の損失補償を全く否定する趣旨とまで解されず、被告人も、その損失を具体的に立証し、直接憲法第29条を根拠に補償請求する余地が全くないわけではないと判示。
●名古屋破壊消防に伴う損失補償請求訴訟
○消火活動で延焼を防ぐために建物を破壊した件で損失補償の対象となるか否かは、建物を破壊した行為は適法であるが、延焼防止のためにやむを得ないかどうかで判断され、そのおそれが少ないときに建物に損害を受けた場合には補償の対象になると判示。
●奈良県「ため池保全条例」違反被害訴訟

○ため池の破損、決壊の防止条例に対し、条例の施行後もため池の堤とうに農作物を植え罰金を言渡された控訴に対し、ため池の耕用使用の全面禁止は、ため池の堤とうを使用する者が、当然に受忍しなければならない責務であり、全面禁止に対する損失補償の必要はないと判示。

●行政財産の目的外使用許可の撤回の補償請求訴訟
○最高裁は、行政財産の土地の使用許可は、期間の定めのない場合であれ、当該行政財産本来の用途又は目的上の必要を生じた時点で原則として消滅し、又権利自体に制約が内在するとみるのが相当であると、撤回による使用権の喪失に対する補償の必要性はないと判示。

●文化財的価値の補償請求訴訟
○最高裁は、「土地収用法第88条にいう通常における損失」とは、客観的社会的にみて収用に基づき被収用者が当然に受けるであろうと考える経済的・財産的な損失と解するのが相当であって、経済的でない価値まで補償の対象とする趣旨ではないと判示。

●みぞかき補償訴訟
○道路法第70条が定める、みぞかき補償は、公共工事のための工事によって、隣接地との間に高低差が生じるなど土地の形状に変更が生じた結果、隣接地の用益又は管理に支障をきたす場合に補償するものであり、それは隣接地の用益又は管理上の障害を除去するためにやむを得ない必要があってした工作物の新築、増築などの工事に起因する損失に限られると判示。

●土地収用補償金請求事件
○最高裁は、倉吉都市計画の街路用地に対する収用委員会の裁決額が低廉であると主張した訴えに、土地収用法上においては、収用の前後を通じて被収用者の財産価値を等しく補償する「完全な補償」をすべきであると判示。

●地下道親切に伴う石油貯蔵タンクの移転と補償
○ガソリンタンクを地下に埋設した当時予測し得なかった地下横断歩道が設置されたため、タンクの位置が消防法に違反する結果となった場合、タンクの移設に要する費用は、道路工事の施行によって警察規制に基づく損失がたまたま現実化するに至ったものにすぎず、このような損失は道路法に定める補償の対象には属しないと判示。

□□□□□

【№.202】「損失補償の判例・通説」に照らして、妥当なのはどれか。

1　財産権の損失が補償を要する特別の犠牲にあたるためには、侵害行為の対象が特定人であり、侵害行為が社会生活において一般に要求される受忍の限度を超えるほど本質的なものであることが必要である。
2　損失補償は、国や地方公共団体の公権力の行使に基づく財産上の犠牲に対する補償であり、この公権力の行使には、適法なものだけでなく、不法なものも含まれる。
3　憲法では、私有財産は、正当な補償の下にこれを公共のために用いることができると定めているが、この規定はプログラム規定であり、この規定に基づき

4 土地収用法における損失の補償は、収用される財産権の客観的価値全額を補償する完全補償でなくとも、公正な算定の基礎に基づき算出した合理的金額を補償する相当な補償で足りるとする判例がある。
5 公共のために私人の財産を破壊する場合には補償が必要であり、消防法では、延焼防止のために消防対象物を処分した場合は、対象物自体の延焼のおそれの有無にかかわらず、補償を支払うものとしている。

□□□□□

【No.203】 損失補償に関する「最高裁の判例」として、妥当なのはどれか。

1 旧河川付近地制限令事件訴訟—最高裁は、被告人が河川付近地制限令第4条2号の許可を拒否され、指定前より営んでいた砂利等の採取をすることができず損失を被る場合に、これに対する損失補償に関する規定がない場合には、本件被告人が、その損失を具体的に主張立証しても、直接憲法第29条を根拠に補償請求をする余地は全くない、と判示した。
2 みぞかき補償訴訟—最高裁は、道路法第70条が定めるみぞかき補償は、公共工事のための工事によって、隣接地との間に高低差が生じるなど土地の形状に変更が生じた結果、隣接地の用益又は管理に支障きたす場合に補償するものであるが、隣接地の用益又は管理上の障害を除去するために必要があってした工作物の新築、増築などの工事に起因する損失に限られない、と判示した。
3 土地収用補償金請求事件—最高裁は、倉吉都市計画の街路用地に対する収用委員会の裁決額が低廉であると主張した訴えに、土地収用法上においては、収用の前後を通じて被収用者の財産価値を等しくするために相当な補償をすべきであると、判示した。
4 文化財的価値の補償請求訴訟—最高裁は、文化財的価値の損失に対する補償について、土地収用法第88条にいう通常における損失とは、客観的社会的にみて収用に基づき被収用者が当然に受けるであろうと考える経済的・財産的な損失をいうものと解するのが相当であって、経済的でない価値についてまで補償の対象とする趣旨ではない、と判示した。
5 奈良県ため池保全条例違反被害訴訟—最高裁は、ため池の破損、決壊等による災害を未然に防止する条例に対し、条例の施行後も、ため池の堤とうに農作物を植え罰金を言渡された控訴に対し、ため池を耕地として使用する全面禁止は、ため池の堤とうを使用する財産権を有する者が、当然に受忍しなければならない責務ではなく、全面禁止に対する損失補償が必要である、と判示した。

27 行政訴訟制度

●**行政訴訟制度**
○行政事件訴訟法は、行政不服審査と行政事件訴訟の「**自由選択主義**」を認め、選択の例外として、①「**両者の併行**」が認められる場合もあるし、②法律の定めがある場合に限り行政不服審査の**訴願前置の前審とする場合もある。**

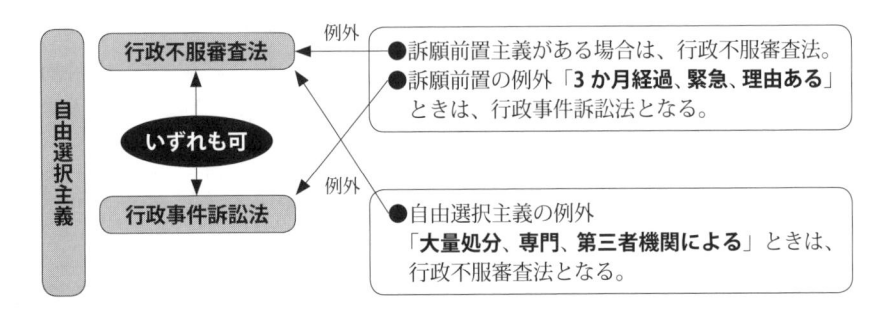

```
                    例外   ●訴願前置主義がある場合は、行政不服審査法。
      行政不服審査法 ────→ ●訴願前置の例外「3か月経過、緊急、理由ある」
自            ↑↓                ときは、行政事件訴訟法となる。
由     いずれも可
選            ↑↓
択    行政事件訴訟法 ────→ ●自由選択主義の例外
主                  例外      「大量処分、専門、第三者機関による」ときは、
義                            行政不服審査法となる。
```

□□□□□
【№204】 行政訴訟制度に関する記述として、妥当なのはどれか。

1 行政に対する不服の争いには、原則、関係行政庁に対する行政不服審査法に基づく審査請求を行わなければならず、行政事件訴訟法は認められない。
2 行政に対する不服の争いでは、行政不服審査法に基づく審査請求と行政事件訴訟法に基づく訴訟については、同時に、並行して行うことはできない。
3 行政に対する不服の争いには、自由選択主義が採用されるが、その際に訴願前置主義の適用がある場合は、行政不服審査法に基づかなければならない。
4 行政に対する不服の争いでは、訴願前置主義の規定がある場合には、それに従うことになり、直ちに行政事件訴訟法に基づく訴訟を提起できない。
5 行政に対する不服の争いには、自由選択主義が採用され、租税の大量処分や公務員の不利益処分も、直ちに行政事件訴訟法に基づく訴訟を提起できる。

27 行政訴訟制度

□□□□□
【No.205】 行政訴訟制度に関する記述として、妥当なのはどれか。

1 「自由選択主義」として…………現行法に基づく出訴は、審査請求の後に自由選択主義が採用されている。
2 「訴願前置主義」として…………現行法では、訴願などができる場合は、裁決などを経た後でなければ許されない。
3 「裁決主義」として………………現行法では、裁決の取消しの訴えにおいてのみの出訴は認められない。
4 「原処分主義」として……………現行法の基本的な原則であり、処分の取消しの訴えにおいてのみ主張することができる。
5 「審査請求前置主義」として……現行法では、原則として事前に審査請求などに対する裁決を経ることを要件とする。

□□□□□
【No.206】 行政事件訴訟法の定める「処分の取消しの訴え」と行政不服審査法の定める「審査請求」との関係において、最も基本的な原則は、次のどれか。

1 審査請求前置主義
2 原処分主義
3 裁決主義
4 訴願前置主義
5 自由選択主義

□□□□□
【No.207】 行政事件訴訟法の定める「処分の取消しの訴え」と行政不服審査法の定める「審査請求」との関係において、妥当なのは次のどれか。

1 処分の取消しの訴えの処分には、公権力の行使にあたる事実行為を含まないが、審査請求の行政庁の違法又は不当な処分には事実行為が含まれる。
2 処分の取消しの訴えと審査請求が併行する場合には、原則として裁判所は、その審査請求の審査庁の裁決まで裁判の手続を中止することができる。
3 処分の取消しの訴えは、原則として、審査請求の審査庁の裁決があるまでは提起できないとする、いわゆる審査請求前置主義が採用されている。
4 処分の取消しの訴えは、行政庁の原処分の違法性を理由とする場合のほか、審査請求に対する審査庁の裁決の違法を理由として提起されることになる。
5 処分の取消しの訴え及び審査請求の審理における原則は、いずれも口頭弁論主義であり、申立てがあるときに例外として書面審理主義が採用される。

28 行政不服審査法

●行政不服審査法
○行政不服審査法とは、行政庁の「**違法**」又は「**不当**」な処分、その他の公権力の行使に対し、国民の権利利益の救済を図るとともに、行政庁の適正な運営を確保することを目的とする法をいう。

●行政不服審査法の地位・性格
○行政不服審査法は、行政上の不服申立てに関する「**一般法**」としての地位・性格を持つ。
○行政庁の処分その他の公権力の行使にあたる行為に関する不服申立ては、他の法律に特別の定めがある場合を除き、行政不服審査法による。
○審査請求は、次の事項を対象とする。
(1) **行政庁の処分**（一般概括主義、国又は公共団体の処分）。
(2) **事実行為を含む。**
(3) **不作為を含む。**

□□□□□
【№208】 行政不服審査法の不服申立て制度の記述として、妥当なのはどれか。

1 不服申立て制度は、法律上に例外の定めのある場合を除き、国民に、広く一般に不服申立てを認める概括主義に基づく救済が図られている制度である。
2 不服申立て制度は、行政庁の違法又は不当な処分などの行政行為に関して、国民のみならず行政庁に申立ての道を開く制度として設けられている。
3 不服申立て制度は、国民の権利利益の救済の観点から、行政庁の処分その他公権力の行使にあたる行為が対象となり、条例に基づく処分は対象外である。
4 不服申立て制度は、簡易迅速性を維持しつつ、審理員制度及び行政不服審査会への諮問の導入を図り、裁判の様な正式な対審構造を導入している。
5 不服申立て制度は、平成26年の改正行政不服審査法においても、行政上の不服申立てに関する特別法としての地位や性格を持つ制度となっている。

□□□□□
【№209】 行政不服審査法に関する記述として、妥当なのはどれか。

1 行政不服審査法では、処分とは、行政庁の意思表示を要素とする法律行為的行政行為を意味しており、準法律行為的行政行為は含まないとしている。
2 行政不服審査法では、国民は、他の法律に特別の定めがある場合を除いて、行政庁の処分に対して一般的に不服申立てはできないとしている。
3 行政不服審査法では、行政庁による簡易迅速な手続により権利救済を図るた

めに、不服申立ての対象事項については、限定列記主義としている。
4　行政不服審査法では、不服申立人から申立てがあっても、執行不停止を採用し、その判断権限は処分の効力に関わることから、審査庁が有している。
5　行政不服審査法では、不作為の不服申立てに関しては、審査請求と再調査の請求の自由選択主義を採用しており、再審査請求も可能としている。

●不服申立の種類
○行政不服申立てには、「**審査請求**」、「**再調査の請求**」及び「**再審査請求**」がある。
□「**審査請求**」とは、処分庁の**処分**又は**不作為**に対して、処分庁又は不作為庁以外の行政庁に対し不服を申立てる場合をいう。審査請求において**裁決**を行う行政庁を**審査庁**という。審査庁は原則として当該処分庁等の**上級行政庁**である。上級行政庁が複数あるときは**最上級行政庁**に対して行うことになる。
□「**再調査の請求**」とは、処分庁の処分に対して、**処分庁に**不服を申立てる場合をいう。再調査の請求は、**法律に**再調査の請求ができる旨の定めがある場合のみに行える。
□「**再審査請求**」とは、**審査請求の裁決に不服**のある者が更に不服申立てる場合をいう。再審査請求も、**法律に**再審査請求ができる旨の定めがある場合のみに行える。

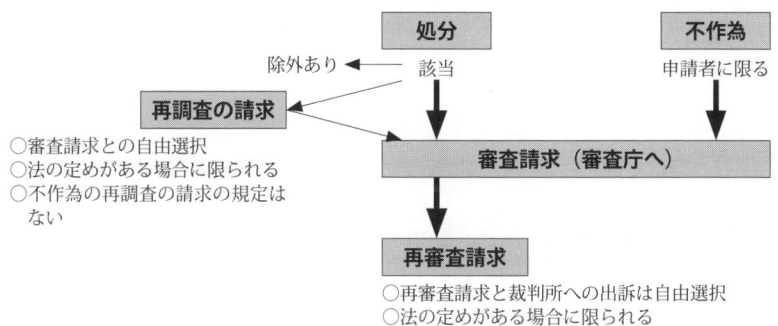

```
                        処分              不作為
                  除外あり ← 該当      申請者に限る
                        ↓                   ↓
        再調査の請求  ←     審査請求（審査庁へ）
  ○審査請求との自由選択               ↓
  ○法の定めがある場合に限られる    再審査請求
  ○不作為の再調査の請求の規定は   ○再審査請求と裁判所への出訴は自由選択
    ない                          ○法の定めがある場合に限られる
                                  ○不作為の再審査請求の規定はない
```

●審査請求をすべき行政庁………「審査庁」
○審査請求は、法律（条例）に特別の定めがある場合を除くほか、次の区分に応じ行政庁に対して行う。

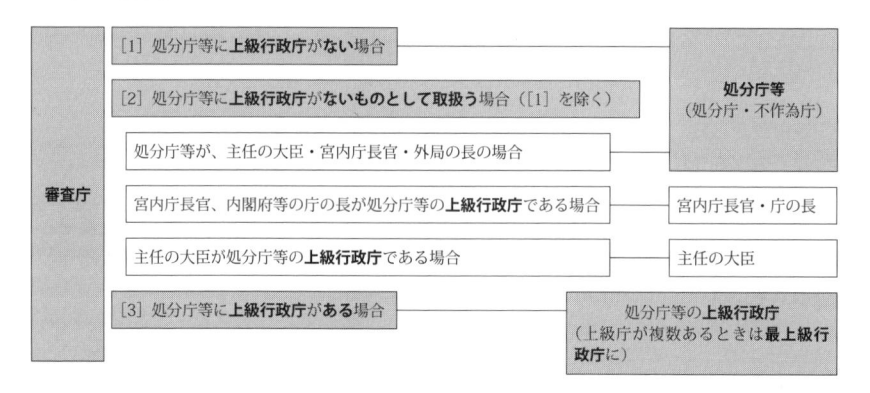

審査庁		処分庁等
	[1] 処分庁等に**上級行政庁**が**ない**場合	処分庁等 （処分庁・不作為庁）
	[2] 処分庁等に**上級行政庁**が**ない**ものとして取扱う場合（[1] を除く）	
	処分庁等が、主任の大臣・宮内庁長官・外局の長の場合	
	宮内庁長官、内閣府等の庁の長が処分庁等の**上級行政庁**である場合	宮内庁長官・庁の長
	主任の大臣が処分庁等の**上級行政庁**である場合	主任の大臣
	[3] 処分庁等に**上級行政庁**が**ある**場合	処分庁等の**上級行政庁** （上級庁が複数あるときは**最上級行政庁**に）

○「**再調査の請求**」……再調査の請求は、「**処分庁**」に対してすることができる。
（P.163 を参照）
○「**再審査請求**」………再審査請求は、「**法律に定める行政庁**」にすることができる。
（P.166 を参照）

□□□□□
【No. 210】　行政不服審査法の「処分」の記述として、妥当なのはどれか。

1　行政庁の処分とは、行政庁が法律に基づき優越的な意思の発動又は公権力の行使にあたる行為を指すものであって、行政指導もその処分に含めている。
2　行政庁の処分とは、国民に対し具体的な事実に関し法的規制をする行為、すなわち権利を設定し、義務を命じる等法律上の効果を発生させる行為である。
3　行政庁の処分は、原則として国又は地方公共団体の行政庁の処分を意味するものであって、それ以外の公団や公社などの行為は含まないとしている。
4　行政庁の処分には、公権力の行使にあたる事実上の行為も含まれるが、人の収容、物の留置その他の内容について継続的性質を有するものは含まれない。
5　行政庁の処分という場合は、積極的な作為を指し、この作為が不服申立ての対象となるが、特定の場合の行政庁の不作為は審査請求の対象とならない。

□□□□□
【№211】「不服申立ての種類」の記述として、妥当なのはどれか。

1　再調査の請求は、処分庁の処分に対して、審査庁に不服を申立てる手続であり、法律に再調査の請求ができる旨の定めがある場合にのみ成し得る。
2　再審査請求は、審査請求の裁決に不服のある者が同じ審査庁に対して更に不服を申立てるものであり、法律又は条例に根拠がある場合に認められる。
3　審査請求の手続は、処分及び不作為に共通する手続として規定されているが、再調査の請求手続には、審査請求の手続が準用されないとされている。
4　行政不服申立てには、審査請求の一元化が導入されているが、個別法の定めにかかわらず、再調査の請求及び再審査請求も認められる制度となっている。
5　行政不服申立てには、審査請求、再調査の請求及び再審査請求の3種類があり、基本的な不服申立類型として、審査請求に一元化されている。

□□□□□
【№212】「不服申立ての種類」の記述として、妥当なのはどれか。

1　処分の審査請求は、行政庁の処分に対し不服がある者に、法律上例外のある場合を除き、広く一般に申立てを認める列挙主義を採用している。
2　処分の審査請求は、処分に不服がある者が処分をした行政庁以外の行政庁に対して、その処分の取消し又は変更を求めるための一種の行政訴訟である。
3　不作為の審査請求は、法令に基づく申請に対し相当の期間内に処分がされない場合を指し、法令により申請のみちが開かれていないときは対象外となる。
4　再調査の請求は、行政庁の処分につき行政庁に対し審査請求ができる場合に、法律に再調査の請求ができる旨の定めがあるときにすることができる。
5　再審査請求においても、一般概括主義が採用されており、原裁決を対象にできるし、又原処分を対象として再審査請求をすることもできる。

□□□□□
【№213】「審査請求書等の提出先」の記述として、妥当なのはどれか。

1　処分の審査請求書の提出先は、当該処分庁である。
2　不作為の審査請求書の提出先は、当該不作為庁の上級行政庁である。
3　処分の再審査請求の請求書の提出先は、当該処分庁の上級行政庁である。
4　不作為の再審査請求の請求書の提出先は、当該処分庁の上級行政庁である。
5　再調査の請求の請求書の提出先は、当該処分庁である。

□□□□□
【No.214】「審査請求等をすべき行政庁」の記述として、妥当なのはどれか。

1 審査請求は、処分庁に上級行政庁がない場合には当該処分庁に行うことになり、国の機関でも衆議院議長、最高裁判所、人事院などには上級行政庁がなく、地方の機関でも知事又は市町村長には上級行政庁がない。
2 審査請求先は、処分庁又は不作為庁に上級行政庁があるか否かにより当該処分庁等か当該処分庁等の最上級行政庁に区分され、第三者的な行政機関に対する審査請求は認められていない。
3 再審査請求は、審査請求の裁決に不服がある者が審査請求の裁決後に更に行う申立てであり、審査請求に係るすべての処分に認められ、個別の法律を必要としていない。
4 再調査の請求ができる処分についての再調査請求書の提出は、審査庁が当該処分の再調査を行うことに特に意義ある場合の特例として、審査庁に対して行うことができる。
5 審査請求は、処分庁が主任の大臣、宮内庁長官、内閣府設置法若しくは国家行政組織法に規定する外局の長である場合には、主任の大臣、宮内庁長官又は外局の長にしなければならない。

●審査請求
○審査請求は、審査請求人が審査庁に申出る。申出を受けた審査庁は、「**審理員**」に審理を行わせる。審理員は審理の結果を審査庁に報告する。報告を受けた審査庁は、審理員の審理が妥当であるかを第三者機関である「**行政不服審査会**」に諮問する。そして行政不服審査会からの答申を受けて、最終的に**審査庁としての**「**裁決**」を行う。
（審理員及び審理関係人）

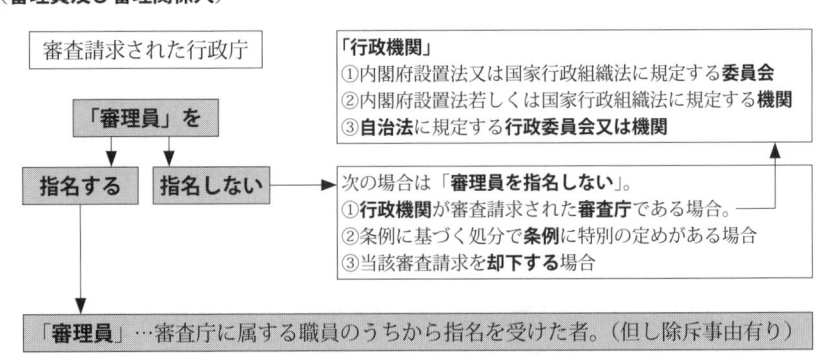

審査請求された行政庁

「審理員」を
指名する ／ 指名しない → 次の場合は「**審理員を指名しない**」。
①**行政機関**が審査請求された**審査庁**である場合。
②**条例**に基づく処分で**条例に特別の定めがある**場合
③当該審査請求を**却下する**場合

「行政機関」
①内閣府設置法又は国家行政組織法に規定する**委員会**
②内閣府設置法若しくは国家行政組織法に規定する**機関**
③**自治法**に規定する**行政委員会又は機関**

「審理員」…審査庁に属する職員のうちから指名を受けた者。（但し除斥事由有り）

(1) 審理員を指名する「必要とする」場合………
○行政不服審査法又は他の法律・条例に基づき審査請求がされた行政庁を「審査庁」という。この審査庁は、審査庁の職員（**審理員**の名簿を作成した場合は、当該名簿に記載されている者）のうちから審理手続を行う者を「**指名**」するとともに、その旨を審査請求人及び処分庁（審査庁以外の処分庁等に限る）に「**通知**」しなければならない。
○審理員は、審査庁の補助機関の職員であれば、任期付職員や非常勤職員でもかまわない。
（除斥） 審査庁が指名する「**審理員**」は、次の者「**以外**」の者でなければならない。
・「**処分庁等に関するもの**」①審査請求の処分や再調査の請求の決定に関与した者、又は審査請求の不作為の処分に関与し、関与することになる者である。
・「**審査請求人又は利害関係人に関するもの**」
　①審査請求人、②審査請求人の配偶者、四親等内の親族又は同居の親族、③審査請求人の代理人、④審査請求人であった者、⑤審査請求人の後見人、後見監督人、保佐人、保佐監督人、補助人又は補助監督人、⑥利害関係人である。

(2) 審理員を指名する「必要としない」場合………
○審査庁が、有識者を構成員とする第三者機関であり、そこで実質的な審理が行われる場合には、審理員による審理を経る必要はない。第三者機関は以下のとおり。
①内閣府設置法又は国家行政組織法に規定する**委員会**
②内閣府設置法若しくは国家行政組織法に規定する**機関**
③**自治法**に規定する**行政委員会又は附属機関**などである。
○合議制の行政機関である審査庁は、必要があると認めるときは、合議制の行政機関の職員に、審査請求人や参加人の意見の陳述を聴かせ、検証させ、審理関係人に質問させ、又は意見の聴取を行わせることができる。

●審査請求人

審査請求人	○審査請求人は、行政の処分又は不作為に不服がある者である。 ○審査請求をする利益がある者であり、違法又は不当な処分で直接自己の権利又は利益を侵害された者でなければならない。 ○処分の相手方である第三者であるとを問わず、自然人又は法人であるとを問わず、又法人でない社団又は財団であるとを問わない。
	○**総代**制度・**代理人**制度・**参加人**制度が認められている。

（法人でない社団又は財団の審査請求）
○法人でない社団又は財団で代表者又は管理人の定めがある者は、その名で審査請求ができる。

●総代
○総代は、互選により選任される。
○共同審査請求人が4人以上の場合には、3人を超えない総代を互選できる。
○**審理員**は、共同審査請求人が総代を互選しない場合に、必要なら総代の互選を命ずることができる。総代が選任されたときは、共同審査請求人は、総代を通じてのみ審査請求に関する行為を行うことができる。
○**総代**は、各自、他の共同審査請求人のために、審査請求の「**取下げ**」を除き、当該審査

請求に関する一切の行為を行うことができる。
○総代と代理人の大きな相違点は、総代は特別の委任があっても審査請求の取下げができないのに対し、代理人は特別の委任があれば審査請求を取下げることができる。

●**代理人**
○審査請求は、代理人によって行うこともできる。
○いかなる者を、幾人、代理人にするかは、もっぱら不服申立人の意思による。
○代理人は、各自、審査請求人のために当該審査請求に関する一切の行為を行うことができる。ただし審査請求の**取下げ**は、特別の**委任を受けた場合に限り**、行うことができる。

●**参加人**
○参加人は、審査請求の裁決の効力が第三者にも及ぶにもかかわらず、利害関係をもつ第三者が審査請求人になり得ない場合の救済制度である。

参加人制度	対象者 審査請求の処分又は不作為の利害関係人	●利害関係人の「**申請**」に基づく場合
		●審理員の「**職権**」に基づく場合

○**利害関係人とは**、審査請求人以外の者で審査請求の処分又は不作為の処分の根拠となる法令に照らし当該処分につき利害関係を有するものと認められる者をいう。
○参加人の設置は、「**利害関係人の申請に基づく場合**」と「**審理員の職権**」による場合とがある。
①利害関係人は、審理員の許可を得て、当該審査請求の**参加人**になることができる。
②審理員は、必要があると認める場合には、利害関係人に審査請求への**参加人**になることを求めることができる。
○参加人は、審査請求人と利害が反する者がなることもあるが、審査請求人と利害が一致する場合であっても、参加人となることは排除されない。

（行政庁が裁決をする権限を有しなくなった場合の措置）
○行政庁が、法令の改廃により裁決の**権限を有しなくなったとき**は、当該行政庁は、審査請求書又は審査請求録取書及び関係書類その他の物件を新たに裁決の権限を有することとなった行政庁に**引継がなければならない**。この場合、引継ぎを受けた行政庁は、速やかに、その旨を審査請求人及び参加人に通知しなければならない。

（審理手続の承継）
○審査請求人が**死亡したとき**は、相続人その他法令により審査請求の目的である処分の権利を承継した者は、審査請求人の地位を承継する。

（標準審理期間）
○審査法又は他の法律（条例）により**審査庁となるべき行政庁**は、審査請求が事務所に到達してから審査請求の裁決までに通常要すべき標準的な期間を定めるよう「**努める**」とともに、これを定めたときは、当該審査庁となるべき行政庁及び関係処分庁の事務所に備付けその他の適当な方法により「**公にしておかなければならない**」。

標準審理期間	設定は「**努力**義務」	設定後の公表は「**義務**」
審理員の名簿作成	作成は「**努力**義務」	作成後の公表は「**義務**」

（審理員となるべき者の名簿）
○審査庁となるべき行政庁は、審理員となるべき者の名簿を作成するように「**努める**」とともに、これを作成したときは、当該審査庁となるべき行政庁及び関係処分庁の事務所における備付けその他の適当な方法により「**公にしておかなければならない**」。

□□□□□

【№.215】「審査請求」に関する記述として、妥当なのはどれか。

1　審査請求は、法律（条例）に特別の定めがある場合を除き、行政庁の処分又は不作為について、処分庁又は不作為庁の行政庁に対する不服申立てである。
2　審査請求された審査庁は、審理員を指名するか指名しないかを判断し、審理員を指名する場合においても、処分等に関与した者を指名できない。
3　審査請求された審査庁は、当該審査請求が不適法により却下する場合においても、審査庁に属する職員のうちから審理員を指名しなければならない。
4　審査請求を共同でするときは、3人を超えない総代の互選ができ、総代は、各自、他の共同審査請求人のために、取下げも含め、一切の行為を行える。
5　審査請求の審査庁となる行政庁が、審査請求が事務所に到達から裁決までの標準的な期間を定めることは義務であり、設定後の公表は努力義務である。

□□□□□

【№.216】「審査請求」に関する記述として、妥当なのはどれか。

1　審査請求された審査庁が、合議制の機関である場合を除き、審理員となる者を指名したときは、審理員の名簿を作成し、適当な方法により公表できる。
2　審査請求人が死亡したときは、相続人その他法令により審査請求の目的である処分の権利を承継した者であっても、審査請求人の地位は承継しない。
3　審査請求は、行政の処分又は不作為に不服ある者がすることができる審査請求人の制度であり、代理人制度や参加人制度は認められていない。
4　審査請求は、法人でない社団や財団である場合もすることができるが、これらは代表者又は管理人の定めがある場合でもその名ですることができない。
5　審査請求の審査庁が、地方自治法に規定する委員会若しくは委員又は附属機関である場合においては、審理手続を行う審理員を置く必要がない。

【№.217】「審理員」に関する記述として、妥当なのはどれか。

1　審理員は、審査請求された審査庁が審理手続を行う者として指名された者であり、指名された非常勤職員や審査請求人の保佐人である者も可能である。
2　審理員は、利害関係者の審査請求への参加の申出に対し許可を与える権限を有しているが、利害関係人に対して審査請求に参加させる権限は有しない。
3　審理員は、処分庁に対して弁明書の提出を求めることができるし、また審査請求人や参加人に対し弁明書に対する反論書を求めることもできる。
4　審理員は、審査請求人若しくは参加人の申立て又は職権により、物件の提出要求、必要な場所の検証、審査請求の事件に関し質問等を行うことができる。
5　審理員は、審理の終結時に審理員意見書を審査庁に提出するとともに、諮問する必要がない場合を除き、行政不服審査会等に諮問しなければならない。

●**審査請求事項**
○行政不服審査法は、審査請求について「**一般概括主義**」を採用しているから、行政庁の処分に不服がある者は、特に除外されていない限り、審査請求を行うことができる。
○審査請求ができる者は、行政庁の処分に不服がある者であるが、これは審査請求を行う「**利益**」を有する者で、**違法又は不当な処分**によって、直接に自己の権利利益を侵害された者でなければならない。処分の相手方である「**第三者**」であると問わず、「**自然人**」であると「**法人**」であるとを問わず、また法人でない「**社団又は財団**」であるとを問わない。
●行政不服審査法第7条に基づき、「**処分**」及び「**不作為**」の審査請求の対象から除外されている「**除外事項**」を挙げると、次のとおりである。
(a)　①慎重な手続で行われた処分であり、**再考の余地はなく**、不服申立てを認めても同じ結果になると予想されるものである。例えば、「**国会**」「**地方議会**」「**裁判所**」が行う処分や、それらの同意又は承認を経て行われる処分である。
　②他の救済手続で処理するのが適当とされているもので、「**当事者訴訟**」とされている処分、「**刑事事件**」の法令や「**国税犯則事件**」の法令に基づく処分である。
　③処分の性質上、行政不服審査法の手続で処理するのが**適当でない**場合である。
(b)　審査法第7条第12号により、**審査請求の裁決、再審査請求の裁決、執行停止の決定など**の行政不服審査法に基づく処分は、**重ねて審査請求ができない**。これらの処分は、すでに審査庁等の判断が示されているもので重ねて申立てを認める必要がないため除かれている。
(c)　**他の法律に定めがある除外事項**は、行政不服審査法が定める一般的な審査請求の対象とはならない。例えば、行政委員会などの合議制機関が慎重な手続で処分をする場合、農地法や鉱業法で行政不服審査法よりも慎重な手続で不服を処理する場合などがある。
(d)　国の機関又は地方公共団体その他の公共団体若しくはその機関に対する処分で、これらの機関又は団体がその**固有の資格**において当該処分の相手方となるもの及びその不作為は、行政不服審査法の規定が適用されない。

【No. 218】「審査請求事項」の記述として、妥当なのはどれか。

1 審査請求事項は、一般概括主義を採用しており、他の法律に審査請求をすることができない旨の定めがある処分についても適用事項としている。
2 審査請求事項は、制限列記主義を採用しており、法令に基づく申請を前提としない不作為についても、審査請求が認められている。
3 審査請求事項は、一般概括主義を採用する場合でも除外事項があり除外事項は審査請求が許されないが、別の法令で審査請求事項を設けることはできる。
4 審査請求事項は、一般概括主義を採用しており、審査請求人は自然人であると法人であるとを問わず、いつでも、審査請求をすることができる。
5 審査請求事項は、制限列記主義を採用しており、審査請求をすることができる者は、権利利益事項にかかわらず審査請求をすることができる。

●審査請求の手続
（審査請求書の提出）
○処分又は不作為の審査請求は、原則として「書面」によるが、他の法律（条例）に定めがあるときは、口頭でも行うことができる。
○処分についての審査請求書には、次に掲げる事項を記載しなければならない。
　①氏名・住所、②処分の内容、③処分があったことを知った年月日、④請求の趣旨・理由、⑤教示の有無・その内容、⑥審査請求の年月日
○不作為についての審査請求書には、次に掲げる事項を記載しなければならない。
　①氏名・住所、②不作為の処分の申請内容・年月日、③審査請求の年月日
（口頭による審査請求）
○審査請求は、例外的に口頭でできるが、口頭による審査請求が可能なのは、法律（条例に基づく処分については条例）にその旨の定めがある場合に限られる。
○口頭の審査請求は、審査請求人に一定事項の陳述義務を課すとともに、陳述を受けた行政庁は、その陳述の内容を録取し、これを陳述人に読み聞かせて誤りのないことを確認し、陳述人に押印させなければならない。
（処分庁等を経由する審査請求）
○審査請求は、原則として直接審査庁にすべきであるが、審査請求人の便宜を考慮して、処分庁を経由して審査請求ができるものとしている。
①審査請求をすべき行政庁が「**処分庁等と異なる場合**」の審査請求は、処分庁等を経由してできる。この場合、審査請求人は、処分庁等に審査請求書を提出し、又は処分庁等に対し審査法に規定する事項を陳述しなければならない。
②処分庁等は、直ちに、審査請求書又は審査請求録取書を「**審査庁となるべき行政庁**」に送付しなければならない。
③審査請求の期間計算は、処分庁に審査請求書を**提出**したとき、又は処分庁に当該事項を**陳述**したときに、処分の審査請求があったものとみなされる。

（補正）

○審査庁は、審査請求書が要件を備え受理できるか否か形式的審査を行い、もし要件を欠く不適法な申請であれば、原則として「却下」できる。

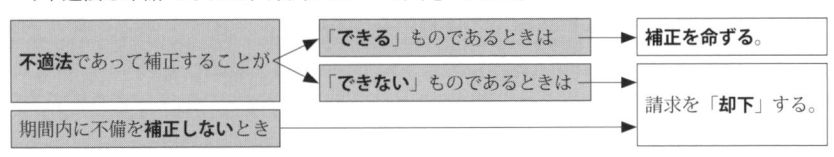

不適法であって補正することが	「できる」ものであるときは	補正を命ずる。
	「できない」ものであるときは	請求を「却下」する。
期間内に不備を補正しないとき		

○審査庁は、書面が不適法であっても、補正できるときは、相当の期間を定めて補正を命じなければならない。審査請求人が期間内に不備を補正しないときは裁決で「却下」できる。

□□□□□
【№.219】 審査請求の「手続」の記述として、妥当なのはどれか。

1　審査請求は、原則として所定事項を記載した書面によるが、処分庁が認めるときは口頭でもできるが、口頭の場合は一定事項を陳述させる義務がある。
2　審査請求に対して、審査庁は、形式的な審査を行い、書面が不適法である場合には、補正ができるものであっても、申請を却下しなければならない。
3　審査請求は、審査庁に直接行わなければならず、経由手続が要件とされていないことから、例外的にも、処分庁を経由して行うことは認められない。
4　審査請求は、例外的に口頭ですることができるが、口頭の場合、審査請求人に一定の陳述義務が課せられ、また審査庁に録取義務が課せられている。
5　審査請求ができる処分を書面でする場合は、審査請求人の氏名、住所、処分があった年月日、理由等を記載するが、教示の有無を記載する必要はない。

●不服申立ての期間

	知った日の翌日から	あった日の翌日から
処分の審査請求の請求期間	3月 （再調査決定後1月）	1年
再調査の請求の請求期間	3月	1年
再審査請求の請求期間	1月	原裁決があった日の翌日から1年

○不服申立ての期間は表のとおりであるが、ただし正当な理由がある場合はこの限りでない。
○**不作為**の審査請求には、**請求期間の制限がない**。（相当の期間が経過したときに該当する）
○審査請求書を郵便又は民間事業者の信書便で提出した場合の送付に要した日数は、算入されない。すなわち到達主義ではなく**発送主義による**。

□□□□□
【No.220】「不服申立ての期間」の記述として、妥当なのはどれか。

1 処分の審査請求は、原則として処分があったことを知った日の翌日から起算して60日を経過したときは請求することができない原則がある。
2 処分の審査請求は、処分のあった日の翌日から起算して1年を経過したときには、その理由のいかんを問わず請求することができない原則がある。
3 再審査請求は、原則として審査請求の原裁決があったことを知った日の翌日から起算して1か月を経過したときは請求することができない原則がある。
4 再調査の請求は、処分の審査請求の請求期間と異なり、原則として処分のあった日の翌日から起算し2か月を経過したときは請求できない原則がある。
5 不作為の審査請求は、原則として審査請求の申請の手続を行った日の翌日から起算して3か月を経過したときは請求することができない原則がある。

●教示制度
○教示は、行政不服審査法又は他の法令に基づき不服申立てができる場合に行うものであり、不服申立てができない処分には、教示を行う必要がない。
○教示には、「必要的教示」と「請求的教示」がある。**必要的教示**は、行政庁が不服申立てを行うことができる処分を書面で行う場合であり、**請求的教示**は、行政庁が利害関係人から教示を求められた場合である。

教示	必要的教示	教示事項は3つ。 ①申立てができる旨 ②相手行政庁 ③期間	書面・口頭	救済	●誤って教示した場合 ●教示しなかった場合
	請求的教示				

○教示は、行政不服審査法の審査請求のみならず、他の法令に基づく不服申立てにも適用される。ただし、教示が、地方公共団体がその固有の資格で処分の相手方になるものには適用されない。
○教示は、処分の相手方が「人的処分」の場合に対象となり、「対物処分」は対象とならない。
(不服申立てをすべき行政庁等の教示)
○行政庁は、「**審査請求**」、「**再調査の請求**」、「**再審査請求**」又は「**他の法令に基づく不服申立て**」を行うことができる処分を行う場合には、処分の相手方に対し、当該処分につき「**①不服申立てをすることができる旨**」並びに「**②相手行政庁**」、及び「**③期間**」の3つを**書面で教示**しなければならない。
○ただし当該処分を**口頭で教示**する場合は、**この限りでない**。すなわち、不服申立てのできる処分を「口頭」で行うときは、教示は不要である。

教示義務	教示のケース ①審査請求 ②再調査の請求 ③他の法令に基づく不服申立ての場合 ④再審査請求	●義務教示は次の3つ ①行政庁が不服申立てをできる処分を書面で行う場合。 ②行政庁が利害関係人から教示を求められた場合。 ③審査庁が再審査請求をできる教示をする場合。

○**利害関係人への教示**は、一般的には制限がなく、口頭でも書面でもよい。ただし教示を求めた者が書面による教示を求めたときは、当該教示を書面でしなければならない。
○教示を行う期間には制限がないが、すみやかに行う。
●**教示による救済**は、次のとおりである。

教示の救済	教示をしない場合	①不服がある者は当該**処分庁**に「**不服申立書**」を**提出**できる。 ②**初めから**「当該行政庁」又は「当該処分庁」に審査請求又は当該法令に基づく不服申立てが行われたものとみなされる。	
	誤った教示の場合	①審査庁でない行政庁を**教示**。	②を除き、**初めから、正しい審査請求**等がなされたものとみなされる。
		②再調査の請求ができると**教示**。	
		③審査請求ができると**教示しない**。	
		④再調査ができると**教示しない**。	
		⑤期間を誤って**教示**。	
		⑥**誤って**不服申立てができると**教示**。	認められない。

①**【教示をしなかった場合】**………
○行政庁が教示をしなかった場合は、処分に不服がある者は、当該**処分庁**に「**不服申立書**」を提出できる。
○不服申立書の提出があった場合、処分が「**処分庁以外の行政庁**」に対し審査請求ができる処分であるときは、処分庁は、速やかに、不服申立書を当該行政庁に送付しなければならない。処分が他の法令に基づき、処分庁以外の行政庁に不服申立てができる処分のときも、同様である。
○行政庁の教示がないときは、処分庁に不服申立書を提出することになっており、不服申立ての期間の進行は停止しない。
○不服申立書が送付されたときは、初めから「当該行政庁」又は「当該処分庁」に審査請求又は当該法令に基づく不服申立てが行われたものとみなされる。
②**【誤った教示をした場合】**………
[1] 処分庁が、審査請求ができる処分を誤って**審査庁でない行政庁を審査庁として教示**した場合。
この場合、教示された行政庁に書面で審査請求されたときは、審査請求が行われたものとみなされる。
[2] 処分庁が、「審査請求」ができる処分のうち、**再調査の請求**ができない処分につき、誤っ

て**再調査の請求ができる旨を教示**した場合。
　この場合、再調査の請求がされたときは、処分庁は再調査の請求書を審査庁に送付するとともに、請求人にその旨を通知する。
［3］処分庁が、再調査の請求ができる処分につき、処分庁が誤って**審査請求**が**できる旨を教示しなかった**場合。
　この場合、再調査の請求後に再調査の請求人から申立てがあれば、審査請求が行われたものとみなされる。
［4］処分庁が、「再調査の請求」ができる処分につき、処分庁が誤って**再調査の請求ができる旨を教示しなかった**場合。
　この場合、審査請求人から申立てがあれば、再調査の請求が行われたものとみなされる。
［5］処分庁が、**期間を誤って教示**した場合。
　この場合、旧行政不服審査法には法定の期間内になされたものとみなされる規定があったが、法改正で規定が削除されたものの、不服申立期間の例外事由が「正当な理由」と緩和されたことから、期間を誤った教示に従った場合は例外事由にあたり不服申立てが許容される。
［6］処分庁が、**不服申立てができない**にもかかわらず、**誤って不服申立てができると教示**した場合。
　この場合、不服申立ては認められず、不服申立てがあっても違法であり、却下される。
●教示に**違反**しても「**違法・無効**」とはならない。

□□□□□
【No. 221】　不服申立ての「教示制度」の記述として、妥当なのはどれか。

1　(制度)─教示制度は、審査請求、再審査請求及び再調査の請求の場合のみならず、他の法令に基づくすべての不服申立てにも適用される制度である。
2　(内容)─処分の教示の内容は、当該処分について不服申立てをすることができる旨と不服申立てをすべき行政庁についての2つが必要要件とされている。
3　(方法)─教示は、必ず書面によることとされており、処分を書面で行う場合は書面による教示義務が生ずるが、口頭による教示方法は認められていない。
4　(時期)─教示をすべき時期については、特に法律上の規定がないが、しかしその際に教示を怠った場合においては、その不服申立ての期間が停止する。
5　(適用)─教示の規定は、地方公共団体などに対する処分であり、当該地方公共団体などが固有の資格で処分の相手方になるものについても適用される。

□□□□□
【No.222】 不服申立ての「教示制度」の記述として、妥当なのはどれか。

1 教示は、行政不服申立てを利用してもらう制度であるが、教示は処分の相手方に限られており、その他の利害関係人は教示を求めることができない。
2 教示は、行政庁が処分をする場合に教示の内容を正確に伝える必要性から、処分を口頭で行う場合においても、必ず書面で行わなければならない。
3 教示は、当該処分につき不服申立てができる旨を知らしめる行為であり、救済期間として処分の日から1か月以内に行わなければならない制約がある。
4 教示は、訓示規定と解されておらず、したがって、この教示の規定に違反した場合には、その教示にかかわる処分がすべて無効になる解されている。
5 教示は、処分庁が誤って審査庁でない行政庁を審査庁と教示した場合でも、それに従い教示された行政庁に審査請求書が提出されれば、救済される。

□□□□□
【No.223】 不服申立ての「教示制度」の記述として、妥当なのはどれか。

1 教示は、処分をする際に処分の相手方に対し不服申立てによる救済を受け入れる旨を教えるものであり、不服申立てができない処分についても教示しなければならない。
2 教示は、行政庁が不服申立てを行うことができる処分を書面でする必要的教示に限られており、当該処分の利害関係人である者は、教示を請求することができない。
3 教示は、利害関係人から当該処分が不服申立てできる処分であるかどうか、又は不服申立てができる場合に相手行政庁などを求められたときに行われるが、その際、行政庁は必ず書面で行わなければならない。
4 教示の適用が争点となった訴訟で、最高裁は、対物処分の場合は教示の対象とならず、処分庁は、壁面線の指定について土地の所有者に書面で不服申立てに関する教示をする必要はない、と判示した。
5 教示は、不服申立てをすることができる処分をする場合に処分の相手方に行う行為であり、教示の際に期間を教示しなかったために、審査請求期間を徒過した場合には、審査請求期間を過ぎた後でも審査請求ができる。

【No. 224】 不服申立ての「教示による救済」として、妥当なのはどれか。

1 　処分庁が、教示が必要なのに教示をしなかった場合、当該処分について不服がある者は、当該処分庁の上級行政庁に不服申立てを提出することができる。
2 　処分庁が、誤って審査請求をすべきでない行政庁を教示した場合において、教示の行政庁に書面で審査請求がされたときは、当該行政庁は、審査請求を審理しなければならない。
3 　処分庁が、再調査の請求ができる処分につき、誤って再調査の請求ができる旨を教示しなかったときは、審査請求後に請求人から再調査の申立てがあるときは、最初から再調査の請求がされたものとみなされる。
4 　処分庁が、審査請求ができる処分で、再調査の請求ができない処分を誤ってできる旨を教示し、再調査の請求があるときは、当該行政庁は、再調査の請求を審理しなければならない。
5 　処分庁が、再調査の請求ができる処分につき、誤って審査請求ができる旨を教示しなかったときは、処分庁は、職権で、再調査の請求書等を審査庁に送付するとともに、再調査の請求人に通知しなければならない。

●執行停止
○行政不服審査法は「執行不停止」の原則をとり、ただ例外的に「執行停止」を認めている。

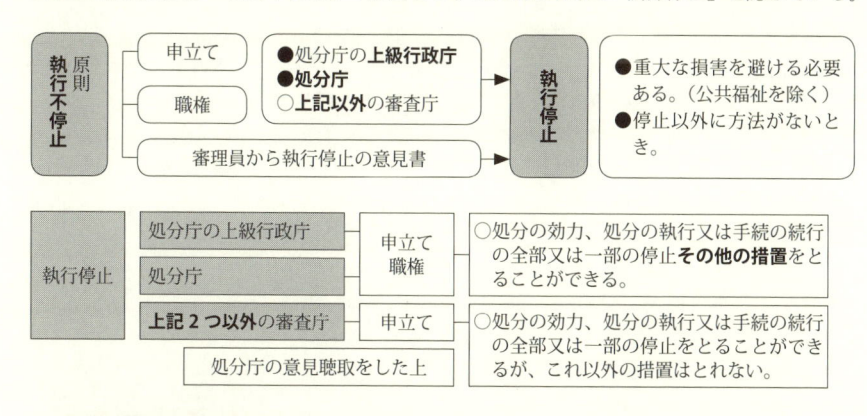

原則執行不停止	申立て	●処分庁の上級行政庁 ●処分庁 ○上記以外の審査庁	執行停止	●重大な損害を避ける必要ある。（公共福祉を除く） ●停止以外に方法がないとき。
	職権			
	審理員から執行停止の意見書			

執行停止	処分庁の上級行政庁	申立て 職権	○処分の効力、処分の執行又は手続の続行の全部又は一部の停止その他の措置をとることができる。
	処分庁		
	上記2つ以外の審査庁	申立て	○処分の効力、処分の執行又は手続の続行の全部又は一部の停止をとることができるが、これ以外の措置はとれない。
		処分庁の意見聴取をした上	

(1) 任意的執行停止………
(a) 審査庁が処分庁の上級行政庁又は処分庁である場合……「**申立て**」又は「**職権**」
○処分庁の「上級行政庁」又は「処分庁」である審査庁は、必要があると認めるときは、審査請求人の「**申立て**」又は「**職権**」で、処分の効力、処分の執行、又は手続の続行の全部又は一部の停止その他の措置を行うことができる。
○職権による執行停止を認めている点で、行政事件訴訟法と異なっている。

(b) 審査庁が処分庁の上級行政庁又は処分庁のいずれでもない場合……「**申立て**」ある場合のみ
○処分庁の「上級行政庁」又は「処分庁」以外の審査庁は、必要があると認めるときは、審査請求人の申立てにより、「処分庁の意見を聴取した上」、執行停止ができる。ただし、処分の効力、処分の執行又は手続の続行の全部又は一部の停止以外の措置をとることはできない。

(2) 義務的執行停止………
○審査庁は、審査請求人の**申立て**が、①**重大な損害**を避けるために②**緊急の必要**が認められるときは、執行停止をしなければならない。ただし、①**公共の福祉に重大な影響**を及ぼすおそれがあるとき、又は②本案について**理由がない**ときは、執行を停止できない。

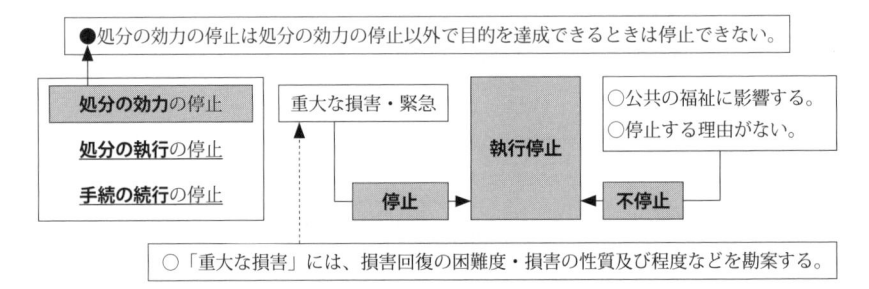

```
●処分の効力の停止は処分の効力の停止以外で目的を達成できるときは停止できない。
              ↑
┌─────────────┐
│ 処分の効力の停止 │   重大な損害・緊急      ○公共の福祉に影響する。
│ 処分の執行の停止 │  ────────→  執行停止  ○停止する理由がない。
│ 手続の続行の停止 │      停止      ←────  不停止
└─────────────┘
              ↑
○「重大な損害」には、損害回復の困難度・損害の性質及び程度などを勘案する。
```

○審査庁は、執行停止の「①申立て」があったとき、又は「②審理員から執行停止をすべき旨の意見書」が提出されたときは、速やかに、執行停止をするかどうかを決定しなければならない。
(**執行停止の取消**) ――執行停止後に、執行停止が公共の福祉に重大な影響を及ぼすことが明らかとなったとき、その他事情が変更したときは、審査庁は、その執行停止を取消すことができる。
○審査請求人は、裁決があるまでは、いつでも審査請求を取下げることができる。この場合、書面でしなければならない。
●再調査の請求の場合には、上記（1）(a) と (b) が準用される。

【No. 225】 審査請求の「執行停止」の記述として、妥当なのはどれか。

1 処分の執行不停止の原則に対して例外的に執行停止を認めているが、処分の執行停止は、審査請求人の申立て又は職権による場合に限り、判断される。
2 執行停止は、必要があると認められるときの仮処分に相当し、審査庁が処分庁の上級行政庁である場合に限って、職権で行うことが認められている。
3 執行停止は、審査請求人からの申立てがあれば審査し、必要性があれば、公共の福祉に重大な影響を及ぼすときでも、その手続を執ることができる。
4 義務的執行停止は、審査請求人から申立てがあって、重大な損害を避けるために、かつ緊急の必要性があると認めるときにおいて行うことができる。
5 執行停止の効果は、処分の効力、処分の執行又は手続の続行の全部又は一部の停止の効果にとどまり、その他の措置を行うことはできない。

【No. 226】 審査請求の「執行停止」の記述として、妥当なのはどれか。

1 審査庁は、必要があると認めるときには、執行停止を行うかどうかを決定しなければならないが、執行停止後には、事情が変更してもその執行停止を取消すことができない。
2 審査庁は、処分により生ずる重大な損害を避ける必要があると認めるときは、執行停止を行わなければならないが、そのうち手続の続行の停止は、それ以外の措置によって目的を達成できるときには行うことができない。
3 処分庁の上級行政庁又は処分庁のいずれでもない審査庁は、必要があると認めるときは、職権により、処分庁の意見を聴取した上、執行停止を行うことができる。
4 審査庁は、執行停止が公共の福祉に重大な影響を及ぼすおそれがある場合でも、重大な損害を避けるために緊急の必要が認められるときは、執行停止を判断しなければならない。
5 処分庁の上級行政庁である審査庁は、必要があると認めるときは、職権で、処分の効力、処分の執行又は手続の続行の全部又は一部の停止その他の措置を行うことができる。

●審理手続
(計画的進行) ―審査請求人、参加人及び処分庁、すなわち**審理関係人並びに審理員**は、簡易迅速かつ公正な審理の実現のため、審理において、相互に協力するとともに、**審理手続の計画的な進行**を図らなければならない。
(弁明書の提出)
○審理員は、審査庁から指名されたときは、直ちに審査請求書又は審査請求録取書の写しを処分庁等に送付しなければならない。ただし、処分庁が審査庁である場合には、この限りでない。
○審理員は、相当の期間を定めて、処分庁等に対し、**弁明書の提出**を求めることができる。
○審理員は、処分庁から弁明書の提出があったときは、これを審査請求人及び参加人に送付しなければならない。

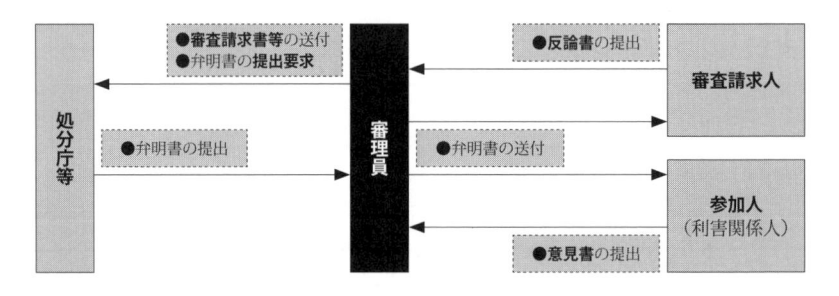

```
処分庁等  ←●審査請求書等の送付       審理員  ←●反論書の提出       審査請求人
         ●弁明書の提出要求
         ●弁明書の提出→                  ●弁明書の送付→
                                                              参加人
                                          ←●意見書の提出     （利害関係人）
```

(反論書等の提出)
○審査請求人は、送付された弁明書に対し**反論書**を提出できる。この場合、審理員が反論書を提出すべき相当の期間を定めたときは、その期間内に提出しなければならない。
○**参加人**は、審査請求の事件に関する**意見書**（執行停止をすべき旨の意見書や審査庁がすべき裁決に関する意見書を除く）を審理員に提出できる。この場合、審理員が、意見書を提出すべき相当の期間を定めたときは、その期間内に提出しなければならない。
（参加人とは、利害関係人である。利害関係人とは、裁決に法律上の利害関係がなければならず、反射的利益を有するにとどまる者は含まれない。審理員の許可を得て当該審査請求に参加できる。）
○審理員は、審査請求人から**反論書**の提出があるときは、これを参加人及び処分庁等に、参加人から意見書の提出があるときは審査請求人及び処分庁等に、それぞれ送付しなければならない。
(口頭意見陳述)
○審査請求は、基本的には**書面主義**によるがその**例外**として、審査請求人又は参加人の申立てがある場合、審理員は、当該申立人に**口頭**で審査請求の事件に関する意見を述べる機会を与えなければならない。ただし、当該申立人の所在その他の事情により当該意見を述べる機会を与えることが困難であると認められる場合には、この限りでない。
○口頭意見陳述は、審理員が、期日及び場所を指定し、**全て**の審理関係人を招集させて行う。
(補佐人) ―口頭意見陳述において申立人は審理員の許可を得て、「**補佐人**」**と共に出頭**できる。

○補佐人は、専門知識を有し、審査請求人でも参加人でもない**第三者**である。
○補佐人は、代理人とは異なり、審査請求人又は参加人と共に出頭することが必要であり、単独で出頭することはできない。
（陳述の制限）口頭意見陳述において審理員は、申立人のする陳述が事件に関係のない事項その他相当でない場合には制限できる。
（質問権）口頭意見陳述は、全ての審理関係人を招集してさせるものである。申立人と処分庁は出頭したが、審査請求人又は参加人が出頭しない場合でも、申立人は口頭意見陳述を行うことができ、処分庁に質問もできる。
○口頭意見陳述の申立ては、口頭意見陳述の「**公開**」請求権まで付与するものでは**ない**。
（証拠書類等の提出）
○審査請求人又は参加人は、証拠書類又は証拠物を提出できる。また処分庁等も、当該処分の理由となる事実を証する書類その他の物件を提出できる。
●審理員は、審査請求人若しくは参加人の申立て又は職権で、次のことを行うことができる。
①物件の提出要求─この場合、審理員は、その提出された物件を留め置くこともできる。
②参考人の陳述及び鑑定の要求─審理員は、適当と認める者に、参考人としてその知っている事実の陳述を求め、又は鑑定を求めることができる。
③検証─審理員は、必要な場所につき、検証できる。この場合、審理員は、あらかじめ、その日時及び場所を当該申立人に通知し、立ち会う機会を与えなければならない。
④審理関係人への質問─審理員は審査請求に関し、審理関係人に質問することができる。
（審理手続の計画的遂行）
○審理員は、審理事項が多数又は錯綜する事件が複雑その他の事情により、迅速かつ公正な審理を行うため、審理手続を計画的に遂行する必要があると認める場合には、**期日及び場所を指定して**、**審理関係人を招集し**、あらかじめ、審理手続の申立てに関する**意見聴取**ができる。
○審理員は、審理関係人が遠隔の地に居住するなどの場合には、審理員及び審理関係人が音声の送受信により**通話方法**で、意見の聴取ができる。
○審理員は、意見の聴取を行ったときは、遅滞なく、審理手続の期日及び場所並び審理手続の**終結の予定時期を決定**し、審理関係人に通知する。予定時期を変更したときも同様に通知する。
（審査請求人等による提出書類等の閲覧等）
○審査請求人又は参加人は、審理手続の終結までの間、審理員に対し、提出書類等の「**閲覧**」又は当該書面若しくは当該書類の写し若しくは当該電磁的記録に記録された「**書面の交付**」を求めることができる。この場合、審理員は、第三者の利益を害するおそれがあると認めるとき、その他正当な理由があるときは、その閲覧又は交付を拒むことができる。
○審理員は、閲覧又は交付をするときは、当該閲覧又は交付に係る提出書類等の提出人の意見を聴かなければならない。ただし審理員が、その必要がないと認めるときは、この限りでない。
○交付を受ける審査請求人又は参加人は、実費の範囲内で**手数料**を納めなければならない。ただし、経済的困難その他特別の理由があると認めるときは、手数料を減額し、又は免除できる。

(審理手続の合併又は分離)
○審理員は、必要があると認める場合には、数個の審査請求の審理手続を合併し、又は合併された数個の審査請求の審理手続を分離することができる。
(承継) ―審査請求人が**死亡**したときは、相続人などが権利を承継できる。
(審理員の意見書)

審理員の「意見書」	●執行停止が必要なとき	→	①執行停止の意見書の提出
	●審理手続が終結のとき	→	②審理員意見書の提出

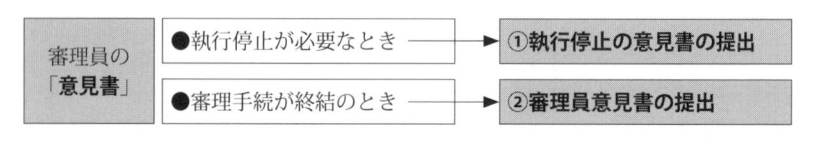

(審理員による執行停止の意見書の提出)
○審理員は、必要と認める場合には、審査庁に対し執行停止をすべき旨の意見書を提出できる。
(審理手続の終結)
○審理員は、必要な審理を終えたと認めるときは、審理手続を終結する。
①審理員は、上記以外に、相当の期間内に、次のイからホまでの物件が提出されない場合に、更に一定の期間を示して、当該物件の提出を求めたにもかかわらず、当該提出期間内に当該物件が提出されなかったときは、審理手続を終結できる。
　イ　弁明書、ロ　反論書、ハ　意見書、ニ　証拠書類若しくは証拠物又は書類その他の物件、ホ　書類その他の物件
②　申立人が正当な理由なく口頭意見陳述に出頭しないとき、審理手続を終結できる。
○審理員は、審理手続の終結後、速やかに、審理関係人に審理手続を終結した旨、並びに審理員意見書及び事件記録を審査庁に提出する予定時期を通知する。予定時期の変更も同様である。
(審理員意見書)
○審理員は、審理手続の終結後、遅滞なく、審査庁がすべき裁決に関する意見書（審理員意見書）を作成しなければならない。
○審理員は、審理員意見書を作成したときは、速やかに、これを事件記録とともに、審査庁に提出しなければならない。
○審理員意見書は、**審査庁を「拘束しない」**。
(審査請求の取下げ)
○審査請求人は、裁決があるまでは、いつでも書面で取下げることができる。この場合、書面で行わなければならない。

□□□□□
【№.227】　審査請求の「審理手続」の記述として、妥当なのはどれか。

1　（弁明書）―審理員は、審査庁から指名されたときは、処分庁に対し自らの処分が正当であることを弁明する機会を与えなければならず、弁明書の提出を求めるか否かの判断は、審理員の裁量ではない。

2（反論書）─審査請求人又は参加人は、審理員から送付された弁明書に記載された事項に対する反論書を、審理員が定めた相当の期間内に提出することができる。
3（職権主義）─審理員は、審理の過程において職権により証拠調べを行うことができ、適当と認められる者に参考人として事実の陳述又は鑑定を求めることができるが、必要な場所について検証する権限までは有しない。
4（審理方式）─審理員の審理は、原則として書面審理主義により行われるが、審査請求人又は参加人の申立てがあるときは、必ず口頭で意見を述べる機会を与えなければならない。
5（参加人）─審査請求の手続への参加には、利害関係人の申請に基づくものと審理員の職権によるものとがあるが、利害関係人とは裁決の主文によって直接自己の権利利益に影響を受ける者をいう。

□□□□□
【No.228】 審査請求の「審理手続」の記述として、妥当なのはどれか。

1 審理員は、審査請求人又は参加人の申立て又は職権で、書類その他の物件の所持人に対してその物件の提出を求めることができるが、当該物件を留め置くことはできない。
2 審理員は、審査請求を受理したときは、審査請求を処分庁に送付し、処分庁に弁明書の提出を求めることができる。処分庁から弁明書の提出があるときは、審査請求の全部を認容するときであっても、その弁明書を請求人に送付しなければならない。
3 審理員は、審査請求人又は参考人の申立てがあり、口頭での陳述の機会を与える場合には、すべての審理関係人を招集して行うが、その際、申立人は補佐人とともに出頭することができない。
4 審理員は、審理にあたっては職権主義に基づき、審査請求人に証拠書類又は証拠物を提出させ、適当と認める者に参考人としてその知っている事実を陳述させ又は鑑定を求めることができるが、これらを審査請求人が申立てることはできない。
5 審理員は、審査請求人又は参加人から、処分庁から提出された書類の閲覧を求められた場合には、第三者の利益を害するおそれがあると認めるときに限り、その閲覧を拒むことができる。

●**不作為の審査請求**
○不作為の審査請求とは、「**法令に基づく申請**」に対して相当の期間内に何もしないことをいう。
○不作為の審査請求が、「申請から相当の期間が経過しないで行われた場合」には不適法と

なり、却下となる。
[1] 申立─不作為の審査請求は、行政庁に対し処分についての「**申請をした者**」に限られる。
[2] 機関─不作為の審査請求は、処分の審査請求と同じ機関に対して行う。

	区分	審査請求先
①	●**不作為庁**に上級行政庁が「**ない**」場合。 ●不作為庁が「主任の大臣」、「宮内庁長官」、内閣府設置法又は国家行政組織法に規定する庁の長である場合。	当該不作為庁
②	●「宮内庁長官」、「内閣府設置法又は国家行政組織法に規定する庁の長」が「不作為庁の**上級行政庁**」である場合。	宮内庁長官又は当該庁の長
③	●「主任の大臣」が「不作為庁の**上級行政庁**」である場合(②を除く)。	当該主任の大臣
④	●**不作為庁**に上級行政庁が「**ある**」場合。	当該不作為庁の最上級行政庁

[3] 申出─申出は、原則として**書面**で行うことが義務づけられている。
[4] 期間─不作為の審査請求には、申立ての期間の**制限がない**。
[5] 補正─不作為の審査請求が不適法であって補正することができるものであるときは、**補正をさせる**。
[6] 裁決─
○不作為の審査請求が当該不作為の処分の申請から相当の期間が経過しないでされた場合その他不適法である場合には、審査庁は、裁決で当該審査請求を「**却下**」できる。
○不作為の審査請求に**理由がない**場合には、審査庁は、裁決で当該審査請求を「**棄却**」できる。
○不作為の審査請求に**理由がある**場合には、審査庁は、裁決で「**認容**」し、当該不作為が違法又は不当である旨を「**宣言**」する。この場合、次の審査庁は、当該申請に対し「一定の処分をすべきものと認めるとき」は、次の措置をとる。
①不作為庁の「**上級行政庁**」が審査庁の場合は、当該不作為庁に対し、当該「**処分をすべき旨**」**を命じ**なければならない。
②「**不作為庁**」が審査庁の場合は、当該「**処分**」を行わなければならない。

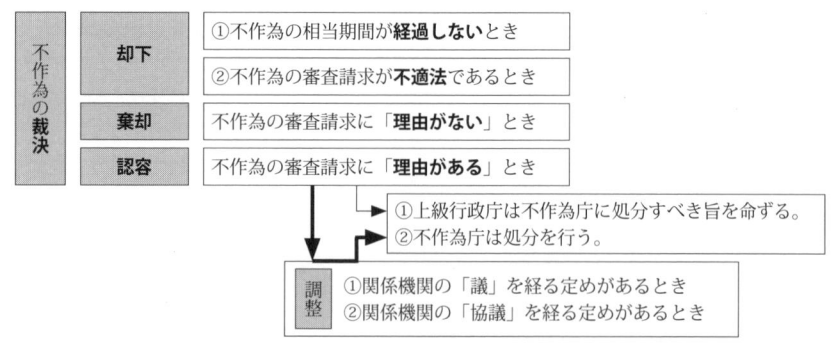

不作為の裁決	却下	①不作為の相当期間が**経過しないとき**
		②不作為の審査請求が**不適法**であるとき
	棄却	不作為の審査請求に「**理由がない**」とき
	認容	不作為の審査請求に「**理由がある**」とき

→ ①上級行政庁は不作為庁に処分すべき旨を命ずる。
②不作為庁は処分を行う。

調整 ①関係機関の「**議**」を経る定めがあるとき
②関係機関の「**協議**」を経る定めがあるとき

●**関係機関との調整**
○不作為の処分に関し、関係機関の議を経るべき旨の定めがある場合、審査庁が措置をと

るため必要があると認めるときは、審査庁は審議会等の議を経ることができる。
○不作為の処分に関し、他の法令に関係機関との協議の実施等の手続をとるべき旨の定めがある場合、審査庁が不作為庁の上級行政庁又は不作為庁に対する措置をとるため必要があると認める場合は、審査庁は、当該協議等の手続をとることができる。

[7] **再審**──不作為の審査請求には**再審査請求ができない**。再審査請求は「処分」に限られる。

□□□□□
【No. 229】「不作為の審査請求」の記述として、妥当なのはどれか。

1 不作為とは、行政庁への申請について、行政庁が処分の申請者に対し、申請から相当の期間が経過したにもかかわらず何らの処分をしないことをいう。
2 不作為の審査請求は、不作為庁に上級行政庁の有無にかかわらず、不作為の行政庁に対して、所定の事項を記載した審査請求書を提出して行う。
3 不作為の審査請求は、処分の申請に対し相当の期間を経過したときに、不作為の状態が続いている限り、いつでも、不服申立てをすることができる。
4 不作為の審査請求が不適法であるときは、補正することができるものであっても補正させることなく、審査庁は裁決で却下することができる。
5 不作為の審査請求は、書面主義により所定の事項を記載した審査請求書に基づかなければならず、口頭による不服申立ては、一切許されていない。

□□□□□
【No. 230】「不作為の審査請求」の記述として、妥当なのはどれか。

1 不作為の審査請求は、国の機関又は地方公共団体の機関に対する処分で、これらの機関がその固有の資格において当該処分の相手方となる不作為には、適用されない。
2 不作為の審査請求に対して、却下のほか、審査庁は、宣言し何らかの行為をするか、又は書面で不作為の理由を示さなければならず、前者は棄却にあたり、後者は認容にあたる。
3 不作為の審査請求に係る処分に関し、審議会等の議を経る定めがある場合においては、当該措置をとらねばならない義務が生じ、審査庁は、審議会等の議を経なければならない。
4 不作為の審査請求に理由がある場合は、審査庁は裁決で、当該不作為が違法又は不当である旨を宣言し、審査庁が上級行政庁である場合には、必ず当該不作為庁に対し当該処分をすべき旨を命じる措置を執らなければならない。
5 不作為の審査請求先は、上級行政庁の有無によって異なり、当該不作為庁と当該不作為庁の最上級行政庁が請求先となり、前者は監督的な意義を持ち、後者は督促的な意義を持っている。

●裁決
○審査庁が**裁決**を行うにあたって、第三者（行政不服審査会等）の意見を聴く。

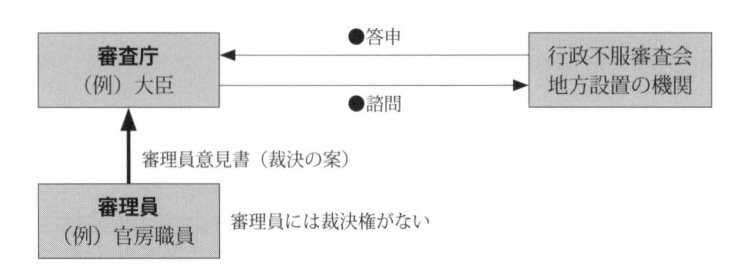

```
                    ●答申
  審査庁     ←──────────    行政不服審査会
 （例）大臣   ──────────→    地方設置の機関
                    ●諮問
     ↑
     │ 審理員意見書（裁決の案）
     │
  審理員         審理員には裁決権がない
 （例）官房職員
```

（裁決の時期）
○審査庁は、行政不服審査会等から「**諮問に対する答申を受けたとき**」（諮問を要しない場合には審理員意見書が提出されたとき、関係行政機関の議を経たとき）は、遅滞なく、裁決をしなければならない。
○**裁決**（決定）には、「却下」、「棄却」及び「認容」の３種類がある。
■□□■「処分の場合」

```
期間経過後の請求・請求が不適法      要件審査
   ↓
  却下                           審理・判定
        請求に理由がない場合         請求に理由がある場合
           ↓                         ↓
         棄却   （例外）事情裁決がある。   認容
           ↓                    ↓        ↓        ↓
         措置              全部又一部の取消  事実上の行為の撤廃  処分の変更
       ↓      ↓                                          不利益変更の禁止
  処分庁の   処分庁
  上級行政庁
    ↓       ↓            ●措置のため必要があるときに審議会等
 処分すべき  処分を行う        の議を経ることができる。
 旨を命ずる                ●措置のため関係機関との協議が必要な
                          ときにその手続をとることができる。
```

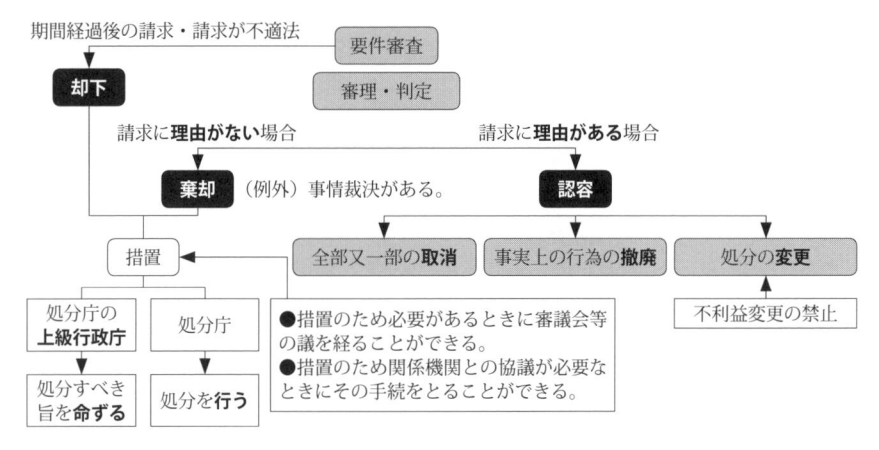

〔1〕**「却下」の裁決**──処分の審査請求が「法定の期間経過後にされたとき」又は「その他不適法であるとき」は、「**却下**」となる。
○「その他不適法であるとき」とは、①審査請求ができない事項を対象としたとき、②審査請求の適格のない者が審査請求をしたとき、③審査庁を誤ったとき、④補正に応じなかったとき、⑤審査請求の目的が消滅したときなどがあり、却下となる。
〔2〕**「棄却」の裁決**──「棄却」とは、審査請求に「**理由がない**」として原処分を是認する裁決である。しかしこれによって原処分の効力が強められるわけではなく、処分庁が職権で処分の取消し又は変更することを妨げるものではない。
○棄却は、審査請求人の不服の事由に対し、その結論を裁決で明らかにしなければならない。

（**棄却裁決の例外**）―行政不服審査法は、不服申立てに**理由がある**にもかかわらず「**棄却**」できる、次の**2**つの「**例外**」を認めている。
①**例外の1つは**［**事情裁決**］**である。**
○処分の審査請求に**理由がない**場合には、「**棄却**」となる。
　例外的に審査請求に理由があるのに棄却の裁決をする場合がある。これを「**事情裁決**」という。
○事情裁決は、審査請求の処分が違法又は不当ではあるが、これを取消し又は撤廃することにより公の利益に著しい障害を生ずる場合、審査請求人の受ける損害の程度、その損害の賠償又は防止の程度及び方法その他一切の事情を考慮した上、処分を取消し又は撤廃することが公共の福祉に適合しないと認めるときは、審査庁は、裁決で、当該審査請求を棄却する場合をいう。
○事情裁決を行う場合は、審査庁は、「**裁決の主文**」で、裁決で当該処分が違法又は不当であることを「**宣言**」しなければならない。
②**例外の2つは**［**再審査請求棄却の裁決**］**である。**
○審査請求の却下又は棄却の「裁決」が違法又は不当であっても、当該裁決の「処分」が違法又は不当でないときに、再審査庁は、当該再審査請求を棄却できる。
〔3〕「**認容**」**の裁決**―認容は、審査請求に「**理由がある**」ときに行われる。
○認容には、「処分の場合」と「不作為の場合」とがある。
●「**処分の場合**」には、次の**3種類**がある。
①「**取消裁決**」……処分（事実上の行為を除く）の審査請求に**理由がある**場合（事情裁決を除く）には、審査庁が、当該処分の全部・一部を**取消又は変更**ができる裁決をいう。ただし審査庁が処分庁の上級行政庁又は処分庁の**いずれでもない**場合には、当該処分を「**変更することができない**」。

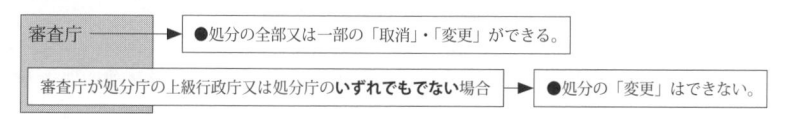

審査庁	●処分の全部又は一部の「取消」・「変更」ができる。
審査庁が処分庁の上級行政庁又は処分庁の**いずれでもでない**場合	●処分の「変更」はできない。

○法令に基づく申請を「却下」し、又は「棄却」する処分の全部又は一部を取消す場合、各審査庁は、当該申請に対し「一定の処分をすべきものと認めるとき」は、次の措置をとる。

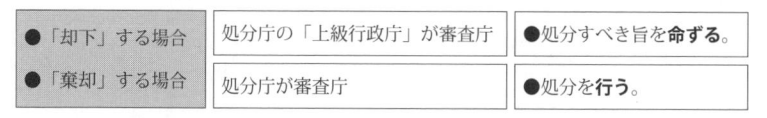

●「**却下**」する場合	処分庁の「上級行政庁」が審査庁	●処分すべき旨を**命ずる**。
●「**棄却**」する場合	処分庁が審査庁	●処分を**行う**。

①処分庁の「上級行政庁」である審査庁の場合は、当該処分に対し、「当該処分をすべき旨」を命ずること。
②処分庁である審査庁の場合は、「当該処分を行うこと」。
②「**撤廃裁決**」……**事実行為**の審査請求に「**理由がある**」場合に撤廃する裁決をいう。
○事実行為が違法又は不当である旨を「**宣言**」するとともに、審査庁は、次の①②の措置をとる。
①審査庁が**処分庁以外**の場合は、当該処分庁に対し、当該「事実上の行為の全部又は一部

を撤廃し」、「変更すべき旨」を命ずることができる。
②審査庁が**処分庁**の場合は、当該「事実上の行為の全部又は一部を撤廃し」、「変更」を行うことができる。
③「**変更裁決**」……審査請求に「**理由がある**」場合にする処分の変更の裁決をいう。
○処分の変更（修正）裁決とは、数量的に不可分の処分の同一性質を保持しつつ、これを加重又は軽減する裁決である。
○変更は裁決でできるが、不利益な処分の変更はできない。
○審査庁が処分庁の上級行政庁又は処分庁の「いずれでもない」場合には、当該処分を「変更することができない」。

（不利益変更の禁止）
○審査庁は、審査請求人の**不利益**に当該処分を変更し、又は当該事実上の行為を変更すべき旨を命じ、若しくはこれを変更することができない。

（裁決の方式）
○裁決は、①**主文**、②**事案の概要**、③**審理関係人の主張の要旨**、④**理由**（主文が審理員意見書又は行政不服審査会等若しくは審議会等の答申書と異なる内容である場合には、異なることとなった理由を含む）の４つを記載し、審査庁が記名押印した裁決書によりしなければならない。
○行政不服審査会等への**諮問**を要しない場合には、裁決書には、「**審理員意見書を添付**」しなければならない。
○審査庁は、再審査請求ができる裁決をする場合には、裁決書に再審査請求ができる旨並びに再審査請求をすべき行政庁及び再審査請求期間を記載して、教示しなければならない。

（裁決の効力発生）
○裁決は、審査請求人に**送達された時**に、その効力を生ずる。
○裁決の送達は、送達の受者に裁決書の謄本の送付による。ただし送達の受者の所在が知れない場合その他裁決書の謄本を送付できない場合には、公示の方法で行うことができる。

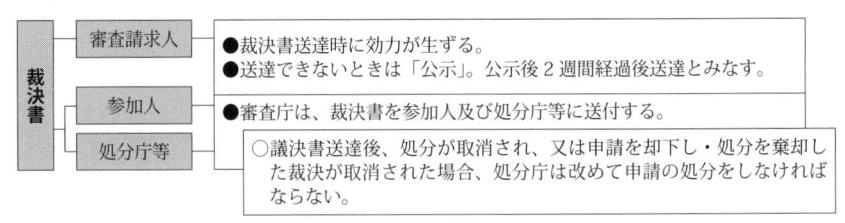

裁決書	審査請求人	●裁決書送達時に効力が生ずる。 ●送達できないときは「公示」。公示後２週間経過後送達とみなす。
	参加人	●審査庁は、裁決書を参加人及び処分庁等に送付する。
	処分庁等	○議決書送達後、処分が取消され、又は申請を却下し・処分を棄却した裁決が取消された場合、処分庁は改めて申請の処分をしなければならない。

○公示の方法の送達は、審査庁が裁決書の謄本を保管し、いつでもその送達の受者に交付する旨を審査庁の掲示場に掲示し、かつその旨を官報その他の公報又は新聞紙に少なくとも一回掲載する。この場合、その掲示日の翌日から起算して**２週間**を経過した時に裁決書の謄本の送付があったものとみなされる。
○審査庁は、裁決書の謄本を参加人及び処分庁等に送付しなければならない。

（裁決の拘束力）
○裁決は、**審査請求人**、**参加人**を拘束する力を有するだけでなく、広く**関係行政庁**（処分

庁及びこれと上下の関係にある行政庁その他当該処分に関係をもつ行政庁）を**拘束する**。
（行政不服審査法は拘束力のみについて規定しその他は解釈に委ねている）
○関係行政庁は、裁決に従い、裁決の内容を実現しなければならない。
(a) 処分庁が①申請に基づいてした処分が手続の違法又は不当を理由として裁決で「取消」され、又は②申請を「却下」若しくは「棄却」した処分が裁決で「取消」された場合には、処分庁は、裁決の趣旨に従い、改めて申請に対する処分をしなければならない。
(b) 法令の規定により「公示」された処分が裁決で取消され、又は変更された場合には、処分庁は、当該処分が取消され、又は変更された旨を「公示」しなければならない。
(c) 法令の規定により処分の相手方以外の利害関係人に「通知」された処分が裁決で取消され、又は変更された場合には、処分庁は、「その通知を受けた者」（審査請求人及び参加者を除く）に、当該処分が取消され、又は変更された旨を通知しなければならない。

（証拠書類等の返還）
○審査庁は、裁決をしたときは、速やかに、提出された証拠書類若しくは証拠物又は書類その他の物件などを、その提出人に返還しなければならない。

●**裁決と決定**
○審査請求によって審査庁が審査をした結果の判断を「**裁決**」といい、再調査の請求によって処分庁が審査をした結果の判断を「**決定**」という。

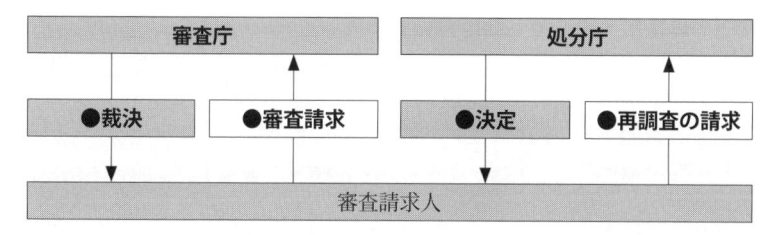

```
┌─────────┐              ┌─────────┐
│  審査庁  │              │  処分庁  │
└─────────┘              └─────────┘
  ↓      ↑                  ↓      ↑
●裁決  ●審査請求         ●決定  ●再調査の請求
  ↓      ↑                  ↓      ↑
┌─────────────────────────────────┐
│           審査請求人             │
└─────────────────────────────────┘
```

□□□□□
【No.231】 審査請求の「裁決の手続」の記述として、妥当なのはどれか。

1 （裁決の時期）―審査庁は、行政不服審査会等への諮問に対する答申を受けたとき、又諮問を要しない場合に審理員意見書が提出されたときは、30日以内に裁決をしなければならない。
2 （裁決の宣言）―審査庁は、却下、棄却又は認容のいずれかの裁決をしなければならず、いずれの裁決にも、宣言をしなければならない。
3 （裁決の方法）―審査庁は、裁決を裁決書によりしなければならないが、再審査請求をすることができる裁決をする場合でも、裁決書に、教示のための必要事項を記載する必要がない。
4 （裁決の拘束力）―審査庁の裁決は、関係行政庁も拘束するので、処分庁は、審査庁の原処分の取消しや変更の裁決の趣旨に従い、改めて申請に対する処分をしなければならない。
5 （書類の返還）―審査庁は、裁決があれば審査請求の手続が完了するので、審理のために提供された証拠書類等は不要となり、保管理由がなくなるので、一定期間内に提供人に返還しなければならない。

□□□□□
【No.232】 審査請求の「裁決」の記述として、妥当なのはどれか。

1 審査請求が「却下」となるのは、審査請求を行うことができない事項を対象としたなどの場合であって、法定の期間経過後の申立ては却下とならない。
2 審査請求の「棄却」は、審査請求に理由がないとして原処分を是認する裁決であるが、原処分庁が処分の取消し又は変更するのを妨げるものではない。
3 審査請求に理由がありながら、当該不服申立てを「棄却」できる場合として、事情裁決の場合があるが、棄却裁決は審査請求に限って認められる。
4 審査請求の「認容」は、審査請求に理由があるときに行われる処分の取消し又は変更で、審査庁が処分庁の上級行政庁でない場合でもできる。
5 審査請求の「認容」が事実行為である場合には、違法又は不当である旨を宣言することなく、審査庁が処分庁である場合は、撤廃又は変更ができる。

28　行政不服審査法

□□□□□
【No. 233】　審査請求の「裁決」の記述として、妥当なのはどれか。

1　行政庁の処分について、それが違法又は不当であるか否かの一時的判断は審査庁に委ねられ、原則として審査庁に対する審査請求による裁決を経なければ、行政事件訴訟を提起することができない。
2　審査庁が、処分庁の上級行政庁又は処分庁であるときは、裁決で、処分又は事実上の行為を変更できるし、また審査庁が第三者的行政機関のときも、処分の変更ができる。
3　審査庁は、審査請求において、処分が違法又は不当であるが、これを取消し又は撤回することにより公の利益に著しい障害を生ずると考えられる場合には、当該審査請求を棄却することができる場合がある。
4　審査庁が、原処分庁の上級行政庁である場合において、審査庁がその一般監督権の作用として、審査請求人の不利益に原処分を変更することが相当であると認めるときは、審査庁は裁決でこれを行うことができる。
5　審査庁は、法令に基づく申請を却下し又は棄却する処分の全部又は一部を取消す場合においては、当該の申請に対して必ず一定の処分をしなければならず、処分庁である審査庁は、当該処分をすることになる。

●**再調査の請求**……請求は「**処分庁**」に行う。
○再調査の請求は、行政庁の処分につき「**処分庁以外の行政庁**」に対し**審査請求ができる場合**に、法律に再調査の請求ができる旨の定めがあるときに限り、当該処分に不服がある者は、「**処分庁**」に対し請求ができる。ただし、審査請求を行ったときはこの限りでない。
●再調査の請求は、不服申立ての**大量**処分について、例外的に認められる。
●審査請求と再調査の請求のどちらを利用するかは、国民の「**自由選択**」である。
●再調査の請求を選択したときは、原則として、再調査の請求の決定を経た後でなければ審査請求を行うことができない

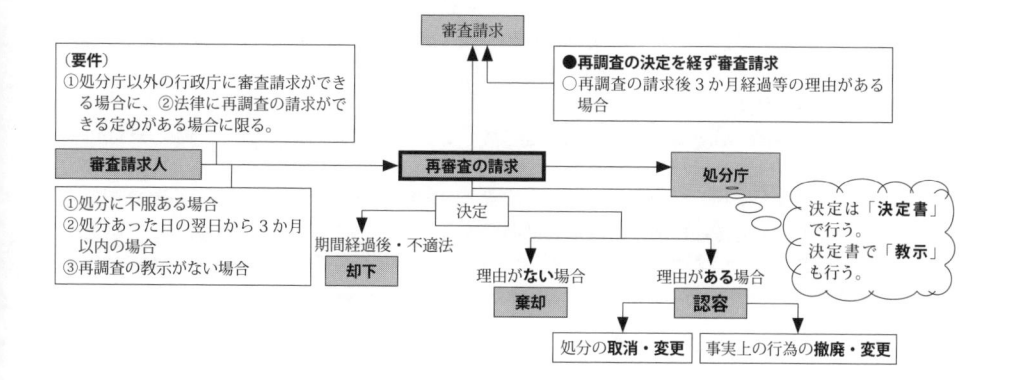

(再調査の請求の請求期間)

請求期間	主観的請求期間	処分があったことを**知った日**の翌日から「**3か月**」以内
	客観的請求期間	処分が**あった日**の翌日から「**1年**」以内

(再調査の請求の請求期間)

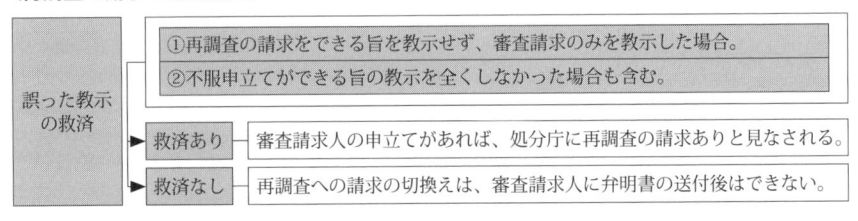

誤った教示の救済	①再調査の請求をできる旨を教示せず、審査請求のみを教示した場合。 ②不服申立てができる旨の教示を全くしなかった場合も含む。
▶ 救済あり	審査請求人の申立てがあれば、処分庁に再調査の請求ありと見なされる。
▶ 救済なし	再調査への請求の切換えは、審査請求人に弁明書の送付後はできない。

○再調査の請求ができる処分を、処分庁が誤って再調査の請求ができる旨を教示しなかった場合に、審査請求がされ、審査請求人から「**申立て**」があったときは、審査庁は、速やかに、審査請求書又は審査請求録取書を処分庁に送付しなければならない。ただし、審査請求人に対し弁明書が送付された後は、この限りでない。

○審査請求書又は審査請求録取書の送付を受けた処分庁は、速やかに、その旨を審査請求人及び参加人に通知しなければならない。

○審査請求書又は審査請求録取書が処分庁に送付されたときは、初めから処分庁に再調査の請求がされたものとみなされる。

(再調査の請求についての決定を経ずに審査請求がされた場合)

○再調査の請求後**3か月経過**などの理由により審査請求が行われたときは、再調査の請求は取下げられたものとみなされる。ただし、処分庁において当該審査請求がされた日以前に再調査の請求に係る処分を取消す旨の**決定書の謄本を発している**場合又は再調査の請求の**事実行為を撤廃している**場合は、当該「審査請求」が、取下げられたものとみなされる。

(3月後の教示)

○処分庁は、再調査の請求がされた日(補正を命じた場合は不備が補正された日)の翌日から起算して3か月を経過しても再調査の請求が係属しているときは、遅滞なく、当該処分について直ちに審査請求をすることができる旨を書面で再調査の請求人に教示しなければならない(教示は義務である)。

●**再調査の請求の決定**

(①**却下**)—再調査の請求が法定の「**期間経過後**」にされたものである場合その他「**不適法**」である場合には、処分庁は、決定で、当該再調査の請求を「**却下**」できる。

○再調査の請求を選択した場合、再調査の請求の決定後でなければ審査請求が原則できないが、これは、**適法な再調査の請求を前置要件**としているので、再調査の請求が不適法として**却下された場合**には、再調査の請求前置要件を満たさず、**審査請求も不適法として却下**される。

○再調査の請求が適法なのに処分庁が不適法として**違法に却下**する可能性もある。この場合、再調査の請求人には責に帰すべき理由がないので、再調査の請求前置の要件を満たしている。再調査の請求**却下決定が違法に限り**、審査請求ができる旨の教示を処分庁に義務づけている。

(②棄却) ―再調査の請求に**理由がない**場合は、処分庁は決定で再調査の請求を「棄却」できる。

(③認容) ―処分（事実行為を除く）の再調査の請求に**理由がある**場合は、処分庁は、決定で、当該処分の全部・一部を「**取消**」又は「**変更**」できる。

○**事実行為**の再調査の請求に理由がある場合は、処分庁は事実行為が違法又は不当である旨を「宣言」するとともに、事実行為の全部・一部を「**撤廃**」又は「**変更**」できる。

○処分庁は、再調査の請求人の不利益に処分又は事実行為を変更できない。

(決定の方式)

○再調査の請求は、審査請求と異なり、審理員制度や行政不服審査会制度が導入されないことから、最終判断は裁決ではなく、「**決定**」となる。

○再調査の請求の決定は、主文及び理由を記載し、処分庁が記名押印した決定書による。

○処分庁は、決定書に再調査の請求の処分につき「審査請求」が「できる旨」並びに審査請求をすべき「行政庁」及び審査請求「期間」を記載して、これらを教示しなければならない。

(審査請求に関する規定の準用)

○再調査の請求については、審査請求に関する規定の一部を除き、準用される。

□□□□□

【No. 234】「再調査の請求」の記述として、妥当なのはどれか。

1 再調査の請求は、要件事実の認定の当否に係る行政庁の処分につき審査請求ができる場合において、当該処分に不服がある者が請求することができる。

2 再調査の請求は、再調査を行う意義ある場合に認められ、法律に再調査の請求を認める規定の有無にかかわらず、当該処分に不服ある者が請求できる。

3 再調査の請求は、不服申立てが大量である場合に認められ、処分があった日の翌日から起算して3か月以内に、処分庁の上級行政庁に対して行われる。

4 再調査の請求ができる場合は、再調査の請求を選択することが義務づけられているが、例外として再調査の請求と審査請求を同時にできる場合もある。

5 再調査の請求をしたときは、当該再調査の請求の決定を経た後でなければ、原則として審査請求ができないが、不合理な場合には例外が認められる。

【No. 235】「再調査の請求」の記述として、妥当なのはどれか。

1　再調査の請求は、審理員による審理はなされず、また行政不服審査会等への諮問手続もないが、処分庁が自ら調査することから、弁明書・反論書のやり取りや口頭意見陳述における行政庁への質問は可能である。
2　再調査の請求ができる処分について、処分庁が誤って再調査の請求ができる旨を教示しなかった場合には、審査庁は、職権で、初めから再調査の請求がされたものとみなして処理できる。
3　再調査の請求が、請求された日の翌日から3か月経過後も再調査の請求が係属しているときは、処分庁は、再調査の請求人に書面で審査請求ができる旨を教示しなければならない。
4　再調査の請求に理由がない場合には、処分庁は、決定で、当該処分の全部又は一部の取消し並びに変更ができるし、事実上の行為が違法又は不当であれば宣言し、全部又は一部の撤廃並びに変更ができる。
5　再調査の請求に対する処分庁の決定書には、処分の全部又は撤廃の決定を含め、再調査の請求の処分につき、審査請求ができる旨並び相手行政庁及び請求期間を記載して、教示しなければならない。

●**再審査請求**……請求は「**法律で定める行政庁**」に行う。

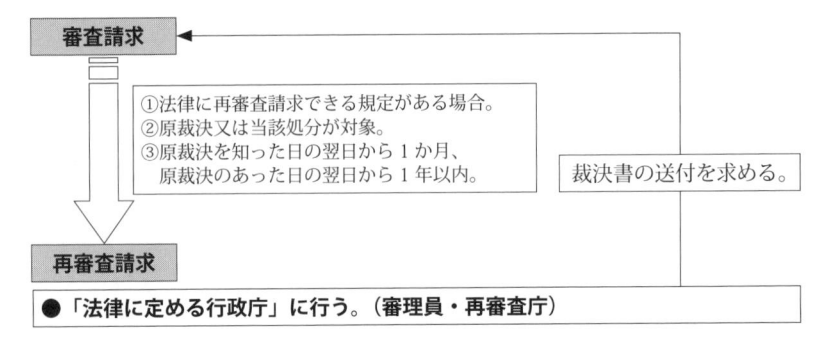

```
┌─────────────┐
│  審査請求   │◄──────────────────┐
└──────┬──────┘                    │
       │   ①法律に再審査請求できる規定がある場合。
       │   ②原裁決又は当該処分が対象。
       │   ③原裁決を知った日の翌日から1か月、
       ▼     原裁決のあった日の翌日から1年以内。    ┌──────────────┐
┌─────────────┐                                    │裁決書の送付を │
│ 再審査請求  │                                    │求める。       │
└─────────────┘                                    └──────────────┘
● 「法律に定める行政庁」に行う。（審理員・再審査庁）
```

○再審査請求は、第一審として、処分の「**審査請求**」の裁決を経た後に、さらに行う不服申立てをいう。すなわち**第二審**の不服申立てである。
○再審査請求の対象は、「**処分**」に限られ、**不作為は対象とならない**。
○再審査請求は、「処分」の審査請求の裁決に不服がある者が行うものであり、審査請求の対象とならない処分についての再審査請求はありえない。
○再審査請求は、審査請求と同様な手続構造をとり、審理員による審理手続などの審査請求と基本的に同等の手続がもう一度行われる。
○再審査請求は、原則として一般概括主義が採用されず、**法律に再審査請求ができる旨の

定めがある場合にすることができる。(旧審査法では条例に基づく再審査請求も認められていたが、審査請求は最上級行政庁に対して行うことが原則であるから、条例に基づく再審査請求の実益が乏しい理由による)
○再審査請求は、「**原処分**」を対象とすることができるし、審査請求の「**原裁決**」を対象とすることもできる。両者を対象にできず、**いずれかを選択する**かを再審査請求人の選択に委ねている。
○再審査請求の原裁決が違法・不当である場合に、**元の処分が違法・不当のいずれでもない**ときには、再審査請求が**棄却**される。すなわち元の処分に違法・不当な点が認められないが、審査請求の手続上の瑕疵のみがある場合は、再審査請求は棄却される。

(裁決書の送付)
○審理員又は再審査庁は、原裁決をした行政庁に原裁決の裁決書の送付を求めることができる。

(再審査請求の却下又は棄却の裁決)

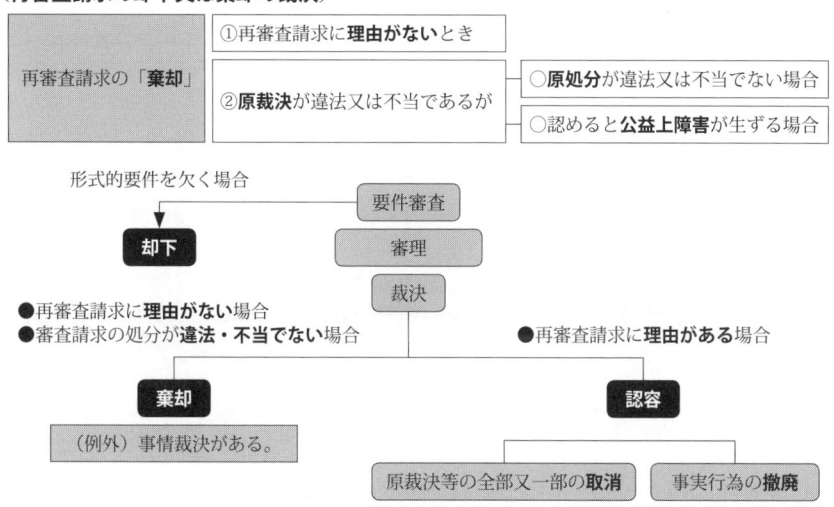

再審査請求の「**棄却**」	①再審査請求に**理由がない**とき	
	②原裁決が違法又は不当であるが	○原処分が違法又は不当でない場合
		○認めると**公益上障害**が生ずる場合

形式的要件を欠く場合 → 却下
要件審査 → 審理 → 裁決
●再審査請求に**理由がない**場合
●審査請求の処分が**違法・不当でない**場合 → 棄却 ((例外) 事情裁決がある。)
●再審査請求に**理由がある**場合 → 認容 (原裁決等の全部又一部の**取消** / 事実行為の**撤廃**)

○再審査請求が①**法定期間経過後**にされたものである場合②その他**不適法**である場合には、再審査庁は、裁決で、当該再審査請求を「**却下**」できる。
○再審査請求に**理由がない**場合は、再審査庁は、裁決で、再審査請求を「**棄却**」できる。
○**原裁決**(審査請求を却下又は棄却したものに限る)が**違法又は不当**であっても、当該**裁決に係る原処分が違法又は不当のいずれでもない**ときは、再審査庁は再審査請求を「**棄却**」できる。これは当該事案を再審査請求の審査庁に戻すまでもなく、再審査庁で決着をつけることにより不必要な手続の重複をさけるためである。
○再審査請求の**原裁決等が違法又は不当ではあるが**、取消し又は撤廃により公の利益に著しい障害を生ずる場合に、再審査請求人の受ける損害の程度、損害の賠償又は防止の程度及び方法その他一切の事情を考慮した上、原裁決等を取消し又は撤廃することが「公共の福祉に適合しない」と認めるときは、再審査庁は、裁決(**事情裁決**)で、再審査請求を「**棄却**」できる。この場合、再審査庁は、裁決の主文で、原裁決等が違法又は不当

(再審査請求の認容の裁決)
○**原裁決等**の再審査請求に**理由がある**場合は、再審査庁は、裁決で、当該**原裁決等**の全部又は一部を「**取消す**」ことができる。
○再審査請求の認容は、基本的に審査請求の認容と同様である。
○**事実行為**の再審査請求に**理由がある**場合は、裁決で、当該事実上の行為が違法又は不当である旨を**宣言**するとともに、処分庁に対し、事実行為の全部又は一部を「**撤廃**」すべき旨を命ずることができる。

□□□□□
【No. 236】「再審査請求」の記述として、妥当なのはどれか。

1 再審査請求は、行政庁の処分又は不作為の審査請求の原裁決に対して不服がある者が、法律に基づき、さらにする第二審の不服申立ての手段である。
2 再審査請求は、審査請求の一般概括主義の採用を引き継ぎ、審査請求の原裁決に不服がある者が、一般概括主義に基づき請求することができる。
3 再審査請求は、原裁決があった日の翌日から起算して6か月、又は原裁決があったことを知った日の翌日から起算して1年を経過したときはできない。
4 再審査庁が再審査請求を受理したときは、原裁決をした行政庁に対し原裁決に係る裁決書の送付を求め、審査請求の手続に準じて審理することになる。
5 再審査請求は、再審査請求をすることができる処分についての審査請求の原裁決のみを対象として、法律に定める行政庁に対してすることができる。

□□□□□
【No. 237】「再審査請求の裁決」の記述として、妥当なのはどれか。

1 再審査請求は、審査請求の裁決に不服がある場合にすることができるので、原裁決を対象として争ってもよいが、原処分を対象として争うことはできないので、再審査庁の裁決も、原裁決に限られる。
2 再審査庁は、再審査請求が法定の期間経過後にされたものである場合に限り、裁決で、当該再審査請求を却下することができるので、不適当である場合には却下の対象とならない。
3 再審査庁は、審査請求を却下し又は棄却した裁決が違法又は不当である場合において、審査請求に係る処分が違法又は不当のいずれでもないときは、裁決で却下することができる。
4 再審査庁は、事実上の行為を除く原裁決等について再審査請求に理由がある場合には、裁決で、当該原裁決等の全部又は一部を取消し、変更することができる。

5 再審査庁は、事実上の行為の再審査請求に理由がある場合には、裁決で、当該事実上の行為が違法又は不当である旨を宣言するとともに、処分庁に対し事実上の行為の全部又は一部を撤廃すべき旨を命ずることができる。

●**行政不服審査会等**
○審理員制度は、審理手続の公正性、透明性に寄与する制度であるが、審理員は審査庁の職員から指名される補助機関であるため、公正中立性の確保が十分でない。この欠点を補う制度として、第三者機関として行政不服審査会などが設置される。

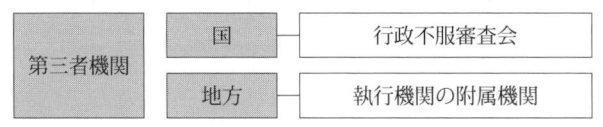

第三者機関	国	行政不服審査会
	地方	執行機関の附属機関

（諮問を要する場合）
○審査庁は、「審理員意見書」の提出を受けたときは、原則として審査庁が国の行政機関（「主任の大臣」又は「宮内庁長官」若しくは「内閣府等の庁の長」）である場合には、「行政不服審査会」に、審査庁が地方公共団体の長（地方公共団体の組合は、長、管理者又は理事会）である場合には、その「附属機関」に、それぞれ諮問しなければならない。

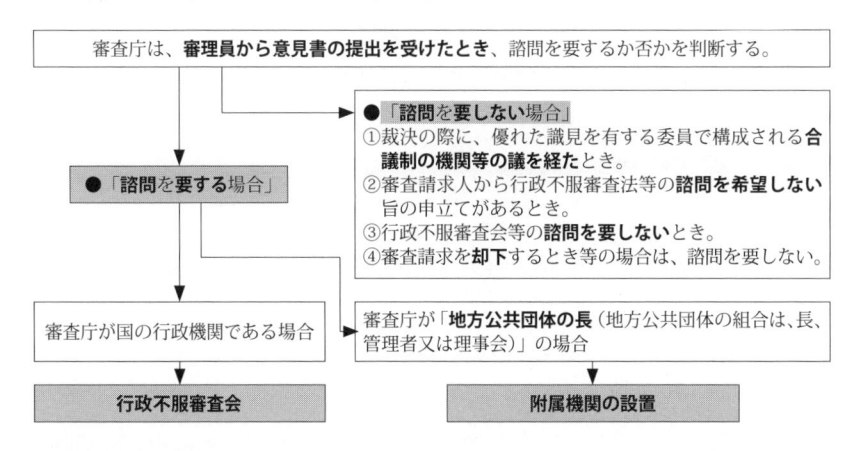

審査庁は、**審理員から意見書の提出を受けたとき**、諮問を要するか否かを判断する。

●**「諮問を要しない場合」**
①裁決の際に、優れた識見を有する委員で構成される**合議制の機関等の議を経たとき**。
②審査請求人から行政不服審査法等の**諮問を希望しない**旨の申立てがあるとき。
③行政不服審査会等の**諮問を要しない**とき。
④審査請求を**却下**するとき等の場合は、諮問を要しない。

●「諮問を要する場合」

審査庁が国の行政機関である場合 → **行政不服審査会**

審査庁が「**地方公共団体の長**（地方公共団体の組合は、長、管理者又は理事会）」の場合 → **附属機関の設置**

（諮問を要しない場合）
○次の場合は行政不服審査会に「**諮問**」する必要がない。
①審査請求の処分をしようとするときの他の法律又は政令（条例に基づく処分については条例）に「審議会等」の議を経る又は経ることができる旨の定めがあり、かつ当該議を経て当該処分がされた場合。
②裁決をしようとするときに他の法律又は政令（条例に基づく処分は条例）に内閣府等の委員会等若しくは地方公共団体の議会又はこれらの機関に類するものとして政令で定めるものの議を経る又は経ることができる旨の定めがあり、かつ当該議を経て裁決をしようとする場合。

③審議会等の議を経て裁決をしようとする場合。
④審査請求人から、「行政不服審査会」への諮問を希望しない旨の申出がされている場合（参加人から行政不服審査会等に諮問しないことについて反対する旨の申出がされている場合を除く）。
⑤審査請求が、行政不服審査会によって、国民の権利利益及び行政の運営に対する影響の程度その他当該事件の性質を勘案して、諮問を要しないものと認められたものである場合。
⑥審査請求が不適法であり、却下する場合。
⑦審査請求に係る処分（法令に基づく申請を却下又は棄却する処分及び事実上の行為を除く）の全部を取消し、又は審査請求に係る事実上の行為の全部を撤廃すべき旨を命じ、若しくは撤廃することとする場合。
⑧措置（申請の全部の認容に限る）をとることとする場合（全部の認容に反対の意見書が提出されている場合及び口頭意見陳述にその旨の意見が述べられている場合を除く）。
○諮問は、「審理員意見書」及び「事件記録の写し」を添えてしなければならない。
○諮問した審査庁は、審理関係人（処分庁等が審査庁である場合には、審査請求人及び参加人）に対し、諮問をした旨を通知するとともに、審理員意見書の写しを送付しなければならない。

（地方公共団体に置かれる機関）
○行政不服審査会に対応する機関を設置する義務を負う地方公共団体は、都道府県、区市町村及び地方公共団体の組合（一部事務組合・広域連合）である。

地方公共団体に置かれる機関 （執行機関の附属機関）	法律に基づき、常設設置
	条例で、事件ごとに設置も可

○**地方公共団体**に、**執行機関の附属機関**として、行政不服審査法によりその権限に属させられた事項を処理するための機関を置かなければならない。
○上記にかかわらず地方公共団体は、当該地方公共団体における不服申立ての状況等に鑑み、同項の機関を置くことが不適当又は困難であるときは、条例で、事件ごとに、執行機関の附属機関として、その権限事項を処理するための機関を置くことができる。
○自治法の広域連携の仕組みを活用することも可能である。例えば、①機関等の共同設置、②事務の委託、③事務の代替執行などの方法がある。
○行政不服審査会の調査審査の手続等に関する規定は、附属機関に準用される。
○附属機関の組織及び運営に関し必要な事項は、当該機関を置く地方公共団体の条例（自治法の共同設置する機関にあっては同項の規約）で定める。

■■**行政不服審査会**■■
（**設置**）行政不服審査会は、総務省に設置される。
（**組織**）行政不服審査会は、委員9人をもって組織される。

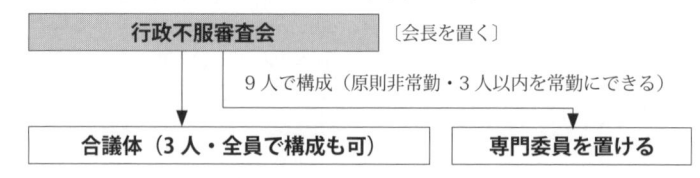

```
行政不服審査会 ――――――〔会長を置く〕
   │
   │ 9人で構成（原則非常勤・3人以内を常勤にできる）
   ↓                          ↓
合議体（3人・全員で構成も可）   専門委員を置ける
```

○委員は非常勤とし、ただし、委員のうち3人以内は常勤とすることができる。
（**任命**）委員は、行政不服審査会の権限事項に関し公正な判断をすることができ、かつ法律又は行政に関し優れた識見を有する者から、**両議院の同意を得て総務大臣が任命**する。
○委員の任期が満了又は欠員を生じた場合に、国会の閉会又は衆議院の解散のために両議院の同意を得ることができないときは、総務大臣は、資格者から、委員を任命できる。
○委員の任命後最初の国会で両議院の事後の承認を得なければならない。この場合、両議院の事後の承認が得られないときは、総務大臣は、直ちにその委員を罷免しなければならない。
（**任期**）委員の任期は、**3年**とする。ただし補欠の委員の任期は前任者の残任期間とする。
（**再任**）委員は再任できる。
（**継続**）委員の任期が満了したときは、委員は後任者が任命されるまで、引続きその職務を行う。
（**罷免**）総務大臣は、①委員が「心身の故障のために職務の執行ができない」と認める場合、又は②委員に「職務上の義務違反その他委員たるに適しない非行がある」と認める場合には、両議院の同意を得て、その委員を罷免できる。
（**守秘義務**）委員は、職務上知ることができた秘密を漏らしてはならない。その職を退いた後も守秘義務が課せられている。守秘義務に違反して秘密を漏らした者は、1年以下の懲役又は50万円以下の罰金に処せられる。
（**政治行為**）委員は、在任中、政党その他の政治的団体の役員となり、又は積極的に政治運動をしてはならない。
（**営利行為**）「常勤」の委員は、在任中、総務大臣の許可がある場合を除き、報酬を得て他の職務に従事し、又は営利事業を営み、その他金銭上の利益を目的とする業務を行ってはならない。
（**会長**）行政不服審査会に、会長を置き、委員の互選により選任する。
○会長は、会務を総理し、審査会を代表する。
○会長に事故があるときは、あらかじめその指名する委員が、その職務を代理する。
（**専門委員**）行政不服審査会に専門の事項を調査させるため、専門委員を置くことができる。
○専門委員は、学識経験のある者のうちから、総務大臣が任命する。
○専門委員は、その者の任命事項に関する調査が終了したときは、解任される。
○専門委員は、非常勤となる。
（**合議体**）行政不服審査会は、委員から、行政不服審査会が指名する者「3人」をもって組織する合議体で、審査請求の事件について調査審議する。

行政不服審査会	部会制	●部会制が原則である。 ●部会の議決が行政不服審査会の議決となる。
	全体制	●審査会が定める場合に設置する。 ●全体で、何を調査審議するかは法定されていない。

○3人の構成の合議体にかかわらず、行政不服審査会が定める場合には、委員の全員をもって構成する合議体で、審査請求の事件について調査審議することができる。
(事務局) 行政不服審査会の事務を処理させるため、行政不服審査会に事務局を置く。
○事務局に、事務局長のほか、所要の職員を置く。
○事務局長は、会長の命を受けて、局務を掌理する。
(行政不服審査会の調査権限)
○行政不服審査会は、必要があると認める場合には、審査請求の事件に関し、「審査請求人」、「参加人」又は行政不服審査会に「諮問をした審査庁」、すなわちこれら「審査関係人」は次のことができる。
①主張書面又は資料の提出を求めることができる。
②適当と認める者にその知っている事実の陳述又は鑑定を求めることができる。
③その他必要な調査をすることができる。
○行政不服審査会の調査審議で、**審査関係人とは、審査請求人、参加人**及び**審査庁**である。審理員の審理手続では、審査請求人、参加人及び処分庁などが審理関係人であるが、行政不服審査会の調査審議では、**処分庁などは審査関係人に含まれない。**
(意見の陳述)
○行政不服審査会は、審査関係人の申立てがあった場合には、当該審査関係人に口頭で意見を述べる機会を与えなければならない。ただし、審査会がその必要がないと認める場合には、意見を述べる機会を与えないことができる。
○審査請求人又は参加人は、行政不服審査会の許可を得て、補佐人とともに出頭できる。
(主張書面等の提出)
○審査関係人は、行政不服審査会に対し主張書面又は資料を提出できる。この場合、行政不服審査会が、主張書面又は資料を提出すべき相当の期間を定めたときは、その期間内に提出しなければならない。
(委員による調査手続)
○行政不服審査会は、必要があれば、その指名する委員に、独自に調査をさせ、又は審査関係人の意見の陳述を聴かせることができる。

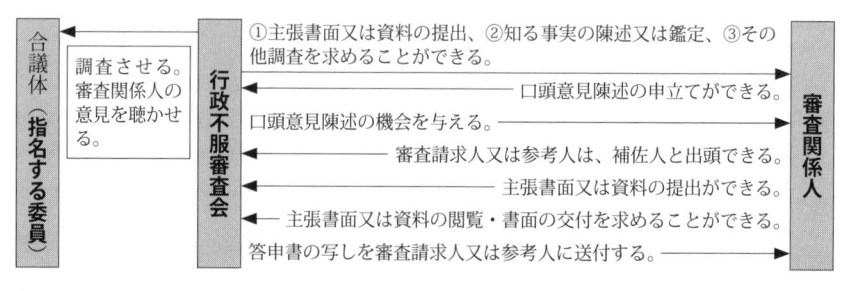

合議体(指名する委員)		行政不服審査会		審査関係人
←	調査させる。審査関係人の意見を聴かせる。		①主張書面又は資料の提出、②知る事実の陳述又は鑑定、③その他調査を求めることができる。	→
			← 口頭意見陳述の申立てができる。	
			口頭意見陳述の機会を与える。 →	
			← 審査請求人又は参考人は、補佐人と出頭できる。	
			← 主張書面又は資料の提出ができる。	
			← 主張書面又は資料の閲覧・書面の交付を求めることができる。	
			答申書の写しを審査請求人又は参考人に送付する。 →	

(提出資料の閲覧等)
○審査関係人は、審査会に対し、行政不服審査会に提出された主張書面、資料の閲覧又は主張書面・当該資料の写し・当該電磁的記録に記録された事項を記載した書面の交付を求めることができる。この場合、行政不服審査会は、第三者の利益を害するおそれがあると認めるとき、その他正当な理由があるときでなければ、その閲覧又は交付を拒むこ

○行政不服審査会は、閲覧をさせ又は交付するときは、当該閲覧又は交付に係る主張書面又は資料の提出人の意見を聴かなければならない。ただし、行政不服審査会が、その必要がないと認めるときは、意見を聴く必要がない。
○行政不服審査会は、閲覧について、日時及び場所を指定することができる。
○書面等の交付を受ける審査請求人又は参加人は、実費の手数料を納めなければならない。
○行政不服審査会は、書面等の交付に対して、経済的困難その他特別の理由があると認めるときは、政令で定めるところにより、手数料を減額し又は免除できる。

(答申書の送付等)
○行政不服審査会は、諮問に対する答申をしたときは、答申書の写しを審査請求人及び参加人に送付するとともに、答申の内容を公表する。

☐☐☐☐☐
【No.238】「行政不服審査会等」の記述として、妥当なのはどれか。

1　行政不服審査会は、国に置かれる機関であり、地方公共団体には執行機関として行政不服審査法の権限事項を処理する機関を置かねばならない。
2　地方公共団体に行政不服審査法の権限事項を処理するために置かれる機関は、条例で定めるところにより、事件ごとに設置することができる。
3　行政不服審査会は、審査請求の事件に関して審査請求人又は諮問をした審査庁に主張書面等を求めることができるが、参加人が求めることはできない。
4　行政不服審査会は、審査関係人にも口頭意見陳述の申立権を付与しているので、申立てがあれば、必ず口頭で意見を述べる機会を与えなければならない。
5　行政不服審査会は、審査関係人から主張書面などの閲覧等の求めがあるときは、第三者の利益を害する場合でも、その閲覧などを拒むことができない。

☐☐☐☐☐
【No.239】「行政不服審査会の委員等」の記述として、妥当なのはどれか。

1　行政不服審査会は、委員9人をもって組織し、諮問案件に関し調査審議する機関であり、審議にあたっては原則として全委員で構成する合議体による。
2　行政不服審査会の委員の任期は、3年であり、在任中、職務上知り得た秘密を漏らしてはならないが、その職を退いた後には守秘義務が課せられない。
3　行政不服審査会の委員は、特別職であるが、在任中政党その他の政治的団体の構成員又は役員となり、積極的に政治活動をしてはならない制限がある。
4　行政不服審査会の委員は、心身の故障により職務執行ができない場合と職務上の義務違反等の非行がある場合以外は、恣意的に罷免されることがない。
5　行政不服審査会は、委員のほか専門委員を置くことができるが、この専門委員には、任期が法定されており、専門事項の調査が終了しても解任されない。

29 行政事件訴訟法

●行政事件訴訟法
○行政事件訴訟法は、行政事件に関する裁判であるが、行政事件とは、公法法規の適用に関する事件をいい、行政事件訴訟法は狭義においては公法上の権利関係に関する訴訟法をいうが、広義においては権利義務に関係のない民衆訴訟や機関訴訟を含めて用いられる。

主観的訴訟(違法な行政作用から個人的権利利益を保護する。)

- **抗告訴訟**（公権力の行使の不服申立て）
  - ①処分の取消しの訴え
  - ②裁決の取消しの訴え
  - （左2つを対象とするのが「取消訴訟」）
  - ③無効等確認の訴え
    - ●存否又は効力の有無を争う。
  - ④不作為の違法確認の訴え
    - ●申請に対する結果を求める
  - ⑤義務付けの訴え
    - ●処分又は裁決を**すべき**を命ずる訴えで「重大な損害を発生するおそれがあるとき」
  - ⑥差止めの訴え
    - ●処分又は裁決を**すべきでない**ことを命ずる訴えで「重大な損害を発生するおそれがあるとき」

- **当事者訴訟**（利害ある者が争う）
  - ①形式的当事者訴訟
    - ●「当事者」の法律関係を争う。
  - ②実質的当事者訴訟
    - ●「公法上」の法律関係を争う。

客観的訴訟（行政法規の正しい運用を保護する。）

- **民衆訴訟**
  - 【法規に適合しない行為の是正を、一般人又は選挙人として争う】
- **機関訴訟**
  - 【機関相互間の権限の存否又はその行為の紛争を、行政間で争う】

☐☐☐☐☐
【No. 240】 行政事件訴訟のA～Dの諸類型として、妥当な組合せはどれか。

A この訴訟は、行政庁の公権力の行使（不作為を含む）によって権利利益を侵害されたことを主張する者が公権力行使の違法性を争う訴訟をいう。
B この訴訟は、当事者間の法律関係を確認する訴訟等で法令の規定により当事者の一方を被告とするもの等の訴訟をいう。
C この訴訟は、選挙人たる資格その他自己の法律上の利益にかかわらない資格で提起する訴訟をいう。
D この訴訟は、国又は地方公共団体の機関相互の権限の存否、又はその行使に関する紛争についての訴訟をいう。

ア 機関訴訟　　イ 当事者訴訟　　ウ 民衆訴訟　　エ 抗告訴訟

1　A=ア　　B=イ　　C=ウ　　D=エ
2　A=イ　　B=ウ　　C=ア　　D=エ
3　A=ウ　　B=ア　　C=エ　　D=イ
4　A=エ　　B=ウ　　C=イ　　D=ア
5　A=エ　　B=イ　　C=ウ　　D=ア

□□□□□
【No.241】 行政事件訴訟のA～Eの諸類型として、妥当なのはどれか。

「A」の訴訟は、行政庁が処分又は裁決を行うべき旨を命ずることを求める訴訟である。
「B」の訴訟は、国又は地方公共団体の機関が当事者となる訴訟で、機関相互間における権限の存否又はその行使に関する紛争訴訟である。
「C」の訴訟は、国又は地方公共団体の機関の違法な行為の是正を求める訴訟である。
「D」の訴訟は、当事者間の法律関係を確認し又は形成する処分又は裁決に関する訴訟である。
「E」の訴訟は、法律上の利益ある者が、行政庁の処分の存否又は効力の有無の確認を求める訴訟である。

1　Aは機関訴訟である。
2　Bは民衆訴訟である。
3　Cは抗告訴訟である。
4　Dは当事者訴訟である。
5　Eは争点訴訟である。

□□□□□
【No.242】 行政事件訴訟の諸類型として、妥当なのはどれか。

1　民衆訴訟は、原告が自己の法律上の利益とかかわりのない資格で提起できる客観的訴訟で、法律の規定に基づき、法律に定められた者のみが提起できる。
2　抗告訴訟は、行政法上の処分又は裁決の存否又は効力の有無を前提問題とすることに着目した、いわゆる私法上の法律関係に関する訴訟である。
3　当事者訴訟は、当事者間の法律関係を確認し又は形成する処分又は裁決に関する訴訟であり、その法律関係の当事者の一方を被告とする訴訟に限られる。
4　機関訴訟は、国又は地方公共団体の機関相互間における権限の存否又は行使に関する紛争の訴訟であり、同一行政主体に属する紛争訴訟に限られる。
5　機関訴訟は、法律が特に認める場合に限り提起できる当事者間の具体的な権利義務を争う訴訟であり、裁判所が当然に審理すべき法律上の争訟である。

□□□□□
【№.243】 行政事件訴訟の諸類型として、妥当なのはどれか。

1 抗告訴訟とは、国又は地方公共団体の機関の法規に適合しない行為是正を求めるために、国民が選挙人である資格などに関係なく提起する訴訟である。
2 当事者訴訟とは、行政事件訴訟の類型の一つで、原告の権利利益の保護を目的とする訴訟であり、行政庁の公権力の行使に関する不服の訴訟でもある。
3 機関訴訟とは、国又は地方公共団体の機関相互間において、特定事項の権限の帰属や機関の権限行使に関し、それが法令に違反するか否かが争われる。
4 民衆訴訟とは、その本質を民事訴訟としながらも、私法上の法律関係に関する訴訟であり、処分の存否又は効力の有無が争点となっている訴訟である。
5 争点訴訟とは、行政事件訴訟の類型の一つであり、公務員の身分関係の存在確認など、公法上の権利や法律関係そのものに関する実質的訴訟である。

□□□□□
【№.244】 行政事件訴訟法の諸類型の記述として、妥当な組合せはどれか。

A 民衆訴訟は、国又は公共団体の機関の法規に適合しない行為の是正を求める訴訟で、法規の正しい適用を確保し、法規範の維持に資することを目的とするものであり、民衆訴訟の例として地方自治法の住民訴訟が挙げられる。
B 当事者訴訟の例として土地収用法上の損失補償の訴えがあり、土地収用の当事者である土地所有者が損失補償額に不服がある場合は、裁決を行った収用委員会を被告として訴訟を提起することができる。
C 抗告訴訟の義務付けの訴えは、行政庁が行政処分又は裁決を行うとしている場合において、行政庁がその行政処分又は裁決を行ってはならない旨を命ずることを求める訴訟である。
D 機関訴訟とは、国又は公共団体の機関相互間における権限の存否又はその行使に関する紛争についての訴訟であり、法律に特別の定めがある場合に限り、これらの機関が提起することができる。例えば、普通地方公共団体に対する国又は都道府県の関与に関する訴えがある。

1 AB 2 AC 3 AD 4 BC 5 BD

□□□□□
【No.245】 行政事件訴訟の記述として、妥当なのはどれか。

1 行政事件訴訟は、法律関係の性質に着目した訴訟であって、公法上の法律関係のみが抗告訴訟という訴訟形式で争えるところに特徴があり、私法上の法律関係については、当事者訴訟をもって争える。
2 行政事件訴訟は、法律関係の性質に着目したものであって、公法上の当事者関係のみが抗告訴訟という訴訟形式で争い得るところに特徴があり、形式的行政処分によるときは抗告訴訟をもって争うことができない。
3 行政事件訴訟は、法律関係の性質に着目するとともに、具体的な行政行為の形式の種類に応じて訴訟形式を区分しているところに特徴があり、私法関係における紛争解決を目的とした民事訴訟手続の準用を認めていない。
4 行政事件訴訟は、法律関係の性質に着目したものというよりは、行政行為という行政の行為形式を当事者訴訟という訴訟形式で争わせるところに特徴があり、形式的行政処分によるときは当事者訴訟をもって争うことができる。
5 行政事件訴訟は、法律関係の性質に着目したものというよりは、行政処分という権力的行為形式を抗告訴訟という訴訟形式で争わせるところに特徴があり、形式的行政処分によるときであっても抗告訴訟をもって争える。

□□□□□
【No.246】 行政事件訴訟の記述として、妥当なのはどれか。

1 抗告訴訟とは、行政庁の公権力の行使に関する不服の訴訟をいい、処分の取消しの訴え、裁決の取消しの訴え、無効等確認の訴え、不作為の違法確認の訴え、義務付けの訴え、差止めの訴えの6種に限定されている。
2 当事者訴訟とは、当事者間の法律関係を確認し又は形成する処分又は裁決に関する訴訟で、通常の民事訴訟とその訴訟物が公法上のものである点において異なるにすぎない。
3 民衆訴訟とは、違法な行政作用に対する国民の権利利益の保護救済を目的とし、選挙人たる資格その他自己の法律上の利益にかかわらない資格で提起するものをいう。
4 機関訴訟とは、国又は地方公共団体の機関相互間における権限の存否又はその行使に関する法律上の紛争に関する訴訟をいう。
5 民衆訴訟とは、行政法規の正当な適用を確保するという一般的利益のために認められる客観的訴訟であるから、誰もが訴訟を提起することができる。

●抗告訴訟

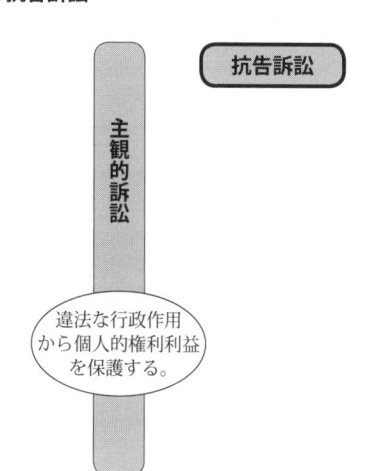

```
主観的訴訟 ── 抗告訴訟 ─┬─ ①処分の取消しの訴え
                       │    処分等の公権力行使の取消を訴える。
                       ├─ ②裁決の取消しの訴え
                       │    審査請求等の裁決の取消を訴える。
                       ├─ ③無効等確認の訴え
                       │    処分・裁決の存否等の有無確認を訴える。
                       ├─ ④不作為の違法確認の訴え
                       │    処分・裁決をしない違法の確認を訴える。
                       ├─ ⑤義務付けの訴え
                       │    処分・裁決を行うべきと訴える。
                       └─ ⑥差止めの訴え
                            処分・裁決を行うべきでないと訴える。
```

違法な行政作用から個人的権利利益を保護する。

○**抗告訴訟**とは、「**行政庁**」の「**公権力の行使**」に関する訴えをいう。

行政庁とは、国又は地方公共団体を指す。国会や裁判所は、原則、対象外である。

公権力の行使には、法が認めた優越的行為や不作為も含まれる。

(**意義**)――抗告訴訟は、原告の権利利益の保護を目的とした**主観的訴訟**であり、「**公権力の行使に関する不服の訴訟**」をいう。
(**形態**)――抗告訴訟は、行政庁の**公権力の行使（事実行為も含む）**に関する不服の訴訟であり、抗告訴訟の上記の法定6種類のほかに、法定されていないが無名抗告訴訟も予期している。
(**内容**)――抗告訴訟は、行政庁が国民に対する関係で**優越的な地位**に立ち、法の執行として行ういわゆる**公定力**のある**意思活動（不作為を含む）**による違法状態の適否又は排除のための一切の不服の訴訟である。
(**被告**)――被告適格は、原則として「**国又は地方公共団体**」である。被告とすべきものがないときは例外として「**処分行政庁**」である。
(**選択**)――抗告訴訟の訴えの提起に際し、審査請求のできる場合でも、**自由選択主義**が採られる。
(**処分**)――抗告訴訟は、行政庁の処分又は裁決に対しその違法性を主張するが、原処分主義を原則とし、裁決主義は特別法がある場合に限り認められる。
(**審理**)――抗告訴訟の審理では、**職権主義**が採用されているが、当事者が主張しない事実までも裁判所が職権で証拠を探知、調べる、いわゆる**職権探知主義**は採用していない。
(**判決**)――抗告訴訟は、判決に形成力が生じ、原告である国民と被告である行政庁との間に生じるだけでなく、その形成力は訴訟外の**第三者**にも及ぶ場合もある。

□□□□□
【No.247】 抗告訴訟の記述として、妥当なのはどれか。

1 （形態）―抗告訴訟は、行政庁の公権力の行使に関する不服の訴訟であり、抗告訴訟の6種類を定義的に規定しており、無名抗告訴訟は否定している。
2 （被告）―抗告訴訟で被告適格を有する者は、処分又は裁決をした行政庁が所属する行政主体であり、国は被告となれるが地方公共団体は被告となれない。
3 （訴願）―抗告訴訟は、処分の取消しの訴えを提起する場合に、不服申立て（審査請求）のできる場合は、訴訟の前提である訴願前置主義を採らねばならない。
4 （処分）―抗告訴訟は、行政庁の処分又は裁決に対しその違法性を主張するが、原処分主義を原則とし、裁決主義は特別法がある場合に限り認められる。
5 （判決）―抗告訴訟は、判決に形成力が生じ、原告である国民だけに効力がもたらされるので、その形成力は訴訟外の第三者には及ばないとされている。

□□□□□
【No.248】 抗告訴訟の記述として、妥当なのはどれか。

1 抗告訴訟は、行政庁の公定力を持った第一次的判断を媒介として生じた違法状態を否定又は排除し、相手方の権利利益の保護を図ることにある。
2 抗告訴訟は、国又は地方公共団体の行政機関の違法な行為のみならず、国会や地方議会の固有の立法行為や裁判所の裁判上の行為をも対象とする。
3 抗告訴訟は、法律が認めた優越的な地位に基づき、法律の執行として行う公権力を持った意思活動に関する不服を指すものであり、不作為は含まれない。
4 抗告訴訟には、処分の取消しの訴え、裁決の取消しの訴え、無効等確認の訴え、差止めの訴えや無名抗告訴訟などがあり、これらは全て法定されている。
5 抗告訴訟は、取消訴訟が確定すれば、処分の効力は遡及して消滅するが、判決は原告や被告のみに効力を有し、訴訟外の第三者には効力を有しない。

□□□□□
【№249】 抗告訴訟の記述として、妥当なのはどれか。

1 抗告訴訟は、行政庁の公権力の行使の法律行為的行政行為及び準法律行為的行政行為が対象となり、公権力の行使にあたる事実行為は対象とならない。
2 抗告訴訟では、第三者の権利や利益を与えるため、第三者の申立ての訴訟参加を認めているが、被告行政庁以外の行政庁の訴訟参加は認めていない。
3 抗告訴訟は、処分があった後にその処分を行った行政庁の権限が他の行政庁に承継されたときは、いずれの行政庁をも被告として訴えることができる。
4 抗告訴訟の審理では、迅速かつ公正妥当な解決を期すため、職権主義が採られており、当事者の弁論を通じて行われる職権探知主義が採用されている。
5 抗告訴訟では、処分の取消判決が確定するとその処分の効力は遡及的に消滅し、この判決は原告だけでなく、訴外の第三者に対しても効力を有する。

□□□□□
【№250】 抗告訴訟の「形態」の記述として、妥当なのはどれか。

1 処分の取消しの訴えは、処分その他公権力の行使にあたる行為の取消しを求めるもので、訴えにより、処分の効力及び処分の執行を停止することができる。
2 不作為の違法確認の訴えは、処分又は裁決の存否又はその効力の有無の確認を求めるもので、その不作為で法律上の利益を侵害された者に限り提起できる。
3 無効等確認の訴えは、処分又は裁決により損害を受けるおそれがある場合等で、当該処分等の存否又は効力の有無を前提とする現在の法律関係への訴えでは目的を達成することができない場合に限られる。
4 裁決の取消しの訴えは、審査請求その他法令に基づく不服申立てに対する行政庁の裁決、決定その他の行為の取消しを求めるもので、原処分の違法性を主張することができる。
5 不作為の違法確認の訴えは、利害関係の有無にかかわらず、法令に基づく申請に相当の期間に何らかの処分又は裁決を行わないことの違法の確認を求めるものである。

【№ 251】 抗告訴訟の「形態」の記述として、妥当なのはどれか。

1　処分の取消しの訴えは、行政庁の処分その他公権力の行使にあたる行為の取消しを求める訴訟であり、この処分とは、直接国民の権利義務を形成し又はその範囲を確定することが法律上認められる行為に限られない。
2　処分の取消しの訴えは、処分を行った行政庁ではなく、処分を行った行政庁が所属する国又は地方公共団体を被告として提起しなければならない。処分庁が国又は地方公共団体の被告に所属しない場合は、当該行政庁となる。
3　裁決の取消しの訴えは、裁決の取消しを求めるにつき法律上の利益を有する者に限り提起できる。裁決の効果が期間の経過でなくなった後になお裁決の取消しで回復の利益を有する者は除かれる。
4　無効等確認の訴えは、処分若しくは裁決の存否又はその効力の有無の確認を求める訴訟をいう。この訴訟は無効等の確認を求める法律上の利益を有する者であれば、現在の法律関係による解決の有無にかかわらず提起できる。
5　不作為の違法確認の訴えは、行政庁が法令に基づく申請に対し何らかの処分を行わないことの違法の確認を求める訴訟である。この法令に基づく申請とは法令の明文により申請権が認められている場合に限られる。

【№ 252】 抗告訴訟の「形態」の記述として、妥当なのはどれか。

1　処分の取消しの訴えは、行政庁の処分その他公権力の行使にあたる行為の取消しを求める訴訟で、用途地域の指定の取消しを求めることができる。
2　無効等確認の訴えは、現在の法律関係で権利救済の目的を達成することができても、無効な処分で不利益を受けている場合に提起することができる。
3　抗告訴訟は、処分の取消しの訴えと区別して裁決の取消しの訴えの形態を認めているが、どちらの訴えを提起するかは原告の自由選択に委ねられている。
4　不作為の違法確認の訴えは、行政庁が相当期間に何らの処分を行わない違法確認を求める訴えで、確定判決で行政庁は何らかの処分を行う拘束を受ける。
5　処分の取消しの訴えで処分の違法を判断する基準時は判決時であるが、不作為の違法確認の訴えで不作為の違法を判断する基準時は、訴え提起時である。

□□□□□
【No. 253】 抗告訴訟の「形態」の記述として、妥当なのはどれか。

1 処分の取消しの訴えは、行政庁の処分その他公権力の行使にあたる行為の違法を主張して取消しを求める訴訟であるが、処分の取消しの訴えか不服申立てかは自由選択とならず、原則として審査請求前置となっている。
2 裁決の取消しの訴えは、原処分の審査請求その他法令に基づく不服申立てに対する行政庁の裁決の行為の取消しを求める訴訟であり、この訴えは、法律上の利益を有する者に限り提起できる。
3 不作為の違法確認の訴えは、法令に基づく申請に対し相当の期間内に処分又は裁決を行わないことについて違法の確認を求める訴訟であり、訴えには、審査請求前置主義の適用がある。
4 差止めの訴えは、行政庁の処分・裁決の差止めを求める訴訟であり、その訴えの判決は、処分・裁決を行うべき行政庁その他関係行政庁のみならず、当事者及び第三者をも拘束する。
5 無効等確認の訴えは、処分・裁決の存否又はその効力の有無の確認を求める訴えである。争点訴訟では権利利益の救済目的を達成できないときがあるので、無効等確認の訴えを提起することができるとされている。

□□□□□
【No. 254】 抗告訴訟の「形態」の記述として、妥当なのはどれか。

1 処分の取消しの訴えは、行政庁の処分その他公権力の行使にあたる行為の違法を主張して取消しを求める訴訟であり、行政庁の処分のほか、その他公権力の行使にあたる行為に認められるが、受忍を強要する事実行為に対しては認められない。
2 裁決の取消しの訴えは、審査請求その他法令に基づく不服申立てに対する行政庁の裁決の行為の取消しを求める訴訟であり、原処分の違法性を主張することもできる。
3 無効等確認の訴えは、処分又は裁決の存否又はその効力の有無の確認を求める訴訟であり、争点訴訟で救済がえられる特別の事由のある場合においても、認められる。
4 不作為の違法確認の訴えは、行政庁が法令に基づく申請に対し、相当の期間内に処分又は裁決を行わないことについて違法の確認を訴える訴訟であり、判決では、不作為の違法状態以上の判決を求めることができない。
5 差止めの訴えは、一定の処分が行われないことにより重大な損害を生ずる場合、行政庁が一定の処分又は裁決を行うべきであることを命ずることを求める訴訟であり、法律上の利益ある者が提起することができる。

●処分の取消しの訴え
(提起) ―訴えは、「**原処分**」の取消しを求める訴えである。
○訴えは、**法律上の利益ある者**である。
○訴えは、処分の取消しであって、裁決の取消しを求めることはできない。
(処分) ―法が認めたもの、「**意思的行為**」のみならず「**事実行為**」も含まれる。
(被告) ―国又は地方公共団体である。(被告とすべきものが**ない**ときは「**処分庁**」である)
○訴えは、処分庁の権限行使の適否を問うものである。
(審理) ―裁判所は、他の行政庁を、**申立て**又は**職権**により参加させることができる。
○訴えの係属中に、審査請求が提起されているときは、裁判所は、審査請求の裁決があるまで手続を中止することができる。
(不停止) ―訴えは、原則、処分の「**執行不停止の原則**」をとる。
(事情) ―訴えで、処分が違法で取消すことで公の利益に著しい障害を生ずる場合には、裁判所は「事情判決」を行うことができる。
(前置) ―処分の取消しの訴えか、審査請求かは「**自由選択主義**」となっており、例外的に法律で特に定める場合のみ審査請求前置となる。
○審査請求の前置規定があっても、30日を経過しても審査請求の裁決がないなどの理由があるときは、処分の取消しの訴えを提起できる。
(効果) ―効果は、**遡及的**に消滅。**第三者にも及ぶ**。

☐☐☐☐☐
【No. 255】「処分の取消しの訴え」の記述として、妥当なのはどれか。

1 処分の取消しの訴えは、原処分と裁決の取消しの両方が可能である。
2 処分の取消しの訴えは、法律上の利益ある者に限られない。
3 処分の取消しの訴えは、他の行政庁を参加させることができる。
4 処分の取消しの訴えは、その効果は将来的に消滅する。
5 処分の取消しの訴えは、その効果は第三者に及ばない。

☐☐☐☐☐
【No. 256】「処分の取消しの訴え」の記述として、妥当なのはどれか。

1 「処分の取消しの訴え」は、裁判所が処分は違法であると判断した場合でも、当該処分を取消さないで、判決で原告の請求を棄却することもあり得る。
2 「処分の取消しの訴え」とは、行政庁の処分その他の公権力の行使にあたる行為の取消を求める訴訟をいい、行政庁が一方的にその受忍を強要する事実行為は訴えに含まれるが、単なる意思的行為の場合は含まれない。
3 「処分の取消しの訴え」は、被処分者が提起することができる訴えであり、被処分者以外の者は、その取消しを求めるに付き法律上の利益があっても、訴えを提起することができない。

4 「処分の取消しの訴え」は、当該処分について法令により審査請求を行うことができる場合には、必ず審査請求を経た後でなければ訴えを提起することができない。
5 「処分の取消しの訴え」は、行政庁の公定力を持った処分の全部又は一部の取消しを求め、その効力を将来的に消滅させる訴えであるところに特徴がある。

□□□□□
【No.257】「処分の取消しの訴え」の記述として、妥当なのはどれか。

1 処分の取消しの訴えは、当該処分の取消しを求めるについて法律上の自己の利益がある場合のみならず、第三者の法律上の利益に関しても提起できる。
2 処分の取消しの訴えは、処分の相手方(被処分者)以外の者も、その権利利益に対して取消しを求めるにつき法律上の利益があれば、提起することができる。
3 処分の取消しの訴えと審査請求が許されるとき、審査請求をするか、処分の取消しの訴えをするかは自由選択主義であるが、両者の同時は選択できない。
4 処分の取消しの訴えが、審査請求と併行して提起されている場合には、審査請求に対する裁決があるまで、訴えの手続を停止しなければならない。
5 処分の取消しの訴えは、処分行政庁を被告として提起しなければならず、処分後に当該行政庁の権限が他に承継されても、処分行政庁が被告となる。

●裁決の取消しの訴え
○裁決の取消しの訴えは、原処分の審査請求その他法令に基づく不服申立てに対する行政庁の裁決の行為の取消しを求める訴訟をいう。
(提起)―裁決の取消しの訴えは、**利益ある者**、又は裁決の取消しによって回復利益がある者が提起することができる。
○裁決の取消しの訴えは、裁決固有の瑕疵のみを争う訴えである。
(被告)―国又は地方公共団体である。(被告とすべきものが**ない**ときは「**裁決庁**」である)
(分離)―訴えは、「**裁決**」であって、「**原処分**」と**分離**される。
○原処分の違法は、「処分の取消しの訴え」によってのみ主張でき、「裁決の取消しの訴え」は、裁決の違法のみが主張できる。
○裁決の取消しの訴えで、棄却判決を受けた者が、さらに原処分の違法を争いたいならば、処分の取消しの訴えを提起しなければならない。

□□□□□
【No. 258】 抗告訴訟の「裁決の取消しの訴え」として、妥当なのはどれか。

1 裁決の取消しの訴えは、裁決固有の瑕疵のみを争う訴えではない。
2 裁決の取消しの訴えは、審査請求に限り行政庁の裁決の取消しを求める。
3 裁決の取消しの訴えは、法律上の利益を有する者に限り認められる。
4 裁決の取消しの訴えは、あくまで裁決であって、原処分と分離される。
5 裁決の取消しの訴えの棄却判決後には、原処分の取消しを争えない。

●無効等確認の訴え
○無効等確認の訴えは、処分・裁決の存否又はその効力の有無の確認を求める訴えをいう。
○自らの判断では無効と思っても行政庁が無効と取扱わないときなどの場合に、無効な処分又は処分の不存在を裁判所に**判決によって確認**してもらう抗告訴訟である。
(**争点**)―無効な処分は、**取消訴訟の排他的管轄の制約を受けない**から、ただちに、当該処分が無効であることを前提とする民事訴訟(争点訴訟)を提起して権利利益の救済を求めることができる。しかし争点訴訟では権利利益の救済目的を達成できないときがあるので、無効等確認の訴えを提起することができるものとされている。
(**提起**)―訴えは、**法律上の利益ある者**である。(原告適格が制限されている)
(**補充**)―無効な行政処分があたかも有効な処分のように取扱われることから続行処分による損害を予防するための「**補充的性格**」を有している。
(**前置**)―**出訴期間の制限がなく**、また**審査請求前置主義の制限もない**。

□□□□□
【No. 259】 抗告訴訟の「無効等確認の訴え」として、妥当なのはどれか。

1 無効等確認の訴えは、行政庁の処分又は裁決の成立要件の存否を確認する訴訟であり、行政庁の行政行為の効力要件の有無を確認する訴訟ではない。
2 無効等確認の訴えは、民事訴訟(争点訴訟)を提起して権利利益の救済を求めることができる場合においても、この訴えを提起できる訴訟である。
3 無効等確認の訴えは、当該処分又は裁決があったことを知った日の翌日から起算して3か月を経過したときは、この訴えを提起できない訴訟である。
4 無効等確認の訴えは、原告適格が拡大されており、法律上の利益を有する者であれば、他の法律関係で訴えることができる者も対象とする訴訟である。
5 無効等確認の訴えは、処分が不存在又は無効であるにもかかわらず、行政庁がそれを続けて処分する危険を防止するための予防的な訴訟である。

●不作為の違法確認の訴え

○不作為の違法確認の訴えは、法令に基づく申請に対し、相当の期間内に処分又は裁決を行うべきにもかかわらず行わないことについて「**違法**」の確認を訴えることをいう。

(**提起**)――訴えは、**法律に根拠がある場合**（法令の解釈上認められる場合の申請も含む）に限り、認められる。

(**申請**)――訴えは、**申請者**に限られる。

(**被告**)――訴えの被告適格は、**国又は地方公共団体**（公共団体）である。

(**拒否**)――訴えは、申請に対して拒否などがある場合も出訴できる。

○当該行政庁が、申請の拒否又は一定期間内に処分しない場合には、当該行政庁の拒否処分があったものと見なされる場合(生活保護24条)がある。これに対し出訴できる場合は、不作為の違法確認の訴えは除かれる。

(**前置**)――訴えには、**不服申立前置主義（審査請求前置）の適用がない**。

(**消滅**)――不作為の違法確認の訴え中に、行政庁が処分又は裁決を行った場合には訴えは無くなる。

(**判決**)――判決では、不作為の違法確認以上の判決を求めることができない。したがって、判決後もなお行政庁が不作為を継続しても、判決を法的に強制する手段は存在しない。

(**拘束**)――訴えが違法であることが判決で確定されると、行政庁は、何らかの処分を行わなければならない**拘束を受ける**。

□□□□□
【№260】 抗告訴訟の「不作為の違法確認の訴え」として、妥当なのはどれか。

1 不作為の違法確認の訴えは、処分又は裁決の申請を行った者に限り提起することが認められ、その申請が適法であるか不適法であるかは問われない。
2 不作為の違法確認の訴えは、申請者が行政庁による何らかの応答をしてもうための訴えであり、被告は原則として不作為庁の上級行政庁である。
3 不作為の違法確認の訴えは、直接に行政庁の不作為状態を裁判所に訴えて、行政庁に申請の内容どおり処分を行うべき作為義務を求めるものである。
4 不作為の違法確認の訴えを提起した後で、当該訴訟がまだ係属中に、行政庁が処分又は裁決をした場合においても、当該訴えの利益は失われない。
5 不作為の違法確認の訴えで、不作為であることが違法であるとその確認する判決があれば、当該不作為庁は、申請を認容する処分を行う必要がある。

【No.261】 抗告訴訟の「不作為の違法確認の訴え」として、妥当なのはどれか。

1 不作為の違法確認の訴えは、抗告訴訟の一種であり、行政庁が申請の内容どおり特定の処分を行うべき作為義務の確認を求める訴訟をいい、被告適格庁は原則として国又は地方公共団体である。
2 不作為の違法確認の訴えは、行政庁が法令に基づく申請に対し相当の期間内に何らかの処分又は裁決を行わないことが違法であることの確認を求める訴訟であり、訴えの提起は処分又は裁決の申請者に限られる。
3 不作為の違法確認の訴えは、行政庁が申請の内容どおり特定の処分を行うべき作為義務の確認を求める訴訟であり、この訴訟の係属中に不作為庁が当該申請に係る処分を行った場合でも訴えの利益はある。
4 不作為の違法確認の訴えは、当事者訴訟の一種であり、行政庁が法令に基づく申請に対し相当の期間内に何らかの処分又は裁決を行わないことが違法であることの確認を求める訴訟であり、この訴えには事情判決が認められる。
5 不作為の違法確認の訴えは、行政庁が何らかの処分を行うべき作為義務の確認を求める訴訟であり、申請に対し一定期間内に処分を行わないときは、法令上拒否したものと見なされる場合にも、この訴えが認められる。

●**義務付けの訴え**
○義務付けの訴えは、行政庁が法令による申請又は審査請求に基づかずに一定の処分を行うべきものを、これが**行われない場合に**、①**重大な損害**を生ずるおそれがあり、かつ②**損害を避ける**ため他に適切な方法がない場合に、行政庁が一定の処分又は裁決を行うべきで**ある**ことを命ずることを求める訴えをいう。
○義務付け訴訟には、「**重大な損害があり**」、「**他に方法がないときの補充性**」、「**法律上の利益を有する者**」の3つの要件が必要である。
(訴え)―義務付けの訴えは、次の**2つの類型**に区分される。
●**一号は**＝「**申請者の行使を前提とせず**」、行政庁が一定の処分を行うことを義務付けるものである(**非申請型**)。
○非申請型は、行政庁に対する「**申請権を持たない者**」が原告となって、行政庁が一定の処分を行うことを判決により義務付ける訴訟である。
○非申請型は、自分以外の第三者に対して「**一定の処分**」の発動を求める場合である。住民が環境悪化を及ぼす事業者に対し行政規制権限の発動を求める訴訟などがある。
●**二号は**＝行政庁に対して「**申請した者**」が原告となって行政庁が一定の処分を行うことを義務付けるものである(**申請型**)。
○申請型は、申請拒否処分や棄却・却下裁決、あるいは処分・裁決の不作為に対して申請者から一定の処分・裁決を求める場合である。社会保障や年金の給付申請が拒否された場合、申請に対して応答がない場合に、申請者から給付決定を求める訴えなどがある。

(訴訟要件)
① (**不作為型**) ──当該法令に基づく申請又は審査請求に対し相当の期間内に何らの処分又は裁決が行われない場合を訴訟要件としている。
② (**拒否処分型**) ──当該法令に基づく申請又は審査請求を却下又は棄却の処分又は裁決が行われた場合に、当該処分又は裁決が取消されるべきものであり又は無効若しくは不存在であることを訴訟要件としている。
○①の不作為型は、申請につき相当の期間内に応答がないことが要件となり、②の拒否処分型は、処分が「取消されるべきもの」「無効」「不存在」のうちいずれかである。
(**合併**) ──二号義務付け訴えは、不作為の違法確認の訴えなどと合併して提起しなければならない。
(**仮の義務付け**) ──義務付け訴訟の提起において、義務付け訴訟の処分又は裁決が行われないことにより生ずる償うことのできない損害を避けるため緊急の必要があるときは、裁判所は、「**申立て**」により、決定をもって、仮に行政庁が処分又は裁決を行うべき旨を**命ずる**ことができる。

□□□□□
【No. 262】 抗告訴訟の「義務付けの訴え」として、妥当なのはどれか。

1 義務付けの訴えは、抗告訴訟の中の一類型であり、行政庁が一定の処分又は裁決を行うべきでない旨を命ずることを求める訴えを提起する訴訟である。
2 義務付けの訴えは、他に方法がある場合であっても、重大な損害を生ずるおそれがある場合において、法律上の利益を有する者が訴える訴訟である。
3 義務付けの訴えは、申請に対する処分を求める義務付け訴訟と、申請を前提とせず行政庁が一定の処分をすべきことを義務付ける２類型を認めている。
4 義務付けの訴えは、処分又は裁決がないことで生ずる損害を避ける緊急の必要があるときは、裁判所は職権で仮の義務づけを命ずることができる。
5 義務付けの訴えは、行政庁への申請者が行政庁が何らの処分又は裁決を行わない場合に提起できるが、不作為の違法確認訴訟を合併して提起できない。

●**差止めの訴え**
○差止めの訴えは、行政庁が処分又は裁決を行うべきで「**ない**」にもかかわらず、これが行われようとしている場合に、行政庁がその処分又は裁決を「**行ってはならない**」旨を命ずることを求める訴えをいう。
○差止めの訴えは、行政庁の「**公権力の行使**」の差止めを求める訴えである。
○差止めの訴えには、処分が公表されると名誉や信用に重大な損害を生ずるおそれがある場合や、処分されると即時に訴えの利益が失われる場合がある。
○差止めの訴えで、行訴法上の「処分」には、行政庁による**権力的事実行為が含まれる**ので、権力的事実行為が反復するような場合にも可能である。

（**訴訟要件**）―差止めの訴えの訴訟要件は、次の**2**つである。
① （**積極要件**）―差止め訴訟は、一定の処分又は裁決が行われることにより重大な損害を生ずるおそれがある場合である。
② （**消極要件**）―差止め訴訟は、損害を避けるために他に適当な方法があるときはこの限りでない。
（**提起**）―訴えは、法律上の利益ある者である。
（**勝訴要件**）―勝訴要件は、その差止めの訴えに係る処分又は裁決につき、行政庁がその処分若しくは裁決を行うべきでないことがその処分若しくは裁決の根拠となる法令の規定がその裁量権の範囲を超え若しくはその濫用となると認められるときである。
（**判決の効果**）―差止め判決は、処分・裁決を行うべき行政庁その他関係行政庁を拘束し、また既判力により**当事者を拘束**するものの、**第三者には効力が及ばない**。
○差止め判決が確定すると、拘束力により、行政庁は、処分・裁決を行うことができなくなるので、そのことにより不利益を被る第三者は、取消訴訟を提起することになる。
（**仮の差止め**）―差止め訴訟の提起があった場合において、差止め訴訟に係る処分又は裁決が行われないことにより生ずる償うことのできない損害を避けるため緊急の必要があり、かつ本案について理由があると見えるときは、裁判所は、「**申立て**」により、決定をもって、仮に行政庁が処分又は裁決を行ってはならない旨を命ずることができる。

□□□□□
【№263】 抗告訴訟の「差止めの訴え」として、妥当なのはどれか。

1 差止めの訴えは、予防訴訟あるいは予防的不作為訴訟とも呼ばれ、抗告訴訟のなかで、事後の救済パターンの一つとして差止訴訟を法定することにより、国民に対し多様な救済方法を要したものと評される。
2 差止めの訴えは、抗告訴訟の1類型として、行政庁の処分・裁決の差止めを求める訴訟であり、行政庁の公権力の行使の差止めを求める訴えのみならず、公権力の行使にあたらない行為なども差止訴訟を求める訴えとなる。
3 差止めの訴えは、処分が公表されると名誉や信用に重大な損害を生ずるおそれがある場合など、処分されると直ちに重大な損害が生ずる場合に限られ、処分がされると即時に訴えの利益が失われる場合には認められない。
4 差止めの訴えは、処分・裁決が具体的に特定できなければ救済できず、一定の条件が仮定され、その条件の下で何らかの処分が行われることを差止める請求については、訴えが認められない。
5 差止めの訴えの判決は、処分・裁決をすべき行政庁その他関係行政庁を拘束し、また既判力により当事者を拘束するものの、第三者には効力が及ばない。

●当事者訴訟
○当事者訴訟は、取消訴訟のように行政庁が優越的な立場に立って行った行為の排除を求める訴訟ではなく、相対立する**当事者間の公法上の権利関係に関する訴訟**である。

○当事者訴訟には、法令に出訴期間の別段の定めがある場合を除き、正当な理由があるときは、その期間の経過後も提起できる。
（**訴訟物**）―当事者訴訟は、公法上の訴訟物を対象とし、民事訴訟のように私法上の訴訟物を対象としない。
（**種類**）―当事者訴訟には、次の２種類がある。
(1) 形式的当事者訴訟……「**当事者間**」の法律関係を争う。
○形式的当事者訴訟は、当事者間の法律関係を確認し又は形成する処分に関する訴訟で、その法律関係の「**当事者の一方を被告**」とするもので、処分又は裁決の効力を争う点では、抗告訴訟的な性質を持つが、実質的に利害関係を有する「**当該法律関係の一方を被告**」とし、行政庁を被告としない訴訟である。
○事例、①土地収用法に基づく損失補償額に不服がある場合、②海区漁業調整委員会に対する入漁権の設定等に関する裁定に不服がある場合がある。
(2) 実質的当事者訴訟……「**公法上**」の法律関係を争う。
○実質的当事訴訟は、公法上の法律関係に関する確認の訴えその他の「**公法上の法律関係**」に関する訴訟である。
○実質的当事訴訟は、行政庁の権限の行使を訴訟物としないで、「**公法上の権利**」又は「**法律関係そのもの**」を訴えの対象とするもので、権利主体が、対等な立場で争う訴訟である。
○事例として、①議員の地位の確認訴訟、②公務員の身分関係存在確認訴訟、③公務員の給与の支払請求訴訟、④在外邦人選挙権訴訟などがある。

□□□□□
【№264】 当事者訴訟の記述として、妥当なのはどれか。

1 当事者訴訟は、法律上の法律関係を争う訴訟で、通常の民事訴訟と同じ類型であり、ただその訴訟物が公法上のものである点で異なるにすぎない。
2 実質的当事者訴訟は、当事者間の法律関係を確認し又は形成する処分又は裁決に関する訴訟で法令の規定により法律関係の当事者の一方を被告とする。
3 当事者訴訟は、行政庁が優越的な立場に立って行った行為の排除を求める訴訟であり、相対立する当事者間の公法上の権利関係の訴訟である。
4 当事者訴訟は、個別の法律によって認められる訴訟類型であり、それら法律に出訴期間の定めがあるので、その期間の経過後では訴訟を提起できない。
5 当事者訴訟は、現在の法律関係に関する訴訟であり、行政事件訴訟法としての特色が強いので、取消訴訟に関する規定の全部が準用される。

【No.265】 当事者訴訟の「形式的当事者訴訟」として、妥当なのはどれか。

1 形式的当事者訴訟は、処分又は裁決の存否又は効力の有無を前提問題とする私法上の法律関係に関する訴訟で関係行政庁を当事者として訴訟参加させるものであり、例として農地所有権の確認を求める訴訟が挙げられる。
2 形式的当事者訴訟は、国又は地方公共団体の機関が当事者となる訴訟で機関相互間における権限の存否又はその行使に関する紛争について争うものであり、例として課税権の帰属をめぐる訴訟が挙げられる。
3 形式的当事者訴訟は、国又は地方公共団体の機関の違法な行為の是正を求める訴訟で、自己の法律上の利益にかかわらない資格で国民が提起できるものであり、例として建築基準法に定める職務執行命令訴訟が挙げられる。
4 形式的当事者訴訟は、当事者間の法律関係を確認し又は形成する処分又は裁決に関する訴訟で、法令の規定によりその法律関係の当事者の一方を被告とするものであり、例として土地収用の損失補償額を争う訴訟が挙げられる。
5 形式的当事者訴訟は、行政庁の処分の存否又は効力の有無の確認を求める訴訟で、当該処分により損害を受けるおそれのある者が提起できるものであり、例として建物の除却命令の無効の確認を求める訴訟が挙げられる。

●民衆訴訟
○民衆訴訟とは、国又は地方公共団体の機関の法規に適合しない行為の是正を求める訴をいう。
(**性格**)―民衆訴訟は、行政法規の正当な適用を確保するという一般的な利益のために認められる、**客観的訴訟**である。
(**提起**)―民衆訴訟では、法律に特別に定められた場合に、**法律に定められた者に限り**、訴えを提起することができる。
○選挙人たる資格、納税者たる資格など自己の法律上の利益にかかわらず提起できる特徴がある。
(**既判**)―民衆訴訟の判決の既判力は、当該問題を**争う資格のあるすべての者に及ぶ**。
○事例
①公職選挙法による選挙又は当選の効力に関する訴訟。
②最高裁判所裁判官の国民審査に関する審査無効の訴訟。
③地方自治特別法の住民投票に関する訴訟。
④住民の直接請求に関する訴訟。
⑤地方自治法による「住民訴訟」などがある。
(**準用**)―民衆訴訟において、処分又は裁決の取消しを求めるものは、取消訴訟に関する規定が準用される。

□□□□□
【No. 266】 民衆訴訟の記述として、妥当なのはどれか。

1　民衆訴訟は、客観的訴訟の一つであり、原告の個人的な権利利益を踏まえて、国又は地方公共団体の機関の違法な行為の是正を求める訴訟である。
2　民衆訴訟は、選挙人たる資格、かつ自己の法律上の利益にかかわる資格において、いわば公益の代表者として訴えを提起することができる訴訟である。
3　民衆訴訟は、政策的見地から認められる客観的訴訟であるから、特別の法規の規定をまってはじめて、法律に定めた者のみが提起することができる。
4　民衆訴訟には、公職選挙法による選挙訴訟や地方自治法による住民訴訟があり、違法な行政作用に対する国民の権利利益の保護救済を目的としている。
5　民衆訴訟は、原告の個人的な権利利益の存在を必要としないで提起できる訴訟であるが、その民衆訴訟の判決の既判力は、第三者には及ばない。

□□□□□
【No. 267】 民衆訴訟の記述として、妥当なのはどれか。

1　民衆訴訟は、行政法規の正当な適用を確保するために、法律上の争訟には属せず、もっぱら政策的な見地から認められた主観的訴訟の性格を有する。
2　民衆訴訟は、司法的解決が政策的に望まれる事項に関する例外的な訴訟であるから、法律の有無にかかわらず裁判所の権限に属するものである。
3　民衆訴訟は、国又は地方公共団体の機関の法規に適合しない行為に是正を求め提起するものであり、一般国民に広く出訴権が認められる訴訟である。
4　民衆訴訟は、法律に定められた資格を有する者が自己の個人的権利利益のために提起するもので、民衆訴訟の判決は原則として原告のみに及ぶ。
5　民衆訴訟は、行政法規の正当な適用を求め、選挙人たる資格、納税者たる資格などの自己の法律上の利益にかかわらない資格で提起する訴訟である。

□□□□□
【No. 268】 民衆訴訟に「該当しないもの」は、次のどれか。

1　地方公共団体の長の選挙又は当選の効力に関する訴訟。
2　最高裁判所裁判官の国民審査に関する審査無効の訴訟。
3　地方自治法に基づく住民訴訟。
4　住民の直接請求に関する訴訟。
5　土地収用法に基づく収用委員会の裁決のうち損失補償に関する訴訟。

●機関訴訟
○機関訴訟とは、国又は地方公共団体の**機関相互間**における**権限の存否又はその行為に関する紛争**についての訴えをいう。
○行政庁等の内部で、行政機関の権限について争いがある場合に、本来は、行政組織内部で解決すべきところ、立法により、特に裁判所の判断が必要な場合に、機関訴訟が利用される。
（提起）―機関訴訟も、民衆訴訟と同じく法律に特別に定められた場合に、「**法律に定められた者に限り**」訴えを提起できる。
○法律に定めがある限り、それが**法律上の争訟に該当するか否かにかかわらず**、出訴することができる。
（紛争）―訴えは、**同一の行政主体**に属する機関相互間の紛争に**限られない**。
（準用）―機関訴訟の場合も、その具体的な形態に応じて、特別の規定のない限り、それぞれ取消訴訟、無効等確認の訴え又は当事者訴訟に関する**規定が準用される**。
○事例としては、
①普通地方公共団体に対する国又は都道府県の「**関与に関する訴え**」。
②地方議会の議決又は選挙の適法性についての「**議会と長との間の訴訟**」などがある。

□□□□□
【No.269】 機関訴訟の記述として、妥当なのはどれか。

1　機関訴訟は、裁判所の関与による紛争の解決を想定しており、国民や住民が国や地方公共団体の機関における違法行為の是正を求める訴訟である。
2　機関訴訟は、法律上の訴訟として当然に訴訟の対象とならないが、裁判所の公正な判断に委ねるために、例外的に出訴を認めた場合のみに対象となる。
3　機関訴訟は、国又は地方公共団体の機関相互間の権限の存否又はその行使に関する紛争における訴訟であり、その定義規定からも主観的訴訟に属する。
4　機関訴訟は、機関相互の特定事項の権限帰属の紛争など、法律の特別の定めの有無にかかわらず、国又は地方公共団体の機関が提起できる訴訟である。
5　機関訴訟は、機関相互間の紛争について裁判所の判断を求める訴訟であるが、この訴訟は、同一の行政主体に属する機関相互間の紛争に限られている。

□□□□□
【No.270】 機関訴訟に該当するのは、次のどれか。

1　公職選挙法に定める当選の効力に関する訴訟。
2　最高裁判所裁判官国民審査法に定める審査無効訴訟。
3　地方自治法に定める国又は都道府県の関与に関する訴訟。
4　地方公務員法に定める公務員の身分関係存在確認の訴訟。
5　地方自治法に定める直接請求に関する訴訟。

30 取消訴訟

●取消訴訟

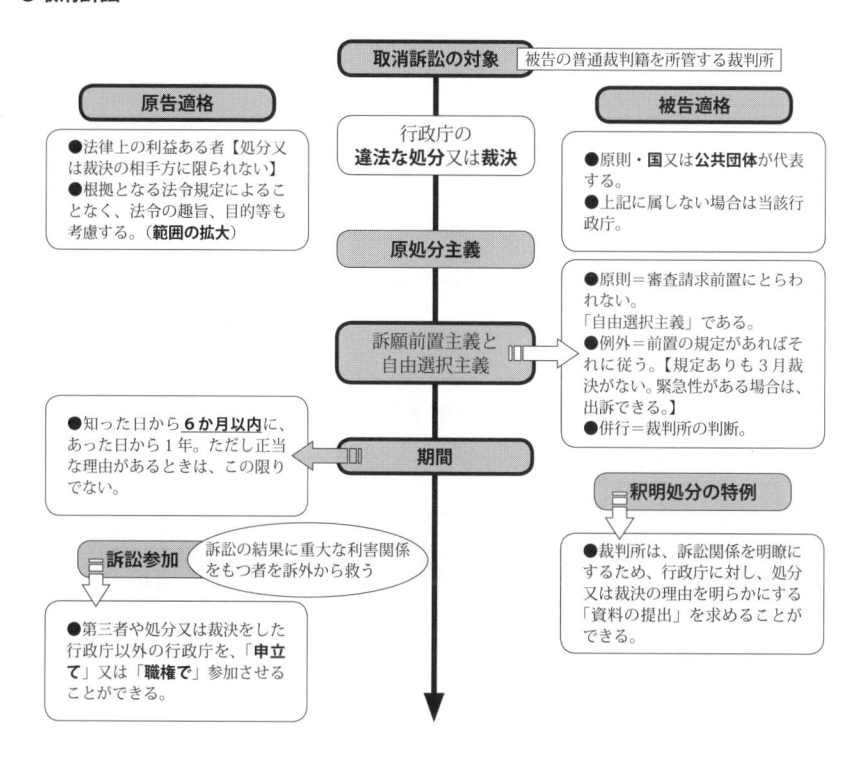

```
                    ┌─────────────┐
                    │ 取消訴訟の対象 │ ← 被告の普通裁判籍を所管する裁判所
                    └─────────────┘
                           │
   ┌──────────┐       ┌─────────┐       ┌──────────┐
   │ 原告適格 │       │ 行政庁の │       │ 被告適格 │
   └──────────┘       │違法な処分又は裁決│    └──────────┘
●法律上の利益ある者        └─────────┘        ●原則・国又は公共団体が代表
 【処分又は裁決の相手方       │                  する。
 に限らない】         ┌─────────┐           ●上記に属しない場合は当該行
●根拠となる法令規定によ   │ 原処分主義 │           政庁。
 ることなく、法令の趣旨、 └─────────┘
 目的等も考慮する。         │
 （範囲の拡大）       ┌─────────┐           ●原則＝審査請求前置にとらわ
                    │訴願前置主義と│            れない。
                    │自由選択主義 │→           「自由選択主義」である。
                    └─────────┘           ●例外＝前置の規定があればそ
                           │                  れに従う。【規定ありも３月裁
                                              決がない。緊急性がある場合は、
●知った日から６か月以内に、  ┌─────────┐       出訴できる。】
 あった日から１年。ただし正当 │  期間   │←    ●併行＝裁判所の判断。
 な理由があるときは、この限り └─────────┘
 でない。                   │           ┌──────────────┐
                                       │ 釈明処分の特例 │
   ┌──────────┐  訴訟の結果に重大な利害関係  └──────────────┘
   │ 訴訟参加 │  をもつ者を訴外から救う     ●裁判所は、訴訟関係を明瞭に
   └──────────┘                           するため、行政庁に対し、処分
●第三者や処分又は裁決をした                       又は裁決の理由を明らかにする
 行政庁以外の行政庁を、「申立                     「資料の提出」を求めることが
 て」又は「職権で」参加させる                     できる。
 ことができる。
                           ↓
```

[①**取消訴訟の対象**]―取消訴訟は、行政庁の**処分**その他**公権力の行使にあたる行為**の行政庁の**違法な処分又は裁決**が対象となる。

（**処分性**）―取消訴訟の対象処分は、行政庁の法令に基づく**行為のすべてではなく**、その行為によって、直接国民の権利義務を形成し又はその範囲を確定することが法律上認められているものとする最高裁判決がある。

[②**原処分主義**]―行政事件訴訟法は、処分の取消しの訴えと裁決の取消しの訴えとを、はっきり区別するとともに、**原処分の違法**は、**処分の取消しの訴えによってのみ**主張することができる「原処分主義」を採用している。

[③**原告適格**]―取消訴訟は、当該処分又は裁決の取消しを求めるにつき、「**法律上の利益ある者**」（処分又は裁決の効果が期間の経過その他の理由で適格がなくなった後もなお処分又は裁決の取消しによって回復すべき法律上の利益を有する者を含む）に限り、提起できる。

○原告適格者は、必ずしも処分又は裁決の相手方に限られず、法律上の利益ある者であれば、**自然人**であると、**法人**であると、法人格のない社団・財団であるとを問わない。また自然人の場合には、**国籍、性、年齢の如何に関係ない**。

[④被告適格]
● 原則・行政主体（**国又は公共団体**）が**被告**となる。
● 例外・処分庁又は裁決庁が国又は地公共団体に**属しない**場合は、「**当該行政庁**」が被告となる。
○被告適格は、取消訴訟のみならず、取消訴訟以外の抗告訴訟、処分や裁決を争う民衆訴訟・機関訴訟にも準用される。
[⑤**訴訟参加**]―取消訴訟では、「第三者」や「処分又は裁決をした行政庁以外の行政庁」を「**申立て**」又は「**職権**」で訴訟に参加させることができる。
[⑥**釈明処分の特則**]―釈明処分の特則は、処分・裁決を審理する訴訟の早期の段階で、処分・裁決の理由・根拠に関する**当事者間の主張や争点を明らかにする**仕組みである。
○裁判所は、行政庁に対し、処分又は裁決の理由を明らかにする「資料の提出」を求めることができる。
[⑦**手続中止**]―裁判所は、審査請求が併行提起するときは、審査請求の裁決があるまで、訴訟手続を中止できる。

□□□□□
【№271】 取消訴訟に関する記述として、妥当なのはどれか。

1 （対象）―取消訴訟は、行政庁の処分その他の公権力の行使にあたる行為と裁決や決定の行為が対象で、行政庁の違法又は不当な行政行為にも提起できる。
2 （原告）―取消訴訟は、取消を求めるに法律上の利益を有する者であれば原告適格が認められており、必ずしも処分又は裁決の相手方に限られていない。
3 （手続）―取消訴訟は、客観的に公正・妥当な審理及び判断を導くために、口頭弁論主義を採用せず、原則、書面審理主義による訴訟手続を採用している。
4 （被告）―取消訴訟は、行政庁による処分そのものの適法性を争うので、当該処分の効果の帰属主体である行政庁を被告として提起しなければならない。
5 （効力）―取消訴訟は、その取消判決の確定により、その処分は行政庁の取消しを待つまでもなく、確定後において将来に向かってその効力を失う。

□□□□□
【No. 272】 取消訴訟の記述として、妥当なのはどれか。

1 （原処分主義）―取消訴訟では、処分の取消しの訴えと裁決の取消しの訴えをはっきり区別するとともに、原処分の違法は、裁決の取消しの訴えによってのみ主張することができる原処分主義を採用している。
2 （原告適格）―取消訴訟は、原告適格を有する者を当該処分又は裁決の相手方に限れば、自然人であると法人であると、法人格のない社団・財団であるとを問わないが、単に法律上の利益ある者は含まれない。
3 （自由選択主義）―取消訴訟又は審査請求のいずれにも自由選択主義が採用されるが、法律に審査請求前置があれば審査請求前置主義が採用されるので、処分、処分の執行又は手続の続行による著しい損害を避けるために緊急の必要があるときでも、審査請求の裁決後に取消訴訟の提起となる。
4 （手続中止）―取消訴訟と審査請求が併行して提起されているときは、裁判所は、審査請求の裁決があるまで、処分の効力、処分の執行又は手続の続行に関する訴訟手続を中止しなければならない。
5 （被告適格）―取消訴訟の被告は、原則として処分又は裁決を行った行政庁が所属する国又は公共団体であり、この被告適格は取消訴訟以外の抗告訴訟、処分又は裁決を争う民衆訴訟や機関訴訟にも準用される。

□□□□□
【No. 273】 取消訴訟の記述として、妥当なのはどれか。

1 取消訴訟は、処分又は裁決があったことを知った日から 6 か月、又は処分又は裁決から 1 年を経過したときには、原則として提起することができない。
2 取消訴訟は、行政庁の処分その他公権力の行使にあたる法律行為的行政行為や準法律行為的行政行為も訴訟の対象とするが、事実行為は対象とならない。
3 取消訴訟は、行政処分を違法とする当該処分又は裁決の取消しの訴えの提起については、原告適格を有する処分又は裁決の相手方に限られている。
4 取消訴訟は、当事者に権利利益の救済を与えることを目的としないから、原告が権利利益の回復が得られない内容も訴えの対象とすることができる。
5 取消訴訟は、例外的に執行停止が認められることがあり、これに対して内閣総理大臣が異議を述べる時期は、執行停止の決定の前に限られている。

☐☐☐☐☐
【No. 274】 取消訴訟の記述として、妥当なのはどれか。

1 取消訴訟は、その対象となる行政庁の法律的行政行為に対する処分又は裁決に限られており、準法律的行政行為は取消訴訟の対象とならない。
2 取消訴訟は、処分の相手方であり、かつ、その処分の取消しを求めるにつき法律上の利益を有する者に限り、取消訴訟を提起することができる。
3 取消訴訟は、行政庁がした行為について争う場合に限られているので、国又は地方公共団体の行政機関である行政庁を被告としてのみ提起できる。
4 取消訴訟は、処分が違法であると認められる場合であっても、公共の福祉保全の見地から、その取消しを求める請求が棄却される場合がある。
5 取消訴訟は、処分があったことを知った日から3か月以内に提起しなければならず、また処分のあった日から1年を経過したときは提起できない。

☐☐☐☐☐
【No. 275】 取消訴訟の記述として、妥当なのはどれか。

1 取消訴訟は、行政庁の行為が対象となるが、ここでいう行政庁とは、国又は地方公共団体の行政機関を指し、地方議会、弁護士会などは含まれない。
2 取消訴訟は、判決が確定した後においても、訴訟に参加できなかった第三者が、その取消判決に対する再審の訴えを求めて提起することができる。
3 取消訴訟は、その結果が公共の福祉に影響するところが少なくないので、当事者の主張しない事実まで探し出す職権探知主義が採用されている。
4 取消訴訟は、訴訟により侵害される第三者があるときは、当事者や第三者の申立てで第三者を訴訟に参加できるが、この参加は職権では認められない。
5 取消訴訟は、原告の請求を理由ありとして認容する判決が行われたときには、関係行政庁に一定の処分又は裁決を行う旨の給付判決となる。

【№.276】 取消訴訟の記述として、妥当なのはどれか。

1 取消訴訟において、請求を棄却する判決が確定した後であっても、原告は、他の違法事由を主張して、再び当該処分又は裁決の取消しを請求することができる。
2 取消訴訟において、判決で、審査請求を棄却した裁決が取消されたときは、判決に従って効力が発生するので、その裁決を行った審査庁は、改めて当該審査請求に対する裁決を行う必要がない。
3 取消訴訟において、行政処分の理由・根拠を明らかにする資料の提出制度が裁判所による釈明処分の特則により法定されているが、釈明処分であるから、行政庁側に資料等の法的提出義務があり、これを拒むと制裁が科せられる。
4 取消訴訟において、裁判所は、当事者の主張する事実だけでは証拠が不十分で心証えがたいときは、職権証拠調べを行うことができるし、さらに進んで職権探知主義までも認められている。
5 取消訴訟において処分・裁決が違法であるが、取消すことにより公の利益に著しい障害が生じるときには、裁判所は事情判決ができる。この事情判決は取消訴訟のみに認められる制度であり他の抗告訴訟に準用されない。

【№.277】 取消訴訟の記述として、妥当なのはどれか。

1 （請求の客観的併合）―裁判所に対し、1人の原告が同一被告に対し数個の請求を行えるが、併合の際に1つの訴えで複数の原告が数個の請求は行えない。
2 （訴訟の管轄）―取消訴訟は、原告の普通裁判籍の所在地を管轄する裁判所又は処分・裁決を行った行政庁の所在地を管轄する裁判所の管轄に属する。
3 （訴訟の審理）―裁判所の審理手続は、民事訴訟と異なる部分についてのみ規定が置かれており、それ故に、規定以外の部分については民事訴訟の例による。
4 （釈明処分の特則）―裁判所は、訴訟関係を明瞭にするために行政庁に対して資料の提出を求めることができるので、行政庁には資料の提出義務が生ずる。
5 （職権証拠調）―裁判所は、証拠が不十分のときは弁論主義の補充として職権で証拠調べができるが、証拠調べの結果につき当事者の意見を聴く必要はない。

■取消訴訟の判決
○取消訴訟の判決には、「却下」「棄却」「認容」の3つがある。
●①却下（要件を欠く場合）
○却下は、要件を欠く不適法な訴えとして**審理を拒否する判決**である。
○却下は、本案審理を拒絶する判決である。処分の取消し請求自体を判断したものではないから、係争処分の違法性を確定する効果を持つものではない。したがって、同一の処分について訴訟要件を備えて再度提起することも可能である。

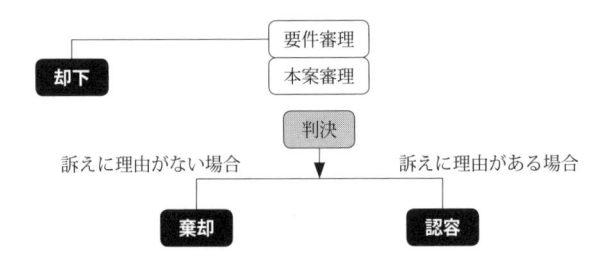

```
                  ┌── 要件審理
    却下 ─────────┤
                  └── 本案審理
                         │
                         ▼
                       判決
          訴えに理由がない場合  │  訴えに理由がある場合
                  ▼                    ▼
                棄却                  認容
```

●②棄却（**理由がない場合**）（事情判決あり）（既判力が確定する）
○棄却は、原告の理由を排斥する判決である。**判決は既判力が確定**するので、他の違法事由を主張して再び出訴することや、国家賠償請求訴訟を提起することはできない。
○棄却判決があっても、**処分庁**は、当該処分を**職権で取消し又は変更**することができる。
【例外】請求に理由があっても、これを棄却する「**事情判決**」がある。
●③認容（申請内容を認める）
○判決で審査請求の裁決が取消されたときは、審査庁は判決に従って、**改めて、裁決**する必要がある。
○判決では、原告の請求の全部又は一部を認容する。
○判決では、違法な処分又は裁決を取消し得るにとどまりそれ以上の**給付判決はできない**。
○（**形成力**）―取消判決があると、当該処分が**遡及的に効力を失う効力**のことを「**形成力**」という。形成力は、被告行政庁及び第三者にも及ぶ（**対世的効果**ともいう）。
・対世効（第三者効）を認める措置として、第三者の訴訟参加、再審の訴えがある。なお無効確認判決には第三者効は認められていない。
○（**拘束力**）―取消判決があると、行政庁は、判決を尊重して、改めて処分又は裁決する拘束を受ける。**拘束力**は、当該事件の当事者たる**被告行政庁及び関係行政庁にも及ぶ**。
［判決の効果］
○取消訴訟が確定したときは、行政庁の取消しを待つまでもなく、当初から処分又は裁決がなかったと同じ状態をもたらす。すなわち**遡及する**。
○取消訴訟の判決の効力は、**第三者に対しても**効力を有する。
●（**第三者再審の訴え**）―判決は、第三者にも及ぶことから、第三者の権利利益を保護する制度として、取消訴訟の判決により権利を侵害された第三者に再審の訴えを認めている。この場合、確定判決を「**知った日から30日以内**」に出訴することができる。

【№.278】 取消訴訟の「判決」に関する記述として、妥当なのはどれか。

1 取消訴訟の「却下」の判決は、要件を欠く不適法な訴えとして審理を拒否する判決であり、したがって同一処分について再度提起することはできない。
2 取消訴訟の「棄却」の判決は、本案審理の結果において原告の請求に理由がないとして排除する判決であるが、既判力が確定する判決ではない。
3 取消訴訟「棄却」の判決には、請求に理由がある場合にも行われる場合があり、棄却判決により、処分庁は当該処分を職権で取消し又は変更ができない。
4 取消訴訟の「認容」の判決は、原告の請求を理由ありとして全部又は一部を認める判決であり、判決は違法な処分又は裁決を取消すだけに止まる。
5 取消訴訟の「認容」の判決で、審査請求の裁決が取消されたときは、確認判決の性質を持つので、審査庁は、判決に従って改めて裁決する必要がない。

●事情判決
○取消訴訟において、処分・裁決が違法であるが、取消すことにより公の利益に著しい障害が生じるときは、裁判所は、請求を棄却することができる。これを**事情判決**という。
○事情判決を行う場合には、判決の「**主文において**」、処分又は裁決が違法であることを**宣言**しなければならない。なお違法宣言は、終局判決前にも裁判所が相当と認めるときは、行うことができる。
○事情判決は、**取消訴訟のみに認められる**制度であり、他の抗告訴訟には準用されない。
○原告が事情判決により請求が棄却された場合は、これを不服として**上告**できる。
○原告は、事情判決により違法とされた処分などを不法行為として**損害賠償を請求できる**。

【№.279】 取消訴訟の「事情判決」の記述として、妥当なのはどれか。

1 事情判決の場合、形式上は原告の一部敗訴の判決となるので、訴訟費用の負担は、被告の負担ではなく、原告が負担すべきであると解されている。
2 事情判決において考慮される事情は、処分又は裁決を取消すことによって生ずる公益上の障害が含まれるが、原告の受ける被害の程度は含まれない。
3 事情判決は、原告の取消請求を棄却するものであり、抗告訴訟における取消訴訟及び無効等確認の訴えの場合においても事情判決を行うことができる。
4 事情判決は、法治主義の原則に対する例外的な制度であるから、事情判決に不服があれは原告から上訴できるが、被告からは上訴することはできない。
5 事情判決は、違法な行政処分を公的目的から維持するもので、裁判所は判決の主文において処分又は裁決が違法であることを宣言しなければならない。

●執行停止

| 執行停止 | これに対する | 内閣総理大臣の異議申立て |

執行停止・「**認められる**」。
①取消訴訟が係属している。
②重大な損害を避ける緊急性。
③公共福祉に影響ないなど。

執行停止・「**認められない**」。
①公共福祉の影響大。
②処分・手続の続行が不能。
③停止の理由がない。

申立 → 裁判所

【内閣総理大臣】
●理由を付して、異議を申立てる。
●執行停止決定の前後を問わない。
●異議を述べたときは、裁判所は、執行停止ができず、取消す。
●国会に報告する義務がある。

(**効果**)―執行停止は、**対世的効果**が生じ、取消訴訟の当事者である行政庁を拘束するだけでなく、第三者に対しても効力を有する。
(**執行停止の取消し**)―執行停止の決定が確定した後に、執行停止の要件が消滅し、あるいは消滅要件が発生したりして、執行停止の理由が消滅し、その他事情が変更したときは、相手方の「**申立て**」により、決定をもって執行停止が取消されることがある。
○執行停止も、事情の変更があれば、**将来に向かって**取り消される。
○執行停止は、**取消訴訟の外に**、無効等確認訴訟、民衆訴訟、機関訴訟にも認められる。

□□□□□
【No. 280】 取消訴訟の「執行停止」の記述として、妥当なのはどれか。

1 (要件)―執行停止として、裁判所がとる具体的な措置には、処分の効力、処分の執行又は手続の続行の全部の停止があり、一部の停止は認められない。
2 (手続)―執行停止は、民事訴訟法の仮処分とは異なり、処分の取消しの訴えの原告からの申立てのみならず、裁判所の職権による手続で行われる。
3 (例外)―執行停止は、原告の権利利益の救済を図るため、公共の福祉に重大な影響を及ぼすおそれがある場合でも、執行停止の決定を行うことができる。
4 (効果)―執行停止には、原状回復の効力があり、取消訴訟の対象となっている処分が前の状態に戻り、又当事者及び関係行政庁を拘束する効果を有する。
5 (異議)―内閣総理大臣は、裁判所の執行停止の決定後に限り、裁判所に対して執行停止の申立て及び執行停止の決定に関し、異議を述べることができる。

□□□□□
【No. 281】 取消訴訟の「執行停止」の記述として、妥当なのはどれか。

1 取消訴訟においては、国民の権利保護に重点が置かれていることから、訴えの提起があれば、当然に当該行政処分の効力又はその執行が停止される。
2 裁判所は、公共の福祉に重大な影響を及ぼすおそれがあるとき又は本案訴訟について理由がないと見えるときは、執行停止の決定を行うことができない。
3 執行停止は、対世的効力を生じ、当事者及び関係行政庁を拘束するが、その効果は、原則として当該処分が行われた過去の時点まで遡及する。
4 執行停止は、民事訴訟法における仮処分の制度に代わるものとして行政事件訴訟法上認められたものであり、当事者訴訟にも準用される。
5 裁判所は、執行停止を決定した後に、その理由が消滅又は事情が変更したと認めるときは、相手方の申立てによることなく職権で決定を取り消せる。

□□□□□
【No. 282】 「執行停止と内閣総理大臣の異議」として、妥当なのはどれか。

1 執行停止をするか否かは最終的には内閣総理大臣が決定権を有するが、地方自治が保障する地方公共団体の処分には内閣総理大臣の異議が及ばない。
2 執行停止の決定が確定した後に、その理由が消滅し又その他事情が変更したときには、裁判所は、職権により、決定をもって執行停止を取り消せる。
3 異議には特段の理由を付す必要がなく、内閣総理大臣は、処分の効力を存続しなければ、公共の福祉に重大な影響を及ぼす事情を示す必要もない。
4 内閣総理大臣は、やむを得ない場合でなければ異議を述べてはならないが、裁判所に異議を述べたときでも、国会にこれを報告する義務は生じない。
5 内閣総理大臣が異議を述べても、執行停止をするか否かは裁判所の任意な判断であり、すでに執行停止が行われていても、停止を取消す必要はない。

31 行政手続法

●行政手続法
(**性格**)―行政手続法は、「**一般法の性格**」を有しており、他の法律又は条例に特別の定めがない限り適用される。
(**内容**)―行政手続法の内容は、「**処分**」「**行政指導**」「**届出**」「**命令等**(意見公募手続)」であり、このうち処分には「**申請に対する処分**」と「**不利益処分**」とがある。
(**適用除外**)……行政分野
①国会(地方議会)、裁判所、会計検査院の機関のもつ処分は、適用除外である。
②国税又は地方税の犯則事件に関する法令による処分は、適用除外である。
③国又は地方公共団体の設置以外の教育機関が行う処分は、適用対象外である。
④公務員に対する処分などは、適用対象外である。
⑤外国人の出入国に関する処分などは、適用除外である。
⑥資格試験や国立学校への入学試験などは、適用除外である。
⑦私人間の行為は、適用対象外である。
⑧条例などに基づく処分などは、適用除外である。
●行政手続法は、「地方公共団体の機関」が行う処分、行政指導及び当該機関への届出並びに当該機関が命令等を定める行為(意見公募手続)に関する手続には、原則として適用されない。例外として、申請に対する処分、不利益処分、届出の根拠が条例や規則にある場合は適用されるが、行政指導と命令等は、地方公共団体が行うものすべてが適用されない。

根拠		申請に対する処分	不利益処分	行政指導 命令等	届出
	法律・政令等	行政手続法	行政手続法	行政手続条例	行政手続法
	条例・規則	行政手続条例	行政手続条例		行政手続条例

1 処分 ⇒ ●申請処分
●不利益処分

●申請処分
「①**審査基準**」……………………基準設定は**努力**義務、設定したとき公表は**義務**。
「②**標準処理期間**」………………期間設定は**努力**義務、設定したとき公表は**義務**。
「③**申請に対する審査・応答等**」…不備申請は「**補正**」又は「**拒否**」。拒否に理由を。
「④**情報の提供**」…………………情報提供は**努力**義務。
「⑤**公聴会の開催**」………………利害関係のある許認可等は、**公聴会等**を。

□□□□□
【No.283】 行政手続法は、処分等の手続を定めた法律であるが、行政の処分や指導の内容が多種多様であり、その中には行政手続法を一律に適用することが適当でないものがあるため、特定の分野についてはその適用を除外している。次のうち、「行政手続法の適用除外とならない」のはどれか。

1　刑事事件に関する法令に基づいて検察官等がする処分
2　条例又は規則に基づき、地方公共団体の機関がする処分
3　国の機関又は地方公共団体若しくはその機関に対する処分
4　公務員の給与、勤務時間その他の勤務条件について定める命令等
5　地方公共団体の機関が行う処分等のうち法律に基づき行う処分等

□□□□□
【No.284】 行政手続法に関する記述として、妥当なのはどれか。

1　行政手続法は、従来は主に事後的な救済手段であり、これでは国民の権利利益が十分に保障されないことから、現在は特別法として制定されている。
2　行政手続法は、本来の行政権の行使でないもの、特別法で律せられるもの、処分の性質上行政手続法の適用になじまないものを、適用除外としている。
3　行政手続法は、申請に対する処分、不利益処分、行政指導及び届出に関する4つの行政手続を定める法律であり、命令等を定める手続ではない。
4　行政手続法は、原則として地方公共団体には適用されないが、条例又は規則で定める場合には、例外として行政手続法のすべての規定が適用される。
5　行政手続法は、行政運営における公正の確保と透明性の向上を目的とするものであり、国民の権利利益の保護を目的とするものではない。

☐☐☐☐☐
【No. 285】 行政手続法の「申請に対する処分」として、妥当なのはどれか。

1 （審査基準）―行政庁が申請に対し処分を行う場合に備えて、審査基準を定めることは行政庁の義務であるが、これを公表することは任意である。
2 （標準処理期間）―行政庁が標準処理期間を定め標準処理期間を事務所に掲示することは共に義務であるが、この期間は目安で応答の義務期間ではない。
3 （申請審査・応答等）―申請書に不備がある又は添付書類がないときには、申請の補正を求めなければならず、申請の許認可等を拒否することはできない。
4 （情報の提供）―申請者からの申請に係る審査の進捗状況、及び処分の時期の見通しの求めに対する行政庁の情報の提供は、義務と位置づけられている。
5 （公聴会開催）―行政庁は、申請者以外の利害を考慮すべきことが許認可などの要件であるときには、公聴会等で申請者以外の意見を聴く努力義務がある。

☐☐☐☐☐
【No. 286】 行政手続法の「標準処理期間」の記述として、妥当なのはどれか。

1 行政庁は、申請の要件不備の補正や内容変更が行われる期間を含めて、当該申請を処分するまでに要すべき標準処理期間を定めなければならない。
2 行政庁は、標準処理期間を定めたときは、行政上特別の支障がある場合を除き、申請の提出先の事務所において、公にしておかなければならない。
3 行政庁が、申請処分について標準処理期間を経過しても処分を行わなかった場合には、当然に行政事件訴訟法にいう不作為の違法にあたる。
4 行政庁と異なる機関が申請先である場合、申請が当該提出先に到達してから当該行政庁の事務所に到達までの標準処理期間を定める努力義務がある。
5 行政庁が、標準処理期間を必要以上に長期に設定した場合には、行政事件訴訟法において裁判所の判断を当然に拘束することになる。

●**不利益処分**
○不利益処分とは、行政庁が法令に基づき、特定の者を名宛人として、直接に**義務を課し又は権利を制限する処分**をいう。ただし例外がある。
○不利益処分の基準の「**策定**」や「**公表**」は、いずれも**努力**義務である。
○不利益処分の手続には、意見陳述（聴聞・弁明）が、「必要な場合」と「不必要な場合」がある。
○意見陳述が**必要**な場合には、「**聴聞**」又は「**弁明の機会**」を与える。
○**聴聞**は「**口頭審理**」の手続であり、**弁明**は「**書面審理**」の手続である。
○不利益処分をする場合には原則として同時に不利益処分の「**理由**」を提示しなければならない。

■聴間

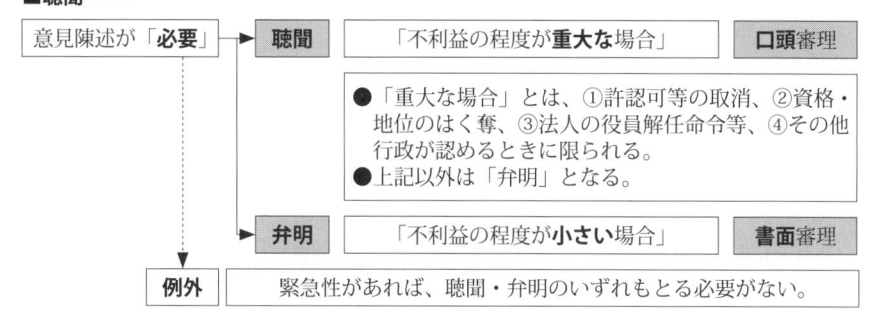

```
意見陳述が「必要」 → 聴聞 → 「不利益の程度が重大な場合」 → 口頭審理
                    ●「重大な場合」とは、①許認可等の取消、②資格・
                     地位のはく奪、③法人の役員解任命令等、④その他
                     行政が認めるときに限られる。
                    ●上記以外は「弁明」となる。
                → 弁明 → 「不利益の程度が小さい場合」 → 書面審理
         → 例外 → 緊急性があれば、聴聞・弁明のいずれもとる必要がない。
```

○聴聞は、口頭審理方式が原則である。
●次のいずれかに該当するときは、「**聴聞**」を行う。

| ①許認可等の取消 | ②資格・地位のはく奪 |
| ③法人の役員解任命令等 | ④その他行政が認めるとき |

○上記4つの事項以外は、「弁明の機会の付与」となる。
●次の場合は、「聴聞」「弁明」の「**いずれもとる必要がない**」。
①公益上、緊急に不利益処分を行う必要がある場合。
②法令上必要とする資格がなく又失われることが判明した場合に必ず行う不利益処分であって、その資格の不存在又は喪失の事実が裁判所の判決書又は決定書、一定の職に就いたことを証する当該任命権者の書類その他の客観的な資料により直接証明されたものを行うとき。
③施設若しくは設備の設置、維持・管理又は物の製造、販売その他の取扱いで遵守事項が法令で技術的な基準をもって明確にされている場合に、もっぱら当該基準が充足されていないことを理由に当該基準に従うべきことを命ずる不利益処分であって、その不充足の事実が計測、実験その他の客観的な認定方法によって確認されたものを行うとき。
④納付すべき金銭の額を確定し、一定の額の金銭の納付を命じ、又は金銭の給付決定の取消しその他の金銭の給付を制限する不利益処分を行うとき。
⑤当該不利益処分の性質上、課される義務の内容が著しく軽微で、名宛人の意見をあらかじめ聴くことを要しないものとして政令で定める処分を行うとき。

(**理由の提示**) ―行政庁は、当該不利益処分の**理由**を示さねばならないが、**差し迫った**必要があるときは、理由を示さずに処分を行うことができる。
(**聴聞の通知の方式**) ―聴聞を行うにあたっては、①予定される不利益処分の内容及び根拠となる法令の条項、②不利益処分の原因となる事実、③聴聞の期日及び場所、④聴聞に関する事務を所掌する組織の名称及び所在地の**4つ**を書面で通知しなければならない。
(**代理人の選任**) ―当事者は、**代理人を選任**することができる。
○代理人は、各自、当事者のために、聴聞に関する一切の行為を行うことができる。
○代理人の資格は、行政不服審査法と同様に、法文上限定を設けていない。
○代理人の資格は、書面で証明しなければならない。

○代理人がその資格を失ったときは、当該代理人を選任した当事者は、書面でその旨行政庁に届け出なければならない。
(**参加人**) ―聴聞を主宰する者は、必要があると認めるときは当事者以外の者であって当該不利益処分の根拠となる法令に照らし当該不利益処分の利害関係者に対し当該聴聞に関する手続に**参加することを求め又は参加を許可することができる**。
○当該聴聞の参加人は、**代理人を選任できる**。
(**文書等の閲覧**) ―当事者及び参加人は、聴聞の通知があった時から聴聞が集結するときまでの間、行政庁に、当該事案の調査の結果に係る書類その他の不利益処分の原因となる事実を証する**資料の閲覧**を求めることができる。この場合、行政庁は第三者の利益を害するおそれがあるときその他正当な理由があるときは、その閲覧を拒むことができる。
(**聴聞の主宰**) ―聴聞は、**行政庁が指名する職員**その他政令で定める者が**主宰**する。ただし**次の者は聴聞を主宰できない**。①当事者又は参加人、②配偶者、四親等内の親族又は同居の親族、③代理人又は補佐人、④後見人、後見監督人又は保佐人、⑤参加者以外の関係人などである。
(**聴聞の期日における審理の方式**)
○主宰者は、最初の聴聞の冒頭で、行政庁の職員に予定されている不利益処分の内容及び根拠となる法令の条項並びにその原因となる事実を聴聞に出頭した者に説明させなければならない。
○当事者又は参加人は、聴聞の期日に出頭して、意見を述べ、証拠書類などを提出することができ、当該聴聞の主宰者の許可を得て行政庁の職員に質問ができる。
○主宰者は、当事者又は参加人の一部が出頭しないときでも、聴聞の期日に審理ができる。
○**聴聞の審理**は、当事者のプライバシーの侵害のおそれなどがあるので、行政庁が公開することを相当と認めるときを除き、原則として「**公開しない**」。
(**当事者の不出頭の場合における聴聞の終結**)
○不利益処分における聴聞の主宰者は、当事者が正当な理由なく聴聞の期日に**出頭せず**、かつ出頭に代えて陳述書若しくは証拠書類を提出しない場合には、当事者に改めて意見を述べさせ及び証拠書類などを提出させる機会を与えることなく、**聴聞を終結できる**。
(**不服申立ての制限**) ―行政庁又は主宰者が行った処分は、行政不服審査法の**審査請求を行えない**。
■弁明………
○**聴聞に該当しないとき**は、**弁明**の機会を与えなければならない。
○弁明は、**書面審理方式が原則**である。
○弁明は、行政庁が口頭を認めるときを除き、弁明を記載した**書面を提出**することによって行う。
○聴聞手続をとる不利益処分以外の不利益処分を行う場合は、処分の相手方に事前に通知し、弁明書の提出による弁明の機会を保障しなければならない。
(**弁明の機会の付与の通知の方式**) ―行政庁は、弁明書の**提出期限**(口頭による弁明の機会の付与を行う場合には、その日時)までに、相当な期間をおいて、不利益処分の名宛人に、書面により通知しなければならない。

【№ 287】 行政手続法の「不利益処分」の記述として、妥当なのはどれか。

1 行政庁は、許認可等の取消し等の不利益処分の程度が大きい場合には、意見陳述を保障する聴聞手続を執り、それ以外は弁明の機会の付与の手続を執る。
2 行政庁は、法令に基づき不利益処分をしようとする場合には、法令の要件に基づき、聴聞手続及び弁明手続のそれぞれの手続を執らなければならない。
3 行政庁は、法令に基づ不利益処分を行うにあたって事前に非公式に当事者から意見を聞く行政調査の場合も、聴聞手続として位置づけされている。
4 行政庁は、公益上、緊急に不利益処分を行う必要がある場合であっても、当該者への確認が必要であり、確認後において、一連の手続を省略できる。
5 行政庁は、不利益処分を行うにあたって事前に通知を出しても聴聞に出頭せず、相手方が弁明書を提出しないときでも、再度の保障手続が必要である。

【№ 288】 行政手続法の「不利益処分」の記述として、妥当なのはどれか。

1 行政庁は、不利益処分をするかどうかについて、判断するために必要とされる基準を策定するのは努力義務であるが、策定した当該基準を公表することは義務である。
2 行政庁は、不利益処分を行うにあたって意見陳述が必要な場合には、聴聞又は弁明の機会を与えなければならず、聴聞は書面審理の手続であり、弁明は口頭審理の手続である。
3 行政庁は、許認可等の取消、資格や地位のはく奪、法人の役員解任命令等の不利益処分に該当するときは、聴聞審理の手続を執らなければならない。
4 行政庁は、公益上、緊急に不利益処分を行う必要があるときであっても、当該不利益処分の名宛人となるべき者について、聴聞又は弁明のいずれかを執る必要がある。
5 不利益処分における聴聞の当事者は、聴聞に関する一切の行為を行う代理人を選任することができるが、代理人の資格は、行政不服審査法と異なり、法文上制限が設けられている。

□□□□□
【No. 289】 行政手続法の「聴聞」の記述として、妥当なのはどれか。

1 行政庁が不利益処分を行う場合には、聴聞又は弁明の機会の付与の手続が執られ、聴聞においては、原則として書面による審理方式が執られる。
2 行政庁が聴聞を行う場合には、不利益処分の名宛人及びその他の利害関係者に対し、聴聞の期日及び場所などを書面により通知しなければならない。
3 聴聞は、原則として行政庁が指名する職員その他政令で定める者が主宰できるが、聴聞の当事者又は参加人については、聴聞を主宰することができない。
4 聴聞の期日における審理は、原則的には公開とされているが、当事者等のプライバシーなどが侵害されるおそれがある場合に限り、非公開とされる。
5 聴聞の手続を経て行った不利益処分に不服がある当事者及び参加人は、当該行政庁に対し、行政不服審査法による審査請求を行うことができる。

●行政指導
○行政指導とは、**指導**、**勧告**、**助言**などで、処分に該当しないものをいう。
① (**行政指導の一般原則**) ─行政指導は、当該行政機関の任務又は所掌事務の範囲を逸脱してはならない。また相手方の**任意**の協力を前提とし、行政指導に従わないことを理由に不利益な取扱いをしてはならない。
② (**申請の行政指導**) ─申請者が行政指導に**従う意思がない**旨を表明したときは、行政指導を継続するなどにより、申請者の権利の行使を妨げてはならない。
③ (**許認可等の行政指導**) ─許認可などをする権限を有する機関が、その権限を行使できない場合又は行使する意思がない場合にその権限を行使できるかのごとく示し、行政指導に従うことを余儀なくさせてはならない。
④ (**指導指導の方式**) ─行政指導に携わる者は、相手方に当該行政指導の趣旨、内容及び責任者を明示しなければならない。
○行政指導が口頭で行われた場合、相手方からの要求があれば、行政上特別の支障がない限り、書面を交付しなければならない。
⑤ (**複数指導**) ─複数の者を対象とする行政指導は、あらかじめ事案に応じた指針などを定め、行政上特別の支障がない限り、原則としてこれを公表しなければならない。

□□□□□
【No. 290】 行政手続法の「行政指導」の記述として、妥当なのはどれか。

1 行政指導は、行政機関が行政目的を実現するため特定の者に一定の行為又は不作為を求める指導、勧告、助言などの行政庁の処分に該当する行為である。
2 行政指導に携わる者は、協力要請の趣旨から、申請者が書面により指導に従う意思がないと表明したときに限り申請者の権利の行使を妨げてならない。
3 行政指導の弊害を避けるため、行政指導が口頭で行われた場合に、相手側か

ら書面の交付を求められたときは、必ず書面を交付しなければならない。
4 行政指導を複数の者に行うときは、行政機関は、いかなる場合においても、行政指導の指針を定め、かつこれを公表しなければならない義務がある。
5 行政指導で、許認可等の権限を有する機関は、相手が当該権限を行使する意思がない場合には、相手に行政指導に従うことを余儀なくさせてはならない。

●命令等制定手続
○国の行政機関が命令等を定める際には、行政手続法が定める意見公募手続を経る義務がある。
○命令等とは、**①法律に基づく命令**（処分の要件を定める告示を含む）、又は**規則**、**②審査基準**、**③処分基準**、**④行政指導指針**を指す。
①**一般原則**─命令等を定める機関は、①当該命令等がその制定根拠となる法令の趣旨に適合するようにしなければならず、②命令等を制定後も、必要に応じ、当該命令等の内容に検討を加え、その適正の確保に努めなければならない。

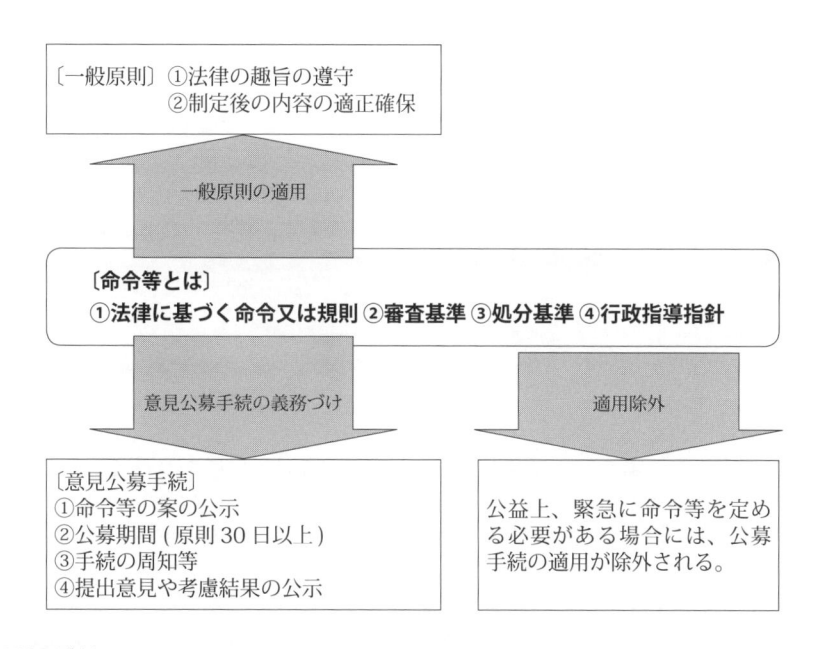

〔一般原則〕①法律の趣旨の遵守
　　　　　　②制定後の内容の適正確保

　　　　　　↑ 一般原則の適用

〔命令等とは〕
①法律に基づく命令又は規則 ②審査基準 ③処分基準 ④行政指導指針

　意見公募手続の義務づけ　　　　　適用除外

〔意見公募手続〕
①命令等の案の公示
②公募期間(原則30日以上)
③手続の周知等
④提出意見や考慮結果の公示

公益上、緊急に命令等を定める必要がある場合には、公募手続の適用が除外される。

○適用除外
①緊急に命令等を定める必要があり意見公募手続が困難であるとき
②納付すべき金銭の基礎となる金額及び率等を定めるとき
③予算の定めるところにより金銭の給付決定となる金額及び率等を定めるとき
④委員会等の議を経て定めることとされているとき
⑤他の機関が実施した命令等と実質的に同一の命令等を定めるとき

⑥法律の規定に基づく適用又は準用について技術的な読み替えを定めるとき
⑦命令等を定める法令の削除による当該命令等を廃止するとき
⑧他の法令等の制定改廃に伴う規定の整備及び軽微な変更を定めるとき

②**意見提出期間及びその特例**—意見提出期間は、命令等の案を公示した日から起算して**30日以上**でなければならないが、やむを得ない理由がある場合は、その理由を明らかにして30日を下回る意見提出期間を定めることができる。

③**意見公募手続の周知等**—命令等制定機関は、必要に応じ、意見公募手続の実施の周知及び当該意見公募手続の実施に関連する情報の提供に**努める**ものとする。

④**意見提出の考慮、結果の公示等**—公示する命令等の案は、**具体的かつ明確な内容**であって、当該命令等の題名及び当該命令等を定める根拠となる法令の条項が明示されたものでなければならない。

○命令等制定機関は、意見公募手続を実施して命令等を定めた場合には、当該命令等の公布と同時期に、①**命令等の題名**、②**案の告示日**、③**提出意見**、④**提出意見を考慮した結果及びその理由を公示**しなければならない。

○意見公募手続を実施したにもかかわらず、命令等を**定めないこととした場合は**、**その旨**を公示しなければならない。

⑤**公示の方法**—命令等の案の公示などは、電子情報処理組織を使用する方法その他の情報通信の技術を利用する方法により行う。

●**地方公共団体の措置**

○**地方公共団体は**、処分（条例及び規則に基づくものに限る）、及び行政指導、届出（条例及び規則に基づくものに限る）、並びに命令等を定める行為に関する手続について、この**法律の規定の趣旨に則り**、行政運営における公正の確保と透明性の向上を図るため必要な措置を講ずるように**努め**なければならない。

□□□□□
【No. 291】 行政手続法の「意見公募手続」の記述として、妥当なのはどれか。

1 行政機関が意見公募手続を実施して命令等を定める場合には、提出意見を十分に考慮すればよく、意見を考慮した結果は、これを公にする必要がない。
2 地方公共団体の手続条例は、行政手続法の適用を受け、命令等を定めようとする場合に、地方公共団体も意見公募手続を行うことが義務化されている。
3 行政機関は、意見公募手続の実施の周知に努め、命令等を実施したにもかかわらず命令等を定めないこととした場合は、その旨を公示する必要がない。
4 公示する命令等の案は、具体的かつ明確な内容であって命令等の題名及び命令等を定める根拠となる法令の条項が明示されたものでなければならない。
5 意見公募の提出期間は、命令等の案の告示日から起算し30日以上でなければならず、やむを得ない理由があってもこれを下回る期間は定められない。

【No.292】 命令等制定手続の記述として、妥当なのはどれか。

1 命令等制定手続の命令等とは、法律に基づく命令（処分の要件を定める告示を含む）又は規則を指し、審査基準、処分基準及び行政指導指針は命令等に含まれない。
2 行政機関は、必要に応じて意見公募手続の実施の周知に努めなければならず、意見公募手続を実施したにもかかわらず、命令等を定めないこととした場合においても、その旨を公示する必要がある。
3 命令等制定手続は、国の行政機関が命令等を定める際に、行政手続法が定める意見公募手続を経ることを義務づけているが、地方公共団体において意見公募手続を経る場合にも準用される。
4 行政機関が意見公募手続を実施して命令等を定める場合には、提出された意見を十分に考慮すればよく、意見を考慮した結果については、これを公にする必要はない。
5 行政機関は、緊急に命令等を定める必要があるため意見公募手続が困難なときは当該手続を行う必要はないが、他の行政機関の意見公募手続と実質的に同一の命令等を定めるときは、独自に意見公募手続を執る必要がある。

32 情報公開法

●情報公開法
[1 情報公開]
(**行政機関**)――開示の対象となる文書を保有する行政機関は、**内閣官房や人事院**など、国家行政組織法第3条第2項で定める**行政機関（省、委員会、庁）、警察庁、検察庁、会計検査院**である。
(**行政文書**)――情報公開の対象文書は、但し書きに掲げる文書を除き、行政機関の職員が**職務上作成し又は取得した文書、図画**及び**電磁的記録**であって、当該行政機関の職員が組織的に用いるものとして行政機関が保有しているものである。
①行政文書は、情報それ自体ではなく、文書、図画、電磁的記録などの記録媒体である。
②行政文書は、同法**施行前の文書**も開示の対象となる。
③決裁、供覧などの事案処理手続が完了したことを要件とせず、行政機関の職員が組織的に用いる行政文書であれば、開示の対象となる。

[2 行政文書の開示]
(**文書の開示請求**)――開示請求権者を何人とし、**国民**のみならず**外国人**にも認めている。
○文書の利用目的・開示請求の理由――**目的には、特に制約がない**。したがって行政文書を商業目的のために利用することも妨げない。
(**行政文書の開示**)――法律では、行政機関の長に対し**不開示情報**（個人を識別できる情報や法人に関する情報など）として**列記されている情報を除き**開示しなければならないとしている。
①**個人に関する情報**――個人情報には、思想、信条、身分、地位、健康状態、その他一切の個人に関する情報が含まれる。事業を営む個人の情報も個人情報であるが、法人の事業活動に関する情報と同じ基準で取扱うべきであるとして、個人情報からは除かれている。
②**法人に関する情報**――法人は、その権利、競争上の地位その他正当な利益を害するおそれのある情報、及び非公開約束条項に該当する情報を非公開としている。ただし人の生命、健康、生活又は財産を保護するため公にする必要があると認められる情報は除かれる。
③**公益情報**――国の安全などの情報、公共の安全などの情報、審議、検討又は協議の情報、事務又は事業の情報などの公益に係る情報は、原則、不開示とされている。
④**公益上の義務的開示**――不開示の個人情報や法人情報でも、人の生命、健康、生活又は財産を保護するため、開示が必要と認められる情報は、行政機関の長に開示が義務づけられている。
⑤**公務員情報**――公務員情報のうち、職に関する情報と氏名に関する情報を分け、職に関する情報は開示するものとしている。
⑥**本人開示**――本人開示は、個人情報保護制度により処理され、情報公開法では、本人開示を認めないとする立場をとっている。
●行政文書開示のその他の項目
①**部分開示**――原則開示を基本とする情報公開法の下では、行政文書の一部に不開示情報が

記録されている場合でも、それを全体として不開示にするのではなく、不開示部分を容易に区分できるときには、**その部分を除いて開示**すべきとしている。
②**裁量的開示**―法律による不開示情報であっても、行政機関の長は、公益上特に必要と認めるときは、高度な行政的判断により**裁量的に開示**することができる。
③**行政文書の存否に関する情報**―開示請求に対し、当該開示請求の行政文書が**存在しているか否かを答えるだけで不開示情報を開示することとなる**ときは、行政機関の長は、当該行政文書の存否を明らかにしないで、当該開示請求を**拒否できる**。
④**開示の決定と実施**―行政文書の開示決定は、書面により、原則として開示請求があった日から **30 日以内**にしなければならない。
⑤**第三者情報**―開示請求に係る行政文書に第三者の情報が記録されているとき、開示決定前に**第三者に意見書を提出**する機会を与えることができる。ただし、公益上の義務的開示をする場合、公益的な裁量開示をする場合には、第三者の権利利益に優越する公益が優先されるため、当該第三者に対する意見の**聴取が義務**づけられている。
⑥**手数料**―開示請求者は、実費の範囲内で政令で定める額の開示請求手数料、又は開示の実施に係る手数料を納付しなければならない。

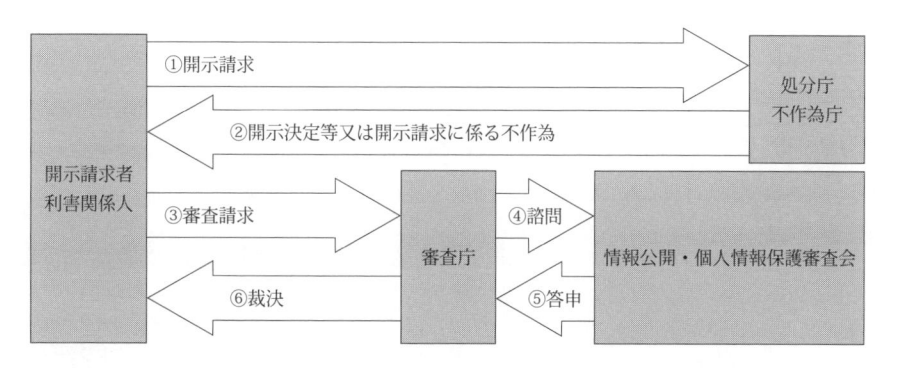

```
開示請求者        ①開示請求              →  処分庁
利害関係人  ←  ②開示決定等又は開示請求に係る不作為  不作為庁

           ③審査請求  →  審査庁  ④諮問  →  情報公開・個人情報保護審査会
           ←  ⑥裁決              ←  ⑤答申
```

●**不服申立て**
①**諮問等**―法律は、開示決定などについて**不服申立前置主義を採用していない**が、開示決定などに対し行政不服審査法に基づく不服申立てがあるときは、当該不服申立ての決定又は裁決を行うべき行政機関の長は、**情報公開・個人情報保護審査会に諮問**しなければならない。
○諮問する必要性が認められないときは、例外的に諮問義務が免除される。
②**情報公開・個人情報保護審査会**―情報公開・個人情報保護審査会の組織、権限等は、情報公開・個人情報保護審査会設置法で定められ、情報公開・個人情報保護審査会は**内閣府**に置かれる。
③**インカメラ審理**―情報公開・個人情報保護審査会には、審議に必要な調査権限が付与されているが、その中にインカメラ審理がある。インカメラ審理とは、開示決定等に関する行政文書等を諮問庁に提出させ、**見分して審議**することをいう。インカメラ審理を義務づけているわけではない。

④**ボーン・インデックス作成・提出**—情報公開・個人情報保護審査会は、審査対象文書が膨大であるときは、審査会の指定する方法により**分類又は整理した資料の作成・提出**を求めることができる。この資料をボーン・インデックスという。
⑤**不服申立人の意見陳述権等**—不服申立人には、口頭で意見を述べる機会、意見書又は資料の提出、審査会に提出された意見書又は資料の閲覧請求権などの手続的権利が与えられている。
⑥**調査審議手続の非公開**—調査会の行う**調査審議の手続**は、**非公開**とされている。
●補則
○**地方公共団体の情報公開**—法律は、地方公共団体の保有する行政文書には直接適用されないが、地方公共団体が同法の趣旨にのっとり、情報公開の拡充に努めることを求めている。
●訴訟
○審査庁（行政機関の長）が行った開示決定等に不服がある者は、**審査請求をせずに、直接裁判所**に対して開示決定等の**取消訴訟を提起**することもできる。

□□□□□
【No. 293】　情報公開法の記述として、妥当なのはどれか。

1　開示請求の対象となる行政機関は、国家行政組織法第3条第2項に定める省・委員会・庁などであり、国家公安委員会や会計検査院は対象外である。
2　開示請求の対象となる文書は、決裁又は供覧などの事案処理手続を完了した文書に限定されているから、保存していても施行日前の文書は対象外である。
3　開示請求がある文書の開示決定は、書面により開示請求があった日から30日以内に行わなければならず、理由があっても期間の延長は認められない。
4　開示請求の対象者は、何人もである。日本国民に限らず、日本における居住は要件とされていないから、外国に居住する外国人も対象者となる。
5　開示請求に対し、当該情報が存在しているか否かを答えるだけで、不開示情報として保護する利益が害される場合は、不存在としなければならない。

□□□□□
【№. 294】　情報公開法の記述として、妥当なのはどれか。

1　情報公開法は、開示請求権を国民主権という憲法の理念として位置づけているが、政府のアカウンタビリティの確保を明らかにするものではない。
2　情報公開法は、請求権者を国民のみならず外国人とし、情報公開法に基づいて入手した文書については、商業目的で頒布又は利用することもできる。
3　情報公開法は、不開示情報を開示してはならないとしているので、いかなる場合にも、行政機関の長が裁量的に開示することはできないとしている。
4　情報公開法は、開示決定などについて不服申立前置主義を採用し、不服申立てを受けた行政機関は情報公開・個人情報保護審査会に諮問する必要がある。
5　情報公開法は、国の行政機関の保有情報の公開法として位置づけているが、当該法律は、地方公共団体の情報公開の施策の策定まで求めていない。

□□□□□
【№. 295】　情報公開法に関する記述として、妥当なのはどれか。

1　開示請求者は、行政機関の長に開示請求書を提出しなければならないが、その開示請求書には、氏名又は名称、住所、文書を特定するに足りる事項、開示請求の理由、利用目的を記載しなければならない。
2　行政機関の長は、行政文書に第三者の情報が記録されているときは、開示決定の前に第三者に意見書提出の機会を与えなければならず、反対意見書が提出された場合、一切当該行政文書を開示することができない。
3　行政機関の長は、開示請求文書の存在の否かを答えるだけで、不開示情報として保護する利益が害される場合であっても、請求対象文書が存在しないときには、請求者に不存在であることを開示しなければならない。
4　行政機関の長は、開示請求の行政文書に不開示情報が記録されている場合、公益上特に必要があると認めるときであっても、その裁量をもって、開示請求者に対し、当該行政文書を開示することはできない。
5　情報公開・個人情報保護審査会には、インカメラ審理として、行政機関に対し開示請求に係る行政文書を提出させ、その行政文書を請求者等に開示することなく、審査者のみが閲覧して審理を進める権限が付与されている。

【No.296】 情報公開法の「行政文書の開示」の記述として、妥当なのはどれか。

1 情報公開法は、国の行政機関の情報公開について定めたものであり、地方公共団体は対象となっていないので、国の行政機関が保有する文書のうち、地方公共団体の機関が作成した文書は、開示の対象とならない。
2 行政機関の長は、第三者に関する情報が記録されている行政文書について開示請求があったときは、第三者の権利利益の適正な保護を図るため、いかなる場合も当該第三者に意見書の提出の機会を与えなければならない。
3 開示請求に対し、当該開示請求に係る行政文書が存在しているか否かを答えるだけで不開示情報を開示することとなるときは、行政機関の長は、当該行政文書の存否を明らかにしないで、当該開示請求を拒否することができる。
4 開示請求の対象となる行政文書は、決裁、供覧等の手続を終了したものに限られないが、行政機関における意思決定前の審議、検討又は協議の段階において作成された文書は、開示の対象となることはない。
5 開示を請求することができるのは、日本国民に限られず、又日本における居住は要件とされていないが、請求するにあたっては、その情報を請求する趣旨を明らかにしなければならない。

33 個人情報保護法

●個人情報保護の法的根拠

○個人情報保護の憲法上の根拠は、プライバシー権である。**プライバシー権は、憲法第13条**が定める個人の**幸福追求権**に含まれる。

○個人情報保護法は、基礎法部分は**オムニバス方式**（民間部門と公的部門を一つの法律で規制する方式）である。これに対し一般法としては、**セグメント方式**（民間部門と公的部門を別個の法律で規制する方式）である。そして特定領域の個人情報保護に関する特別法が定められた場合には、**基本法、一般法、特別法の三層構造**となる。

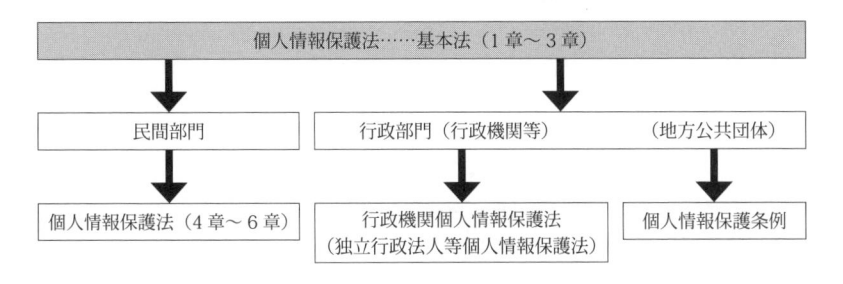

```
            個人情報保護法……基本法（1章〜3章）
        ↓              ↓                  ↓
      民間部門      行政部門（行政機関等）    （地方公共団体）
        ↓              ↓                  ↓
  個人情報保護法    行政機関個人情報保護法    個人情報保護条例
    （4章〜6章）  （独立行政法人等個人情報保護法）
```

□□□□□

【No. 297】 個人情報保護法制の「体系」として、妥当な組合せはどれか。

A 個人情報保護法は、基本法にあたる部分は民間部門と公的部門を別個の法律で規制する方式を採用している。
B 個人情報保護法は、個人情報の適正な取扱いに関し、基本理念などを定めるとともに、国及び地方公共団体の責務などを明らかにしている。
C 個人情報保護法は、一般法としては、民間部門と公的部門を一つの法律で規制する方式を採用している。
D 個人情報保護法は、基本法にあたる部分（1章〜3章）と民間部門の個人情報保護の一般法にあたる部分（4章〜6章）の性格を有している。

1 AB   2 AC   3 AD   4 BC   5 BD

□□□□□
【No. 298】 個人情報保護法の記述として、妥当なのはどれか。

1 個人情報保護法の法的根拠は、個人の権利利益を保護するものであり、プライバシー権などの人格的なものや財産的なものも含まれるが、プライバシー権は、憲法第13条が定める個人の幸福追求権に含まれない。
2 個人情報保護法は、第1条から第14条までは公的部門も民間部門も等しく服する基本的部分と、第15条以下で民間部門の個人情報保護の一般法にあたる部分の性格を併有している。
3 個人情報保護法では、個人の氏名、生年月日その他の記述等により特定の個人を識別できるものを保護するとしているが、地方公共団体に対し個人情報の適正管理の条例化まで義務づけていない。
4 個人情報保護法では、個人情報のデータベースなどを事業の用に供している事業者に対し、個人データの第三者提供の制限、本人の求めに応じた開示・訂正を義務づけているが、義務違反でも罰則の適用はない。
5 個人情報保護法では、報道、著述、学術研究、宗教、政治の分野についても、個人情報取扱事業者の個人情報の適正な取扱いの確保を図るために、事業者の義務に関する規定を全面的に適用するとしている。

●**個人情報保護法**
①**保有の制限**―行政機関は、個人情報の保有には、法令の定める所掌事務を遂行するため必要な場合に限りかつその利用の目的をできる限り特定しなければならない。さらに行政機関は、特定された利用の目的の達成に**必要な範囲を超えて**、個人情報を**保有してはならない**。
②**利用目的の明示**―行政機関は、本人からの直接書面に記録された当該本人の個人情報を取得するときは、あらかじめ本人に対しその**利用目的を明示**しなければならない。ただし例外として、次のものがある。
●人の生命、身体又は財産の保護のために緊急に必要があるとき。
●利用目的を本人に明示することにより、本人又は第三者の生命、身体、財産その他の権利利益を害するおそれがあるとき。
●利用目的を本人に明示することにより、国の行政機関などが行う事務又は事業の適正な遂行に支障を及ぼすおそれがあるとき。
●取得の状況からみて利用目的が明らかであると認められるとき。
③**正確性の確保**―行政機関の長は、利用目的の達成に必要な範囲内で、保有個人情報が過去又は現在の事実と合致するように努めなければならない。
④**安全確保の措置**―行政機関の長は、保有個人情報の漏えい、減失又はき損の防止その他保有個人情報の適切な管理に必要な措置を講じなければならない。この規定は行政機関から個人情報の取扱いの受託者が受託した業務を行う場合にも準用される。
⑤**従事者の義務**―個人情報を取扱う行政機関の職員、職員であった者、受託業務者は、そ

の業務に関して知り得た個人情報の内容をみだりに他人に知らせ、又は不当な目的に利用してはならない。
⑥**利用及び提供の制限**—行政機関の長は、法令に基づく場合を除き、利用目的以外の目的に保有個人情報を自ら利用し、又は提供してはならない。
（例外）………
・本人の同意があるとき、又は本人に提供するとき。
・行政機関が法令の定める所掌事務の遂行に必要な限度で保有個人情報を内部で利用する場合であって、当該保有個人情報を利用することについて相当な理由のあるとき。
・他の行政機関、独立行政法人など、地方公共団体又は地方独立行政法人に保有個人情報を提供する場合において、保有個人情報の提供を受ける者が、法令の定める事務又は業務の遂行に必要な限度で提供に係る個人情報を利用しかつ当該個人情報を利用することについて相当な理由のあるとき。
・もっぱら統計の作成又は学術研究の目的のため保有個人情報を提供するとき。
・本人以外の者に提供することが明らかに本人の利益になるとき。
・その他保有個人情報を提供することについて特別の理由があるとき。
●**開示、訂正、利用停止請求権**
①**開示請求権**—**何人も**行政機関の長に対し、自己を本人とする保有個人情報の**開示を請求**できる。
○開示請求があるときは、不開示情報が含まれている場合を除き、開示請求者に対し、当該保有個人情報を開示しなければならない。
○部分開示、裁量的開示、保有個人情報の存否に関する情報などは、情報公開法と同様である。
②**訂正請求権**—**何人も**、自己を本人とする保有個人情報が事実でないときは、当該保有個人情報を保有する行政機関の長に、当該保有個人情報の**訂正（追加又は削除を含む）を請求**できる。
○行政機関の長は、訂正請求があり、当該訂正請求に理由があると認めるときは、必要な範囲内で、保有個人情報の訂正をしなければならない。
③**利用停止請求**—**何人も**、自己を本人とする保有個人情報が違法に取得、保有、利用されているときは、当該個人情報の保有行政機関の長に、個人情報の**利用・提供の停止、消去など**の措置を請求できる。
○行政機関の長は、**利用停止請求**があり、当該利用停止請求に理由があると認めるときは、必要な限度で、当該利用停止請求の保有個人情報の利用を停止しなければならない。

□□□□□
【No. 299】 個人情報保法に関する記述として、妥当なのはどれか。

1 行政機関は、個人情報を保持する場合、法令の定める所掌事務を遂行するために必要な限度で利用が認められ、その利用の目的を特定する必要はない。
2 行政機関は、本人から直接書面に記録された個人情報を取得するときは、取得状況から利用目的が明らかでも、本人に利用目的を明示する必要がある。
3 行政機関の長には、利用目的の達成に必要な範囲内において、保有する個人情報が過去又は現在の事実と合致する措置をとる義務が課せられている。
4 行政機関の長は、保有する個人情報の漏えい、滅失又はき損の防止その他の保有個人情報の適切な管理のために必要な措置を講じなければならない。
5 行政機関の長は、あらかじめ本人の同意があるときに限って、利用目的以外の目的のために保有個人情報を自ら利用し、又は提供することができる。

□□□□□
【No. 300】 個人情報保護法に関する記述として、妥当なのはどれか。

1 個人情報保護法における個人情報とは、生存する個人情報で、特定の個人を識別できるものをいい、他の情報と照合で識別できるものも含まれる。
2 個人情報保護法における行政機関とは、内閣府、国家行政組織法などの行政機関をいい、独立の地位を有する会計検査院は含まれないとしている。
3 行政機関が、本人から直接書面に記録された当該本人の個人情報を取得するときは、例外なく、本人にその利用目的を明示しなければならない。
4 行政機関の長は、本人の同意があるとき又は本人への提供を除き、行政機関の保有する個人情報を利用目的以外の目的に自ら利用又は提供できない。
5 開示決定で行政不服審査法の審査請求があれば、審査請求の裁決をする行政機関の長は、必ず情報公開・個人情報保護審査会に諮問する義務がある。

解答・解説編

1　行政法の法源

【No.001】　正解　3
1　行政法の法源は、一般にその法律の存在形式のことであり、成文法のみならず、「不文法も含まれる」。
2　「条約も法源となる」。
3　正解。
4　「条理は法源となる」。
5　地方公共団体の「規則も法源となる」。

【No.002】　正解　4
1　行政法では、原則として成文法主義を採っているが、例えば、河川の引水使用、公有林の入会使用など、「民衆的慣習法も行政法の法源となる」。
2　条約は、「不文法源ではなく、成文法源である」。
3　行政法では、法源は行政の組織及び作用に関する法の存在形式を指す。しかし「通達や訓令は、それ自体法規としての性質を持たない」。
4　正解。
5　行政法では、一般社会の正義心においてかくあるべきものと認められる条理も、成文法又は慣習法を補完するものとして、「法源となる」。

【No.003】　正解　2
1　法源には、成文法源と不文法源とがあるが、行政法は、規律対象が極めて複雑多岐にわたるため、わが国では原則として「成文法主義」を採っている。
2　正解。
3　条約は、国家間の約定であり、国家間が遵守すべきものとして確立されたものであり、国内法としての「効力を持つ」ものもあり、行政法の「法源となる」。
4　条例は、地方公共団体が自治権に基づき定立する法規であり、原則として地方公共団体の地域内で効力を有するが、行政法の「法源となる」。
5　判例法は、個別の紛争を解決するにあたるものであり、裁判所が一般的に通用する「法を定立するものではない」。しかし判決が繰り返されるとその内容が法として承認されるものであり、これらの規範は一種の法源としての効力を持つ。

2　法律による行政の原理

【No.004】　正解　5
1　法律による行政の原理には、行政機能の拡大から、積極的側面と消極的側面とがあり、前者は「法律留保の原則」であり、後者は「法律優先の原則」である。

2 記述は、「法律留保の原則」である。
3 記述は、「法律優先の原則」である。
4 法律優先の原則は、行政活動は、法律に違反することを許さないとする原則であり、侵害、強制のような権力的な行政活動のみならず、「非権力的な行政活動についても等しく該当する」。
5 正解。

【No. 005】 正解 3
1 法律による行政の原理とは、行政活動は法律に基づき法律に従って行われるとする原理をいうが、「行政権に対する立法権の優位を認めるとするものである」。
2 記述は、「法律留保の原則」である。
3 正解。
4 法律による行政の原理は、国民の権利義務に変動を及ぼす権力的行政活動のみならず、「権力的活動でない行政指導にも適用される」。
5 「特別権力関係は、法律の定めがなくとも、直接命令により義務を課し権利を制限することができる」ところに特色があり、その限りでは「この原理の適用が除外される」。

【No. 006】 正解 1
1 正解。
 Aの記述は、「全部留保説」であり、Bの記述は、「侵害留保説」である。

3 公法と私法

【No. 007】 正解 5
1 公法と私法とを区別する意義は、行政上の公法関係において公法特有の解釈や運用上の疑問の解決を図ることに加え、「行政事件訴訟法の適用の有無について法技術的な要請に応えることなど」にあり、区別の実益が「ある」。
2 「公法関係においても、私法法規が適用される」。
3 公法と私法との区別は、国家に対し「一般国民と異なる」特殊な地位を認めるために区別が行われるもので、行政裁判所の制度自体がそれを実質的に担保している。
4 「明文の根拠がなくとも私法が適用される」。法規の一般原則、期間の計算など、民法の規定が適用される場合が多い。
5 正解。

【No.008】　正解　2
1　財政法、会計法などによる規制は、行政行為の公正を確保する見地から行われる規制であるが、「私法行為」と位置づけされている。
2　正解。
3　公法は私法に対して種々な特殊性を有するが、私有地を、道路又は公園などの公物用地として提供する契約は、「私法」上の契約に該当する。
4　公法には、行政目的を実現するため優越的な地位が認められているが、公法法規に違反する私法上の法律行為の効力は、「違反の限度で」無効である。
5　公法上の債権や債務には、会計法又は地方自治法の規定が適用されるが、「私法上の債権や債務には、会計法又は地方自治法の規定が原則として適用されない」。

【No.009】　正解　3
1　国や地方公共団体の活動は、行政主体としての特有の地位に基づきなされるものと、私人と同じ立場でなされるものとがあり、「公法関係のみならず私法関係にも支配される」。
2　公法も私法も、権利義務に関する法律関係において共通であり、一般的には平等であるが、公法関係には、「全般的に行政主体の優越性が認められる」。
3　正解。
4　私法の中で民法や商法はその代表格であり、これらの私法には、法人の登録義務などの規定があり、「公法の性格を持つ条文も見られる」。
5　公法と私法の区別は、時所を超越した法そのものの本質的な区別では「なく」、特殊な政治的・経済的等の実際の必要に基づいて生成し発展してきた区別である。「公法に私法の規定が類推適用されることが多い」。

【No.010】　正解　4
4　正解。
　管理関係は、国又は地方公共団体が事業又は財産の管理主体として私人に対する関係であり、私法関係と本質的な差異を持つものではない。ただそれが公の行政として、公共の福祉の実現と密接な関係を持っているため、特殊な法律規律に服することによって、私法関係と区別される。

4　特別権力関係

【No.011】　正解　2
1　特別権力関係は、特別権力服従者に命令・強制ができる権力関係であり、その成立の原因から見れば、「直接法律に基づく場合と相手方の同意に基づく場合」とがある。

2 正解。
3 特別権力関係は、特別権力関係の設定の目的に照らして必要な限りにおいて法治主義の原則が「排除」される。しかしその権力は、社会通念上、合理的と判断され得る範囲に止まる。
4 特別権力関係は、必要な限度において自主性と裁量権が尊重される。懲罰・懲戒については、原則として司法審査権の介入を認めていないが、「単純な内部的紀律の範囲を超えて行われる措置については、司法審査権が及ぶ」とされている。
5 特別権力関係は、他の当事者に対して包括的な支配権による自由裁量の余地は「大きい」。

【No.012】 正解 5
1 特別権力関係は、直接法律に基づく場合と「相手方の同意に基づく場合がある」。
2 特別権力関係においては、その秩序を維持するために紀律権が認められ、単純な内部の紀律保持のための懲戒権には、原則として「司法審査権が及ばない」。
3 特別権力関係は、一般権力関係とは「異なり」、その目的に照らして、合理的と認められる範囲であれば、「基本的人権を制限することもできる」。
4 特別権力関係は、命令権に基づいて、一般抽象的な定めを行うことができるほか、「具体的な命令や処分などを行うこともできる」。
5 正解。

【No.013】 正解 3
1 特別権力関係においては、公法上の特別権力に服従する関係に置かれるが、一定の目的に必要な範囲において「法治主義の原則が排除される」。
2 特別権力関係において、その義務違反に対する制裁として「刑罰を科することも認められる」。
3 正解。
4 特別権力関係は、地方公務員と地方公共団体との関係、学校と学生の関係、共済組合と組合員の関係のほか、「バス事業等に対する国の関係も含まれる」。
5 特別権力関係においては、法律の法規創造力や法律留保の原則が「適用されず」、社会通念に照らし合理的と認められる範囲において、「基本的人権を制限することもできる」。

5 行政行為の効力

【No.014】 正解 4
1 拘束力は、覊束力ともいわれ、行政行為がその内容に応じて効果を生じるこ

とをいうが、相手方がその行政効力に対し不服である場合は、「法律の定めるところにより争うことができる」。
2　公定力は、何人も当該行政行為の効力を無視できない力をいい、行政行為の拘束力と「異なり」、いわば拘束力のあることの承認を強要する効力をいう。
3　執行力は、私法行為と「異なり」、裁判所の判断を待つまでもなく、行政自体を債務名義として、法律を根拠に自力で内容を実現し得る効力をいう。
4　正解。
5　不可争力は、法定期間内に限り訴訟が認められ、その出訴期間の期間経過後には取消変更が認められないが、この効力は有効な行政行為の場合である。「無効の行政行為の場合にはこの限りでない」。

【No.015】　正解　3
1　拘束力とは、行政行為がその内容に応じて効果を生じ、相手方はもちろん行政庁も、尊重し遵守すべく拘束するが、「その他第三者を拘束する効力は有しない」。
2　公定力とは、行政行為の成立に瑕疵があっても、正当な権限を有する機関による取消し又は無効確認があるまで、一応適法の推定を受けるが、ただし「無効の場合はこの限りでない」。
3　正解。
4　不可争力とは、単に相手方から争い得ない効力をいい、これは訴訟提起期間の経過後はその効力を争い得ないというだけであり、違法は依然として違法であり、「職権による取消し又は変更は原則として可能である」。
5　執行力とは、行政行為の内容を自力で実現することができる効力をいい、その行為は、「法律の根拠が有る場合に限り」認められる。

【No.016】　正解　5
1　拘束力は、その成立に無効と認められる場合を除き、行政行為がその内容に応じて相手方を拘束する効力を有するほか、「行政庁も拘束する」。双面的拘束力を有する。
2　不可争力は、行政争訟を不確定な状況に置くことを避けるため、行政行為が一定期間経過後は、原則として行政効力を争い得ないが、「重大かつ明白な瑕疵がある場合は無効な行政行為となり、その効力を争い得る」。
3　執行力は、行政行為の相手方が行政行為の内容を無視して履行しないときに「法律の根拠が有る場合に」、その限度内に限って自力で実現する効力を持つ。
4　記述は、公定力ではなく「法適合性」である。
5　正解。

【No.017】 正解　3

3　正解。
A　法適合性は、「法律による行政の原理」に基づいて、行政行為の法適合性が要請される。
B　不可争力は、「出訴期間の経過」により、もはや行政行為の効力を争うことができない。
C　不可変更力は、訴訟上から「一事不再理」が論じられている。
D　公定力は、行政行為が無効でない限り、一般に「拘束力」を持つ。
E　執行力は、行政行為を自力で「実効性」を基礎づける特質である。

【No.018】 正解　2

2　正解。
　行政行為は、法に基づき行わなければならないとするのは「Aの法適合性」である。その行政行為はその内容に応じて相手方及び行政庁を拘束するのは「Bの拘束力」である。さらに特定の場合には、行政庁自身もその行政行為を取消し又は変更することができない効力を生ずるのは「Eの不可変更力」である。

【No.019】 正解　1

1　正解。
2　公定力は、行政行為に瑕疵があっても無効でない限り適法と推定される。これは行政行為に限られているが、行政庁が「外部に意思表示していないものには公定力は生じない」。
3　不可争力は、取消原因たる瑕疵ある行政行為について、法定提起期間の経過後の取消訴訟の提起のみならず、「審査請求の期間が経過したときにも効力が生ずる」。
4　拘束力は、行政行為がその内容に応じて相手方及び行政庁を拘束する効力であるが、相手方が行政行為に対し不服の場合には、「法律の定めるところにより争うことができる」。
5　執行力は、法律に根拠がある場合に認められるが、行政庁が当然に「強制執行を伴うものではない」。

【No.020】 正解　4

1　公定力は、行政行為が「無効である場合」は、無効の確認の有無にかかわらず、「相手方はその行政効力に拘束されない」。
2　不可変更力は、仮に行政行為の瑕疵や成立後の事情変更がある場合においても、「訴訟手続などにおいて」一旦確定した行政行為に限り、変更できない効力が生ずる。
3　不可争力は、一定の期間を経過すると、取消すべき瑕疵がある行政行為であっ

ても、もはや通常の訴訟手段によって争うことができなくなる効力をいう。だが処分が不可争力を生じたからといって、「行政庁が職権で取消すことができなくなるわけではない」。
4　正解。
5　執行力は、行政目的実現のために法律で認められた効力であるが、執行力は、「無効の行政行為を除き」、その取消しがあるまで「効力を有している」。

【No.021】　正解　2
1　公定力は、その成立に瑕疵があっても、それが重大かつ明白な瑕疵がある以外は、職権や訴訟で取消されるまで、相手方はもちろん、裁判所や行政庁も尊重しなければならない。「公定力は相手方以外の第三者にも及ぶ」。
2　正解。
3　不可争力は、行政法秩序の安定を図る見地から、一定の期間を経過した後は、もはやその行為を争うことができない。それは相手方などが訴訟によって取消しを求めることを拒む力であって、「行政庁の職権による取消しや撤回を拒むものではない」。
4　執行力は、義務を付加する行政行為がある場合に、相手方がその義務を履行しないときに、相手方の意思を問わず行政庁自らが実現し得る効力をいう。「あらかじめ裁判判決を得ることを要しない」。
5　行政行為は一つの法行為であって、法律又は行政庁により決定された法律効果を有し、相手方及び行政庁を拘束するが、「第三者を拘束しない」。

【No.022】　正解　5
1　行政行為には、公定力が認められているが、行政行為が重大かつ明白な瑕疵を有する場合には「無効な行政行為となり、公定力は認められない」。
2　行政行為に不可変更力が認められるのは、「訴訟や行政聴聞の決定として行われた行為、利害関係者の参与によって行われた確認的性質を持った行為、相手方に権利利益を設定する行為に限られている」。
3　行政行為には、自力執行力が認められており、行政行為によって命じられた義務を行政行為の相手方が履行しない場合には、行政庁は、「裁判を経ずに」、自ら義務の内容を実現することができる。
4　行政行為には、不可争力が認められており、出訴期間が経過したときは、行政行為の効力を争うことができなくなる。行政処分に対し、取消訴訟が提起されたときでも、執行不停止の原則により、処分の効力、処分の執行又は手続の執行は「妨げられない」。
5　正解。

【No.023】　正解　3
1　公定力とは、取消訴訟の排他的管轄により、行政行為の「適法性」についての取消裁判所の有権的認定を伴わずに、差当たり行政行為の法律効果だけを実在化させる効果である。「無効な行政行為まで取消訴訟の排他的管轄によって行政の判断を優先させる必要はない」。
2　自力執行力とは、行政行為によって課せられた義務を相手方が履行しない場合に、行政庁が裁判判決を得ることなく自らの判断によって自らの手で義務者に対して強制執行して義務内容の実現を図ることをいう。この場合「法律の根拠を必要としている」。
3　正解。
4　不可変更力とは、行政庁が行政行為を行った場合に、後になってその行政行為を自ら取消すことができない効果である。不可変更力は審査請求に対する裁決など、「争訟裁断的性質を持つ行政行為について認められる」。
5　公定力、不可争力及び自力執行力は、行政事件訴訟法、国税徴収法、行政代執行法などの明文の規定により認められた法律効果であり、これに対して不可変更力は実定法上に根拠を持つ効果ではなく、学説・判例によって認められてきた「実質的確定力」である。

【No.024】　正解　5
1　公定力は、その行政行為が法律に違反する場合には、「当然に適法の推定を受けるのではなく」、「重大かつ明白な瑕疵のある場合には無効である」。
2　公定力は、法律に基づく公権力の行使である行政行為の特殊性に基づき有効な行為として尊重される。だが公定力は取消原因のある行政行為には認められるが、「無効な行政行為には認められない」。
3　公定力は、第三者はもちろん国家機関もその効力を否定できない法律効果を持ち、代執行、強制徴収、取消訴訟の存在を認める「根拠となる」。
4　公定力は、たとえ違法と考えられる場合にも権限ある機関の取消しがあるまで適法の推定を受けるが、裁判所は「執行停止処分を行うことができる場合がある」。
5　正解。

【No.025】　正解　4
1　公定力は、重大かつ明白な行政行為である場合「以外」は、職権又は訴訟で取消されるまで適法の推定を受ける。
2　行政行為の違法性を主張し、その行政行為によって生じた「損害賠償を請求することは、当該行政行為が取消されていなくとも許される」。
3　行政行為は公権力の行使に基づくが、行政行為が「違法であっても無効でない限り」、取消されるまで公定力がある。

4 正解。
5 記述は、「不可争力」である。

【No.026】 正解　2
1 行政行為が「無効」である場合には、「無効の確認の有無にかかわらず、相手方はこれに拘束されない」。
2 正解。
3 公定力が認められる行政行為は、いわゆる私法上の行為を「含まない」行政行為に限られているが、行政庁が内部的に意思決定したのみで、「外部に表示していない段階では、未だ行政行為としては不存在であり、公定力を生じ得ない」。
4 記述は、「不可争力又は形式的確定力」である。
5 裁判所は、「執行停止処分を行い得る場合がある」。

【No.027】 正解　1
1 正解。
2 不可争力が生じたからといって、行政庁が「職権で取消すことができなくなるわけではない」。
3 不可争力は、争訟を拒む力であり、争訟は法定期間内に限り認められ、その期間後は取消し又は変更が原則として認められないが、「無効の行政行為の場合はこの限りではない」。
4 外部に表示されず、行政庁の内部的な意思決定である場合には、「行政行為の効力が生じない」ので、不可争力の効力の問題は「生じない」。
5 不可争力は、争訟提起期間の経過後は相手方の争訟を拒む形式的確定力であるが、これは行政庁の職権による取消しや撤回を拒むものでは「ない」。

【No.028】 正解　5
1 出訴期間が経過しなければ、「不可争力は生じない」。
2 不可変更力は、処分庁が職権で取消し又は変更できない拘束を受けるものであり、訴訟行為及び利害関係者の参与によって行われた確認行為に「認められる」。
3 不可変更力は、審査請求の裁決など、争訟裁断的な性質を持つ行政行為に認められる。これらの行為については、違法であることを理由に行政庁が取消すことが「できない」。
4 不可変更力は、これを実質的確定力ともいうが、「無効な行政行為の場合には取消し又は変更することができる」。
5 正解。

6 私人の公法行為

【No.029】 正解　1
1　正解。
2　私人の公法関係であるからといって、直ちに特殊な法理が導かれるものではないが、公法関係において、意思能力及び「行為能力を必要とする」。
3　私人の公法行為の効力の発生時期は、一般の定めはないが、私法行為におけると同じく、原則として「到達主義」が採用されている。
4　私人の公法行為は、「一般には要式行為ではない」。ただし審査請求など行為の性質により一定の書面によることを要件とするものもある。
5　私人の公法行為は、「一身専属的なもの」で、「代理に親しまない行為が多く」、これらの行為を代理者が行ったときは「無効となる」。

【No.030】 正解　5
1　私人の公法行為は、「単なる瑕疵がある場合は行政行為の効力に影響はないが、不存在、無効の場合は、その行政行為は当然に無効となる」。
2　私人の公法行為は、通常、公法的効果を生ずる行為をいうが、「原則として要式行為とされていない」。
3　私人の公法行為において、意思能力を欠く行為は無効であるが、「行為能力を欠く場合は、民法の無能力規定が類推適用される」。
4　私人の公法行為は、それに基づいて行政行為が行われるまでは、実定法上の制限はなく、自由に撤回又は正誤をすることができるが、「信義に反する場合は許されない」。
5　正解。

【No.031】 正解　3
1　私人の公法行為は、「行政行為が行われるまで」、自由にその撤回、正誤を行うことが「できる」。
2　私人の公法行為は、「原則として、要式行為ではない」。ただし審査請求や納税の申告などでは書面によるとされている。
3　正解。
4　私人の公法行為は、「相手方と通謀してなされた虚偽表示であれば無効である」。
5　私人の公法行為は、一身専属的な、代理に親しまない行為が多いが、本人が自ら行うことを要件とするものを除き、「民法の代理の規定が類推適用される」。

【No.032】 正解　2
1　「虚偽表示の場合は無効」である。錯誤の場合は、そのことが外部から認識

されるときは正しきに従って効力が発生し、そうでないときは表示されたところに従う。ただし要素に錯誤があるときは、原則として無効である。
2　正解。
3　私人の公法行為で、行為者が行為者の意思と表示の不一致を「知らない場合」に、その錯誤が外部から認識される場合には、錯誤を正し、正しい内容のものとして効力が生じる。
4　私人の公法行為で、行為者が行為者の意思と表示の不一致を知らない場合に、その錯誤が外部から認識できない場合には、表示されたところに従い判断されるが、「要素の錯誤があれば無効とされる」。
5　私人の公法行為で、行為者が行為者の意思と表示の不一致を知らない場合でも、意思に欠陥のある行為、すなわち心神喪失や脅迫は当然に無効であるが、「詐欺・強迫による意思表示は当然に無効と解されず、取消すことができる」。

7　行政行為の種類と内容

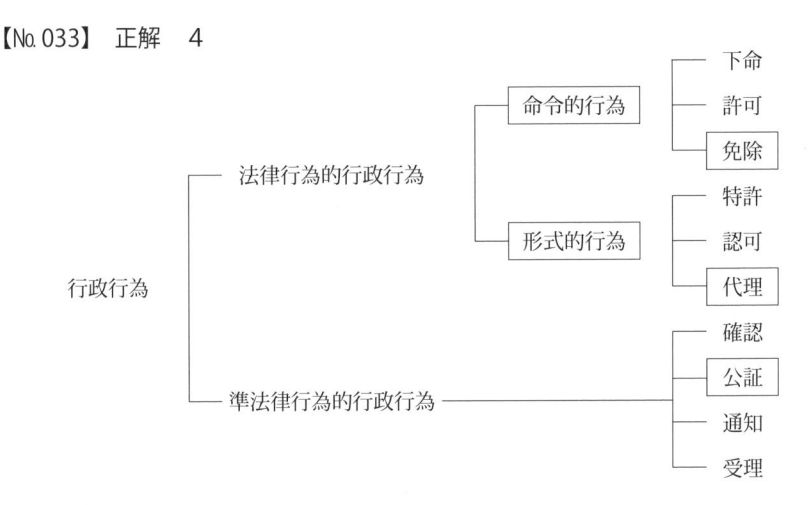

【No.033】　正解　4

```
                          ┌─ 下命
                ┌─ 命令的行為 ─┼─ 許可
                │             └─ 免除
        ┌─ 法律行為的行政行為 ─┤
        │       │             ┌─ 特許
行政行為 ┤       └─ 形式的行為 ─┼─ 認可
        │                     └─ 代理
        │                     ┌─ 確認
        └─ 準法律行為的行政行為 ─┼─ 公証
                              ├─ 通知
                              └─ 受理
```

【No.034】　正解　2
2　正解。
　「A 特許」は、効果意思の表示として新たな法律効果を形成する行為であるのに対し、「B 確認」は、判断の表示として既存の事実又は法律関係を公の権威をもって判断する行為である。また「C 公証」は、効果意思の表示でない点において（B）と同じであるが、判断作用に基づかない認識の表示である。

【No.035】　正解　5
1　法律行為的行政行為は、意思表示を「要素とする」が、行為者が一定の効果

を欲するが故にその効果を生ずる行為をいい、準法律行為的行政行為は、意思表示を「要素としない」。
2　法律行為的行政行為は、意思表示を「要素とする」ことからこれを前提とする従たる附款を「付し得る」が、準法律行為的行政行為は、附款を「付し得ない」。
3　記述は逆である。法律行為的行政行為は、「行為者の欲する一定の法律効果が生ずる」が、準法律行為的行政行為は、「法規の定めるところにより法的効果が付加される」。
4　法律行為的行政行為には、「命令的行為と形成的行為とがある」。
5　正解。

【No.036】　正解　1
1　正解。
2　準法律行為的行政行為は、判断認識の表示に法律が一定の法的効果を結びつけた行為をいい、「附款を付することはできない」。
3　法律行為的行政行為は行政庁の意思表示によって成立する行為であり、意思表示を内容とするものであるが、判断又は認識の表示を内容とするものは「準法律行為的行政行為」である。
4　準法律行為的行政行為は、法律行為的行政行為と異なり、法的効果が「一定している」、公証、確認、通知及び受理の行為に対して行われるものである。
5　記述は、「準法律行為的行政行為」である。

【No.037】　正解　3
1　法律行為的行政行為は、行政庁は裁量権を有しているが、一般的に「国民の権利、自由を制限する行為は法規裁量とされており、自由裁量は許されない」。
2　条件は附款の一つであり、附款は行政行為の効果を制限するために行政庁の主たる意思表示に付加される従たる意思表示であるから、意思表示を要素とせず、もっぱら法律により法的効果が与えられ、意思表示を要素としない「準法律行為的行政行為に条件を付すことはできない」。
3　正解。
4　準法律行為的行政行為は、効果意思以外の行政庁の意思、判断認識の表示たる行為であり、また「既存の法律関係を明確にする行為」であり、法律により一定の効果が発生するもので「新たな法律関係を形成するものではない」。その種類としては、確認、公証、通知、「受理」があり、「代理は法律行為的行政行為である」。
5　行政行為は、一方的な行政庁の判断により行われる。行政庁の意思表示と相手方の意思の合致により成立するのは、「公法上の契約、公法上の合同行為である」。

【No.038】 正解　2
1　法律行為的行政行為とは、意思表示をその要素とし、行政庁が一定の法的効果を欲するが故にその効果を生ずる行為をいうが、「文書による表示は要件ではない」。
2　正解。
3　法律行為的行政行為と準法律行為的行政行為との区別は、行政行為の法効果の発生が行政庁の意思表示によるか否かに基準があり、民法の法律行為と準法律行為との区別を「行政行為の区別に持ち込んだものである」。
4　法律行為的行政行為とは、国民が本来有していない特別な権利や法的地位などを付与する行為であるが、公の選挙の当選人の決定や年金受給権の裁定は、「準法律行為的行政行為の確認行為」に含まれる。
5　記述は、法律行為的行政行為の中の「命令的行為」であり、また交通妨害物件の除去命令は「下命」、自動車運転の免許は「許可」にあたる。

【No.039】 正解　3
1　形成的行為は、特許、「認可、代理」に分かれる。
2　命令的行為は、下命及び禁止、許可、「免除」に分かれる。
3　正解。
4　確認の具体例中、行政庁への登録は「公証」である。
5　許可の具体例中、鉱業許可は「私権を設定する設権行為又は特許」である。

【No.040】 正解　5
1　下命とは、命令的行為の一つであり、作為、不作為、給付及び受忍を命ずる行為をいい、下命であっても警察下命の違反は無効とならないが、「統制下命は違反の限度で無効となる」。
2　認可とは、第三者の行為を補充してその法律上の効力を完成させる行為をいい、認可される行為は公法行為に「限られず」、取消せる行為は「認可後でも取消すことができる」。
3　特許とは、相手方のために権利能力、行為能力、特定の権利又は包括的な法律関係を設定する行為をいい、その効果は公法的なものに「限られず」、私法的なものも含まれる。鉱業許可は私権を設定するものである。
4　公証とは、準法律行為的行政行為の一つであり、特定の事実又は法律関係の存否を公に証明する行為をいうが、「公証には附款を付すことができない」。
5　正解。

【No.041】　正解　2
1　記述は、「許可」である。
2　正解。
3　記述は、「認可」である。
4　免除は、すでに法律又は行政行為によって課されている作為、給付及び受忍の義務を特定の場合に解除する行為をいう。しかし地方債起債の許可、土地収用にかかわる事業認定は「認可」である。
5　公証は、特定の事実又は法律関係の存否を公に証明する行為で、法律によって法律効果の発生が予定されているものをいう。しかし代執行の戒告は「通知」である。

【No.042】　正解　3
1　医師の免許…………「許可」
2　道路占用の許可………「特許」
3　正解。
　　特許法の特許は学問上の特許ではなく、最先の発明であることの確認行為である。
4　地方債起債の許可……「認可」
5　納税の督促…………「通知」

【No.043】　正解　1
1　正解。
　　「自動車運転の免許」は、不作為義務を特定の場合に解除し、適法に一定の行為を行うことを認める行為の「許可」である。また「公有水面埋立ての免許」は、直接の相手方のために、権利能力・行為能力・特定の権利又は法律関係を設定する行為の「特許」である。
2　鉱業権設定の許可は「特許」であり、自動車運転の免許は「許可」である。
3　風俗営業の許可は「許可」であり、地方債起債の許可は「認可」である。
4　地方債起債の許可は「認可」であり、鉱業権設定の許可は「特許」である。
5　公有水面埋立ての免許は「特許」であり、風俗営業の許可は「許可」である。

【No.044】　正解　5
5　正解。
　A　医師法に基づく医師の免許は「許可」。
　B　地方自治法に基づく地方債の起債の許可は「認可」。
　C　行政代執行法に基づく代執行の戒告は「通知」。
　D　鉱業法に基づく鉱業権の設定の許可は「特許」。
　E　特許法による発明の特許は「確認」。

【№.045】 正解 3
1 下命（禁止）とは、作為、「不作為」、給付、受忍を命ずる行為で、いずれも国民の自然の自由を制限する行為である。
2 下命（禁止）は、義務の不履行について「強制執行を行うことができる」。
3 正解。
4 下命（禁止）は、義務の違反に対して「罰則を適用することもできる」。
5 下命（禁止）において、禁止に違反する法律行為は、「当然に無効とはいえない」。

【№.046】 正解 4
1 許可は、一般的な禁止の「不作為」の義務を特定の場合に解除し、適法に一定の行為を行うことができる行為をいう。
2 許可は、何らかの権利を設定するものでは「なく」、単に「不作為」の義務を解除するに止まる。
3 許可のない行為については、強制執行を行うことが「できる」。
4 正解。
5 許可は、通常、出願に基づいて与えられ、許可の出願は特許の出願と「異なり」、「必ずしも許可の前提要件ではない」。

【№.047】 正解 3
1 許可は、法律又は行政行為による一般的禁止を特定の場合に解除する行為であるが、第三者に対抗できる権利を設定するものでは「ない」。
2 許可は、人の自然の自由の禁止を回復するものであるが、その行為は「法律的行為だけではなく、事実行為も対象となる」。
3 正解。
4 許可を要する行為を許可なく行ったときは、その行為は当然に「無効とされるものではなく」、強制執行又は処罰の適用があるに止まる。
5 許可には、対人的な許可と対物的な許可があり、対人的な許可は一身専属的なものであり、他に譲渡することはできないが、「対物的な許可は、一身専属的なものではなく、その資格の承継人はその効果をも承継する」。

【№.048】 正解 2
1 特許は、相手方のために、権利能力、行為能力、特定の権利又は包括的な法律関係を設定する行為をいい、「設権行為」ともいわれる。
2 正解。
3 特許は、出願を前提条件としており、出願の趣旨に反する特許は「無効となる」。
4 特許は、既存の権利、能力、法律関係などを変更する行為も「含まれる」。

5　特許は、その効果が「公法的なると私法的なるとを問わない」。

【No.049】　正解　5
1　地方鉄道事業の免許の性質を行政法学上の特許と解する場合、それは「単に法人格を付与するにとどまらず、包括的な法律関係を新たに設定する行為」と考えるのが一般的である。
2　記述は、「許可」である。
3　記述は、「認可」である。
4　記述は、「確認」である。
5　正解。
　　行政法学上の許可と解する場合は、元来公企業の経営は、何人も自由に行うことができる行為であって、ただ行政上の目的に照らし、一応これを制限しているに過ぎず、公企業の特許は、この禁止を解除することにより、本来の自由を回復させる行為であるということになる。これに対して「特許と解する場合は設問のとおりである」。

【No.050】　正解　5
1　認可は、第三者の行為を補充してその法律上の効力を完成させる行為であるが、「準法律行為的行政行為ではない」。認可は法律行為的行政行為である。
2　認可は、その行為が「公法行為であると私法行為であるとを問わない」。
3　認可は、認可を受けずに行った行為は原則として無効であるが、「行為者は許可のように処罰を受けない」。
4　認可は、「認可があった後でも取消すことができる」。
5　正解。

【No.051】　正解　4
1　認可は、その対象は「法律的行為」に限られる。
2　認可は、その法律行為の効力要件で「ある」。
3　認可は、その対象となる法律行為は「公法行為であると私法行為であると問わない」。
4　正解。
5　認可は、その行為は原則として「申請に対して」与えられる。

【No.052】　正解　2
1　逆である。許可は「命令的行為」であり、認可は「形成的行為」である。
2　正解。
3　逆である。許可は「処罰の対象」となり、認可は「無効」となる。
4　逆である。許可は「一般的な禁止を特定な場合に解除するもの」であり、認

可は、「特定人のために法律上の力を付与する行為」である。
5　許可は、事実行為及び「法律的行為が対象となる」が、認可は法律的行為のみに限られる。

【No.053】　正解　5
1　許可は、「不作為義務」を特定の場合に解除する行為であり、認可は、第三者の行為を補充して法律上の効力を完成させる行為である。
2　逆である。許可は、「禁止解除と呼ばれ、その対象は法律的行為又は事実行為」であるが、認可は、「補充行為と呼ばれ、その対象は法律的行為のみ」である。
3　許可なしの行為は原則として「強制執行及び処罰」の対象となり、認可なしの行為は原則として処罰されることがなく「無効」となる。
4　許可は、その行為は適法要件であり、認可は、その行為は効力要件であり、認可を受けずに行った行為は原則として「無効」として取扱われる。
5　正解。

【No.054】　正解　3
1　許可は、「不作為」の義務を特定の場合に解除する行政行為であり、認可は、第三者の行為を補充してその法律上の効力を完成させる行政行為である。
2　地方債を発行する都道府県が総務大臣の許可を受ける必要がある場合の許可は「認可」である。なお認可の例として農地の所有権を移転しようとする者に対する都道府県知事の許可もある。
3　正解。
4　許可を要する行為を許可なしに行ったときは、原則として「強制執行」又は処罰の対象となり、認可を要する行為を認可なしに行ったときは、原則として「無効」となる。認可は「強制執行の対象とならない」。
5　許可は、特定の行為を適法にすることができるようにするものであり、認可は、第三者の行為を補充する行為であるが、基本の行為が無効な行為であれば、それに対して認可があっても、その行為は原則として「有効とならない」。

【No.055】　正解　4
1　準法律行為的行政行為は、行政の判断、認識などに法が効果を付与したものである。行政庁の裁量の余地が「無く」、「附款を付すことはできない」。
2　確認行為は、疑い又は争いがある法律関係を公の権威をもって確認する行為であり、確認後に対外的に表示する行為でもあるが、「不可変更力は生じる」。
3　公証行為は、特定の事実又は法律関係の存否を公に証明する行為であり、認識の表示である。その行為は「反証があれば誰でも争うことができる」。
4　正解。
5　受理行為は、届出・申請などの他人の行為を有効な行為として受領する行為

であり、形式的要件を欠く場合は、補正命令を出し、「補正されない場合には」受理を拒否することができる。

【No.056】　正解　3
1　確認行為は、「判断の表示」として、既存の事実又は法律関係を公の権威をもって確認する行為である。
2　確認行為は、「形式的行為ではない」。確認は単なる判断の表示であり、これに対し法律が一定の効果を付与するものである。
3　正解。
4　確認行為は、その例として、特許法上の発明の特許、当選人の決定などがある。しかし土地細目の公告は「通知」である。
5　確認行為は、どのような効果が生ずるかは、各場合において、「法律の定めるところによる」。

【No.057】　正解　1
1　正解。
2　公証は、「認識の表示」である。
3　公証は、効果意思の表示では「ない」。
4　公証は、その行為の法的効果は「法律で異なる」。
5　公証は、要式行為で「ある」。

8　行政行為の附款

【No.058】　正解　2
1　記述は、「期限」である。
2　正解。
3　記述は、「条件」である。
4　記述は、「法律効果の一部の除外」である。
5　記述は、「取消権の留保」である。

【No.059】　正解　4
1　記述は、「条件」である。
2　記述は、「期限」である。
3　記述は、「負担」である。
4　正解。
5　記述は、「取消権の留保」である。

【No.060】 正解 5
1 附款は、法律行為的行政行為の効果を制限するために付されるが、「附款が重要な要素をなしているときは、行政行為そのものも無効」である。
2 附款は、法律行為的行政行為の効果を制限し、もって行政の具体的妥当性を図る制度であるから、「主たる意思表示に付加される従たる意思表示である」。
3 附款は、行政行為の要素たる意思表示を制限するために付加され、法律行為的行政行為に付し得るが、準法律行為的行政行為には「付し得ない」。
4 附款は、裁量権の範囲内にしか付することができないが、行政行為の効力が無効であるかどうかは、「附款が重要な要素をなしているかどうかによる」。
5 正解。

【No.061】 正解 4
1 附款は、法律行為的行政行為のみに付すことができるが、法律行為的行政行為であっても、行政庁が自由かつ無制限に付すことは「できない」。
2 法令に附款を付し得る旨の根拠規定がなく、一定の場合に一定の行為を行うことを義務づけている場合には、「行政庁の任意の意思により、法令の効果を制限する附款を付すことができない」。
3 附款が無効である場合には、①その附款が行政行為の重要な要素であれば「行政行為全体が無効となる」。②その附款が行政行為の重要な要素でなければ、附款のみが無効となり、附款の付かない行政行為として効力を生ずる。
4 正解。
5 附款は、行政行為の根拠となった法律が許容する限度で認められる。附款は、法律によって許されている行政行為のみならず、「行政庁の自由裁量の行為にも付すことができる」。

【No.062】 正解 3
3 正解。
　記述は、附款の「負担」である。

【No.063】 正解 1
1 正解。
2 附款は、法令による裁量が認められる場合にその範囲で付すことができる。この附款を付せる裁量とは「法規裁量であると自由裁量であるとを問わない」。
3 附款が違法であるときは、その附款のみの取消しを求めて抗告訴訟を提起することができるし、当該附款の執行停止を求めることも「できる」。
4 附款は、行政庁の自由裁量の範囲が存在することを前提として付されるが、「どの様な附款を付そうとも行政庁の自由であるとまでいえない」。附款には比例の原則及び目的による限界がある。

5　附款がその限界を超えて違法と判断される場合には、その行政行為の効力が失効する場合もあり、また附款の違反に対し刑罰が科せられる（火薬類製造許可条件）ことも「ある」。

【No.064】　正解　5
1　附款は、主たる意思表示に付加された従たる意思表示である。附款も行政行為の一部であるから、違法の瑕疵がある場合でも、「公定力を生じ」、一応、有効となる。
2　附款は、付す内容に一定の限界があり、具体的な行政行為の目的に照らし必要な限度に止どまらなければならないが、「必ずしも法律に明示されている必要はない」。
3　行政処分に附款が付された場合に、その附款が違法であるときは、その附款のみを取消訴訟の対象とすることや、附款の執行停止を求めることも「可能である」。
4　附款に違反する場合、「刑罰を科すかどうかは、附款の内容、その目的などによって別に定められる」。
5　正解。

【No.065】　正解　2
1　記述は、「期限」である。
2　正解。
3　記述は、「撤回権の留保」である。
4　記述は、「負担」である。
5　附款の「条件」は、行政行為の効果を発生するかどうかが不確実な将来の事実にかからしめる意思表示であり、条件成就による効力を「停止条件」という。

【No.066】　正解　4
1　条件は、行政行為の効果を発生不確実な将来の事実にかからしめる意思表示であり、事実の発生により行政行為の効果を生じさせる場合を「停止条件」いい、道路占用の許可にあたり占用料の納付を命ずることは「負担」の例である。
2　前段の記述は、「期限」である。一定期間内に工事に着手することを条件として地方鉄道の免許を与えることは「条件」の例である。
3　記述は、「負担」である。会社の成立を条件として河川の使用を許可することは「条件」の例である。
4　正解。
5　記述は、「法律効果の一部の除外」である。

【No.067】 正解 5

1 行政行為の附款は、行政行為の効果を制限するために主たる意思表示に付加される意思表示であるから、附款を付し得る行為は、法律行為的行政行為に限られる。したがって、「命令的行為及び形成的行為に付される」。
2 行政行為の附款は、法律行為的行政行為に付される行為である。しかし法律行為的行政行為についても、原則として法の具体化であり、「行政庁が自由かつ無制限に附款を付し得るべきものではない」。
3 行政行為の附款は、その行政行為の目的に照らして必要な限度にとどまらなければならないが、必要な限度を超えて付された附款は、「一定の争訟手続によって違法が公に確定されたときに、初めて附款が無効となる」。
4 行政行為の附款は、法令に附款を付し得る旨の根拠がなく、一定の行為を行うことを義務づけている場合には、行政庁は、自己の任意の意思により、法の要求している効果を制限する意味を持つ附款を「付すことはできない」。
5 正解。

【No.068】 正解 4

1 附款は、行政行為の主たる意思表示に付加される従たる意思表示であるが、「法律上の根拠がある場合又は行政庁に自由裁量が認められる場合に限り」付すことができる。
2 「羈束行為については、行政庁の意思によってその効果を制限できないと解されているから、附款を付すことはできない」。
3 附款は、具体的な行政行為の目的に照らし必要な限度に止まらなければならないが、この限度には必ずしも「法律の明示が必要でない」。
4 正解。
5 行政行為が重要な要素をなすとき（もしその附款がなければその行政行為が行われなかったであろうということが客観的に認定され得るときをいう）は、行政行為も「無効」となるのが通説である。

【No.069】 正解 1

1 正解。
2 附款は、行政行為の一部であり、公定力が「認められる」から、違法な附款が付された場合でも、一応「有効」なものとして取扱われるので、相手方は行政行為の一部取消訴訟を提起して争うことになる。
3 附款が、行政行為を行うにあたって重要な要素をなしていないときは、「附款が無効」となるだけであって、「附款の付かない行政行為として効力が生ずる」。
4 附款の条件は、行政行為の効果の発生、消滅を発生不確実な将来の事実にかからせる附款であり、事実の発生によって行政行為の効果を生じさせる「停止

条件」と、事実の発生によって行政行為の効果が消滅する「解除条件」がある。
5　附款は、「法律行為的行政行為に付せる」。附款は法令で定める場合又は法令による裁量権が認められている場合に付すことができるが、その場合にも附款の妥当性を確保するために一定の限界がある。

9　行政行為と裁量

【No.070】　正解　3
1　羈束行為は、行政機関に法の機械的執行が要求されている行為をいうが、法規裁量（羈束裁量）と自由裁量（便宜裁量）とに分けるのは「裁量行為」である。
2　羈束行為は、行政機関の裁量の余地を明確にし、裁量の余地を狭めている。行政庁に一定の範囲の裁量の余地を認めている行為は「裁量行為」である。
3　正解。
4　裁量行為は、行政裁量に基づく行政行為であるが、行政庁の恣意を認めることを「意味するものではない」。裁量権の濫用は「不当なだけではなく、違法行為として、裁判所はこれを審理し、その結果これを取消すことができる」。
5　記述は、「羈束行為」である。

【No.071】　正解　5
1　羈束行為とは、法が行政を羈束する行為である。羈束行為は、「法規の定めるところにより具体的な執行を行うに止まる」。これに対し裁量行為は、「法規の執行にあたり一定の範囲内での裁量が認められる」という点にある。
2　法規裁量は、一見行政庁の裁量を許容するように見えるが、その裁量を誤ることは、法規の解釈を誤ることになり、「違法の問題が生ずる」。
3　法規裁量とは何が法であるかという判断であり、その意味では法に拘束される行為である。したがって、その裁量の当否は、法律問題として「裁判所の審理の対象となる」。
4　自由裁量を誤る行為は、訴訟の対象とならないが、「法律に別段の定めのない限り、行政上の審査請求の対象となる」。
5　正解。

【No.072】　正解　2
1　法規裁量とは、「何が法なるかの裁量」であり、その裁量を誤る行為は、「違法行為」となる。
2　正解。
3　自由裁量とは、「何が行政の目的に合致し公益に適するかの裁量」であり、その裁量を誤る行為は、「単に不当行為である」。
4　法規裁量を誤る行為は、違法行為であり、裁判所の司法審理の対象となるの

に対し、「自由裁量を誤る行為は、不当行為であり、裁判所の司法審理の対象とならない」。
5　逆である。権利又は利益を賦与する行為は「自由裁量」であり、権利又は自由を剥奪する行為は「法規裁量」である。

【No.073】　正解　1
1　正解。
2　法規裁量を誤る行為は違法であり、「訴訟の対象となる」が、自由裁量を誤る行為は単に不当であるに止まり、法律に別段の定めがない限り、訴訟によってその取消し又は変更を求めることができない。
3　逆である。行政庁が国民の権利又は利益を付与する行為は、原則として「自由裁量」に属するが、国民の権利又は自由を制限し剥奪するなど不利益を課す行為は、原則として「法規裁量」に属する。
4　法が行政庁に、ある行政処分を行う権限を与えているだけで、どういう場合に、どういう処分をすべきかについて、何ら基準を示していないときは、行政庁の「自由裁量」の範囲に属する。
5　自由裁量も、裁量権の限界を超え又は濫用にわたるときは、「違法」となる。

【No.074】　正解　4
1　行政庁が出入国管理令に基づき外国人の残留期間の更新の有無を判断する場合に、在留期間の更新を適当と認めるに足りる相当の理由があるときに限り、許可することができる。あくまでも、「更新を認めるか否かは、出入国管理行政の責任者である法務大臣の政治的な裁量権」である。
2　伊方原発訴訟において、裁判所の審理は、その判断結果はもとより「判断過程や手続についても及ぶ」とした。
3　公務員の懲戒処分の適否を審査するにあたっては、懲戒権者と同一の立場に立って判断し、「その結果と懲戒処分とを比較してその軽重を論ずるものではなく」、懲戒権者の裁量権の行使に基づく処分が社会通念上妥当性を欠き、裁量権を濫用したと認められる場合に限り違法であると判断すべきものとした。
4　正解。
5　車両制限に基づく道路管理者の認定が5か月間留保されたことの適否が争われた裁判で、中野区長の認定留保は建築に反対する住民と上告人側との衝突を回避する措置であり、「行政権の裁量として許容される範囲」であるとした。

【No.075】　正解　5
5　正解。
　A　最高裁は、回転禁止区域において回転したタクシー運転手に対し公安委員会が運転免許の取消しを行った処分は、道路交通取締法に基づく取消処分で

あり、公安委員会には「裁量権が認められる」とした。
B　最高裁は、国の通達により特別清掃区域内での汚物取扱業には市町村長の許可が必要とされことに伴う業者からの申請を、他市の汚物も持ち込まれるなどの理由による不許可処分は、「市町村長の自由裁量の処分であり」、裁量権の範囲を逸脱した「違法な処分ではない」とした。
C　正しい。
D　正しい。

【No.076】　正解　3
1　法規裁量は、法が一義的に定めていないが、客観的には法の基準が存在し、そこでの裁量が「何が法であるか」にある。
2　自由裁量は、「公益に合致するか」かの裁量であり、その判断の誤りは、当・不当の問題を生じるに止まり、違法の問題は生じない。
3　正解。
4　裁量権には、踰越と濫用があり、「濫用」は、行政庁が裁量権の行使にあたって、その目的を無視し、恣意的に著しく不公平な行為を行ったときを指す。
5　裁量権には、踰越と濫用があり、「踰越」は、行政庁が法の枠を逸脱してその行為を行ったときを指す。

10　行政行為の瑕疵

【No.077】　正解　2
1　まったくの私人の行為は、「行政行為の不存在（非行政行為）」となる。
2　正解。
（行政行為の瑕疵の治癒、無効の行政行為の転換などの理論による）
3　行政行為の瑕疵の程度がいかなるものであっても一律に特権を認めることは妥当ではないので、区別する実定法上の意義が「ある」。行政事件訴訟法によれば、取消訴訟は審査請求前置主義を採る場合があり又出訴期間の制限を認めているが、無効の場合には、それらの適用がない。
4　「行政行為の当・不当については、裁判所は判断しえない」。
5　行政行為の瑕疵の重要さの程度によって無効又は取消となるが、錯誤による行政行為は、その内容が法に違反しない限り、原則として「表示されたところに従って、その効力を生ずる」。

【No.078】　正解　5
1　最高裁は、外国人退去強制令書において、法令の要請する執行者の署名捺印を欠いた場合でも、権限ある行政庁の行為であることが明らかな場合には、「無効にならない」とした。

2 最高裁は、村長解職賛否投票の無効が宣言された場合には、当該賛否投票の有効なことを前提として、それまでの間に行われた後任村長の行政処分は、「無効にならない」とした。
3 最高裁は、青色申告承認取消処分に対して行われた審査請求が棄却された際の審査決定の理由が、理由として不備であることが明白な場合には、この審査決定は「違法である」とした。
4 最高裁は、固定資産評価審査委員会が口頭審査手続外で職権調査した資料を口頭審理に上程せずに判断の基礎に採用したとしても「何ら違法でない」とした。
5 正解。

【No.079】 正解 4
1 行政行為の不存在は、行政機関の「内部的意思決定はある」が、未だ外部に意思表示が行われていない行為である。
2 通知、指導など、行政機関の行為であっても、法律的効果を伴わない行為で、行政行為といえない行為が存在する場合は、行政行為の不存在に「あたる」。したがって行政争訟の目的となり「得ない」。
3 行政行為の成立要件を具備後に取消しや撤回など、その効力が喪失する原因が行政行為に発生した場合には、その後は行政行為の不存在に「あたる」。
4 正解。
5 行政行為は存在するが、重大かつ明白な瑕疵があるためにその効力が生じない場合は「無効の行政行為」という。行政行為の不存在は行政行為が「存在せず」、「無効の行政行為とは区別される」。

【No.080】 正解 5
1 行政行為の不存在は、何ら行政行為としての効力を生じない点では無効の行政行為と同じであるが、行政行為としての外形を欠く場合であるから、「無効等確認訴訟の対象とはならない」。
2 違法性の承継は、先行行為に不可争力を生じた後も、その違法性は後行行為に「承継され」、先行行為の違法を理由として後行行為を争うことが「できる」。
3 瑕疵の治癒は、違法であった行政行為が、その後の事情により欠けていた適法要件を具備するなどの場合に瑕疵が治癒したとするが、裁判所はこれを「広く」認める傾向にある。
4 違法行為の転換は、事実に同一性が「有り」、行政行為としては違法であるが、他の理由によれば適法とされる場合に、その行政行為を適法とするものである。
5 正解。

【No.081】 正解　2
1　記述は、「違法行為の転換」である。
2　正解。
3　記述は、「行政行為の不存在」である。
4　記述は、「瑕疵の治癒」である。
5　記述は、「違法性の承継」である。

【No.082】 正解　4
4　正解。
　Aは、エの「行政行為の不存在」である。
　Bは、アの「違法性の承継」である。
　Cは、ウの「瑕疵の治癒」である。
　Dは、イの「違法行為の転換」である。

【No.083】 正解　5
1　記述は、「瑕疵の治癒」である。
2　記述は、「違法行為の転換」である。
3　違法性の承継とは、その行為が先行行為と後行行為という相連続する2個以上の行為が結合して1つの法律効果をめざすことをいうが、農地の買収処分と売渡処分はそれぞれが別個の目的をめざすものであり、「違法性は承継されない」。
4　記述は、「違法行為の転換」である。
5　正解。

11　瑕疵ある行政行為

【No.084】 正解　4
1　行政行為が無効となるのは、その瑕疵が「重大かつ明白である」ことが要件である。
2　記述は、「無効の行政行為」である。
3　記述は、「取消せる行政行為」である。
4　正解。
5　記述は、「無効の行政行為」である。
　無効な行政行為は、行政庁又は裁判所の取消しをまたず、初めより法律的効果を生じさせない行政行為であるが、無効であるか否かが明確でないときは無効確認の裁判を提起することによって無効を確認することができる。
　この場合の無効確認の請求は、いつでも、直接、裁判所に提起できる。

【No.085】 正解　3
1　存在する行政行為が行政庁又は裁判所による取消しを待つまでもなく、当初から法律効果が生じない行政行為は、瑕疵ある行政行為のうち「無効の行政行為」である。
2　記述は、瑕疵ある行政行為のうち「取消すことができる行政行為」である。
3　正解。
4　記述は、「取消すことができる行政行為」であり、無効の行政行為はいつでも直接裁判で効力を争える。
5　瑕疵ある行政行為が相手方の信頼を裏切り、法的生活の安定を害する場合には、その行政行為を「有効な行政行為」とすることができる。無効の行政行為の転換がそれである。

【No.086】 正解　1
1　正解。
2　瑕疵ある行政行為は、法の定める要件を欠く違法な行政行為であるときは、「当然に無効ではなく、取消し得る場合もある」。
3　瑕疵ある行政行為で、その瑕疵が軽微な行政行為であり取消し原因にすぎないときは、「行政庁又は裁判所で取消しがあるまで有効である」。
4　瑕疵ある行政行為で、取消し又は無効の確認があったときは、「遡って効力を失う」。
5　「裁判所は、相手方その他一定の利害関係者の訴訟の提起がなければ、その権限を発動できない」。

【No.087】 正解　5
1　瑕疵ある行政行為は、行政行為に存する瑕疵が重大かつ明白である場合は無効となる。無効の行政行為は何人も独自の判断と責任において「これを無効として無視することができる」。
2　瑕疵ある行政行為にも公定力が認められる。瑕疵ある行政行為の取消は、「正当な権限を有する行政庁」又は裁判所のみが行える。
3　取消しの行政行為の場合は出訴期間が法定されているが、「無効の行政行為の場合は争訟を提起する上で出訴期間の制限がない」。
4　無効の行政行為の場合には、全く行政行為が行われなかったのと同様、「何人もこれに拘束されることはない」。
5　正解。

【No.088】 正解　2
1　無効の行政行為には、「公定力がない」。
2　正解。

3 　違法な行政行為で、それが国民に権利や利益を与えるものである場合には、その取消しが自由でない。この場合でも「公益上の必要性があれば、その目的に必要な限り取消すことができる」。
4 　瑕疵ある行政行為の取消しの場合は、行政庁に対する取消しの審査請求又は裁判所への訴訟の提起のほか、「行政庁が職権で取消すこともできる」。
5 　無効の行政行為は、行政行為らしい外観がある点において、「行政行為の不存在と区別される」。

【№089】　正解　5
1 　違法の行政行為は、当然には「無効ではなく」、取消し得るにとどまる場合もある。
2 　取消しのできる行政行為は、その成立に瑕疵があるにもかかわらず正当な権限を有する行政庁又は裁判所による取消しのあるまでは「有効な行政行為として、その効力を保持する」。
3 　瑕疵ある行政行為の取消しは、「正当な権限を有する行政庁（処分行政庁及び監督行政庁）」又は裁判所のみがこれを行える。（監督行政庁の取消権は消極的に解されている）
4 　「行政行為の取消しは、原則として行政行為が発生したときに遡って」、その効力を失わせるものである。
5 　正解。

【№090】　正解　3
1 　瑕疵ある行政行為の取消権は、処分行政庁と「（監督行政庁）」及び裁判所が有する。また相手方からの取消請求又は取消訴訟の提起を待たずに、「職権で取消すことができる」。
2 　瑕疵ある行政行為の取消権は、行政行為の取消原因が存在するだけでは足りず、「取消を必要とするだけの公益上の必要性がなければならない」。
3 　正解。
4 　瑕疵ある行政行為の取消権は、「公益に反する不当な行政行為についても認められる」。その取消権について明示の「法律の根拠の有無を問わない」。
5 　「実質的確定力が生ずる行政行為については、もはや取消すことができない」。

12　無効の行政行為

【№091】　正解　2
1 　収賄だけでは「無効ではない」。
2 　正解。
3 　脅迫は無効であるが、「強迫は無効ではなく、取消し得るに止まる」。

4　錯誤それ自体では「無効ではない」。
5　心神喪失状態は無効であるが、「心神耗弱状態は無効ではない」。

【No.092】　正解　5
1　職員が賄賂を受けて行った営業許可処分は、「当然に無効の行政処分とはならない」。
2　職員が発信者の名前を誤植して行った公文書の場合は、瑕疵ではあるが、相手方は真の発信者を推認できるから、「当然に無効の行政処分とはならない」。
3　職員が強迫を受けて行った営業許可処分は、「当然に無効の行政処分とはならない」。
4　職員が錯誤により行った行政処分は「当然に無効の行政処分とはならない」。
5　正解。

【No.093】　正解　3
1　職員が飲酒していたため、心神喪失状態にあった場合には無効となるが、心神耗弱状態では「無効とすることはできない」。
2　錯誤は、それ自体を理由としては「無効の原因とはならない」。
3　正解。
4　相手方の詐欺により行った行政行為は、取消し得るにしても、それだけでは直ちに「無効とすることはできない」。
5　収賄その他の不正行為があった場合にも、それだけでは「直ちに無効とすることはできない」。

【No.094】　正解　1
1　正解。
2　会計管理者が行った租税滞納処分は、「完全に権限外の行為である」ので、「無効となる」。
3　税額を定めないで行った租税の賦課処分は、「内容の不定」となり、「無効となる」。
4　一定の期間、関係者の縦覧に供しないで行った選挙人名簿の確定は、「重要な手続の欠如にあたる」ので、「無効となる」。
5　審査請求に対する口頭による裁決は、「重要な形式の欠如にあたる」ので、「無効となる」。

【No.095】　正解　2
1　無効の行政行為については、私人も「その効力を否定することが許される」。
2　正解。
3　無効の行政行為は、行政行為の内容に適合する法律的効果を全く生じないが、

詐欺、強迫などによって意思決定の瑕疵のある行政行為は、「当然には無効とならず」、取消し得る行政行為となる。
4　行政事件訴訟を提起する場合に、例外的に審査請求前置主義を採っているのは「取消し得る行政行為」である。
5　無効の行政行為は、行政行為に存する瑕疵が「重大」かつその瑕疵の存在が客観的に明白である行政行為に認められる行為である。

【No.096】　正解　1
1　正解。
2　重大かつ明白な瑕疵がある行為は、「無効の行政行為であり、裁判所の取消しを待たず、法律効果を全く生じ得ない行為」である。なお無効の行政行為は、出訴期間の制限が排除される。
3　無効な行政行為は、行政行為をして何らの法律上の効力を生じさせないものであり、したがって、心神喪失や「脅迫」による行為は無効であるが、詐欺、「強迫」、賄賂による行為は取消しの対象となる。
4　行政主体に関する瑕疵は、行政主体が法の定める要件を備えていないという瑕疵であり、錯誤による場合は、当然に「無効又は取消しとはならず」、外部から認識される場合には錯誤を正し、正しい内容のものとして効力が生じ、外部に認識されない場合には、表示により判断される。
5　行政行為の手続に瑕疵があっても、それが単なる行政内部の便宜的理由から行われる場合は無効でないが、土地収用における事業認定の告示を欠く場合においては「無効となる」。

【No.097】　正解　4
1　無効な行政行為であるというミニマムの基準としては、当該行政行為に内在する瑕疵が「重大かつ明白な法規違反」がある場合である。
2　行政行為の取消しは、処分庁及び裁判所のみならず「消極的であるが監督庁にも認められており」、その効力は「既往に遡る」。
3　行政行為の取消しも、無効な行政行為も、その取消について「法の明示の有無にかかわらず認められる」。
4　正解。
5　無効な行政行為は、「行政行為らしい外観がある点」において、行政行為の不存在と「区別される」。

【No.098】　正解　3
1　公務員となりえない者が公務員として行った行為等は、無権限の行為として無効であるが、その行為の相手方に信ずる理由がある場合には、「その行為が有効な行為として扱われる場合がある」。

2 心神喪失中の行為とか抵抗することのできない脅迫による行為は無効である。しかし錯誤による行政行為は、「無効となる場合と取消しとなる場合がある」。
3 正解。
4 行政行為の内容を適切妥当のために行う、行政庁又は特別の審議機関に対する諮問は、「利害関係者の立場を保護する諮問の場合」で、これを欠く場合には当然に無効な行政行為となるが、「単なる行政運営の適切妥当ならしめるための諮問の場合には、これを欠いても行政行為の効力に影響を与えない」。
5 行政行為が書面を要件としている場合に、書面によらず口頭で行った行為は、原則として無効である。また書面の記載事項に欠缺がある場合には「当然に無効とはいえない」。

13 行政行為の取消

【No.099】 正解 4
1 行政行為の取消とは、その成立に「瑕疵がある」ことを理由として、その法律上の効力を失わせる行政行為をいう。
2 行政行為の取消は、正当な権限を有する行政庁、すなわち処分行政庁及び監督行政庁が行えるが、訴訟の提起があった場合には「裁判所も取消すことができる」。（監督行政庁の職権取消権は消極的に解されている）
3 授益的処分の取消にあたって、法律による行政の要請の回復と取消しで相手方が受ける不利益を衡量し、「前者」が優る場合に職権の取消しができる。
4 正解。
5 行政行為の取消の効果は、原則として既往に遡る。ただし取消しの原因が当事者の責め（詐欺等）に帰すべきときには、「既往に遡らない場合もある」。

【No.100】 正解 5
1 行政行為の取消は、瑕疵を有するが有効な行政行為である。相手方に権利や利益を与えている場合の取消は、「自由でないに止まる」。
2 裁判所は、「不当な行政行為を取消すことはできない」。
3 審査請求の期間を経過し、行政行為が形式的に確定した場合であっても、「処分庁が自らそれを取消すことは可能である」。事情裁決が認められている。
4 取消は、正当な権限を有する行政庁又は裁判所も有する。取消は、「不可争力が認められる」ことから、法定期間経過後は争訟で争うことが「できない」。
5 正解。

【No.101】 正解 2
1 取消は、成立当初に存した瑕疵を理由として取消すもので、違法な行政行為

のみならず、「不当な行政行為にも認められる」。
2　正解。
3　取消は、瑕疵ある行政行為について、明示の「法律の根拠の有無にかかわらず」、認められる。
4　行政庁は、利害関係人の参加によって行われた実質的確定力が生ずる行政行為や争訟の手続を経て行われた行政行為等については、職権によって取消すことが「できない」。
5　取消は、正当な権限を有する行政庁が職権で行えるが、その行政庁には「処分行政庁及び監督行政庁がある」。かつては監督行政庁も職権取消権を持つと解されていたが、現在の学説は一般に消極的に解している。

【No.102】　正解　4
1　違法な行政行為は、法の根拠の有無にかかわらず取消せる。ただし国民に権利や利益を与えるものである場合は、「自由でない」。ただこの場合でも公益上の必要があるときは取消すことができる。
2　取消には職権取消と争訟取消とがあるが、裁判所は、「不当な」行政行為を取消すことは「できない」。
3　不可変更力の生じた行政行為は、行政庁が「職権でこれを取消すことができない」。
4　正解。
5　取消訴訟においては、原告の請求に理由があってもそれを棄却するいわゆる事情判決が認められるし、「審査請求においても事情裁決が認められる」。

【No.103】　正解　5
1　行政行為の取消とは、瑕疵を有するが一応有効な行政行為からその成立当初に存した瑕疵を理由として効力を失わせることをいい、この取消には職権取消と「一定の資格を有する者のみ」が請求できる争訟取消がある。
2　行政行為の職権取消は、当初の行政行為を授権された行政庁の権限行為の一環として行われるものであるから、取消権を行使できるのは処分行政庁であるが、この場合の行政庁とは、「処分庁に限られず、監督権を有している上級庁も含まれる」。だが上級行政庁（監督庁）は消極的に解されている。
3　取消は、原則として「既往に遡る」。
4　利益的行政行為の職権取消にあたって、処分行政庁は取消しによって得られる法律による行政の要請の回復と、取消しによって相手方が受ける不利益とを比較衡量して、「前者」が優る場合に限って職権取消ができる。
5　正解。

【No.104】　正解　1

1　正解。
2　行政行為の取消は、行政行為の成立当初から違法又は「不当」である場合には当該行政行為を取消すことができる。
3　行政行為の取消は、成立に瑕疵がある場合に取消すことができるが、取消すことができるのは正当な権限を有する行政庁又は裁判所である。この場合の行政庁とは処分庁に限らず、「消極的であるが監督庁も含まれる」。監督庁も含まれるかについては現在の学説に争いがある」。
4　国民に権利利益を与え又は義務を免除する授益的行政行為であっても、国民の虚偽の申請に起因して当該行政行為が生じた場合には、行政庁は当該行為を取消すことが「できる」。
5　行政行為の取消は、その効果は原則として既往に遡る。ただし取消しの原因が当事者の責めに帰すべきときは既往に遡らない場合があり、また授益的行政行為の職権による取消しの場合は、「既往に遡らず」、ただ将来に向かってのみ行政行為の存在が否定される。

14　行政行為の撤回

【No.105】　正解　3
1　撤回は、成立時に「瑕疵のない」行政行為について、公益上の理由でその効力を将来に存続させないために、その効力を失わせる行政行為である。
2　撤回は、「処分行政庁のみが行える」。監督行政庁は法律に別段の定めがある場合を除くほか、原則として「行えない」。
3　正解。
4　権利利益を与える行政行為は原則として「撤回できない」。なお義務その他の不利益を課する行政行為は原則として自由撤回である（確定力を生ずる行為は除く）。
5　撤回は、「将来に向かってのみ効力を生ずる」。

【No.106】　正解　2
1　撤回は、原則として処分庁のみが権限を有する。ただし処分庁を指揮監督する「監督行政庁は法令に根拠がある場合に限って」、撤回権を有する。
2　正解。
3　撤回には、次の2つの場合がある。
　　○権利利益の制限や不利益を科する場合の撤回は、「自由である」。
　　○権利利益の付与する撤回は……………………「自由でない」。
4　撤回手続は「法定されていない」。法律上別段の制限がない以上、前の行政行為と抵触する行政行為が行われることによって、前の行政行為が撤回されたと認められることがある。

5　授益的な行政行為の撤回において、相手方に特別の犠牲を強いた場合には、法令に補償の「規定がない場合でも」、相当の「損失補償を行う必要がある」。

【No.107】　正解　5
1　撤回は、「成立に瑕疵のない行政処分」について行われ、将来に向かってその効力を失わせる行為である。
2　行政行為を行った処分行政庁の上級行政庁は、当該行政行為について法令に特別の定めがある場合を「除くほか」、撤回権を「有しない」。
3　撤回は、「法律上の根拠の有無にかかわらず」、公益上の必要があるときに行うことが「できる」。
4　義務又は不利益を科する行政行為を撤回するのは、原則として自由であるが、権利又は利益を付与する行政行為の撤回は「原則として認められない」。
5　正解。

【No.108】　正解　4
1　相手方に権利又は利益を賦与するときの撤回は、相手方の同意のある場合「のみならず」、相手方の責めに帰すべき事由による場合や相当の補償をした場合にも認められる。
2　撤回は、行政庁が当然に選択できず、行政庁の意思行為によるものであり、「その意思行為に基づかず」その効力を失う行政行為の失効と「区別される」。
3　行政行為の撤回以外にも附款の場合がある。撤回権の留保の附款が付されている場合は、一定期間の到来や解除条件の成就で効力が消滅するが、当該の撤回の場合には「実質的な事由が必要である」。
4　正解。
5　公益上の理由により行政行為が撤回され、その結果、相手方に損失が発生した場合、行政庁は、「憲法第29条第3項の趣旨から、法令の定めがなくとも補償を要する」。

【No.109】　正解　2
1　撤回は、瑕疵がなく成立した行政行為について、後発的な事情を理由に行われるものであり、行政庁の「意思行為により消滅させるものである」。
2　正解。
3　撤回は、行政行為の附款として取消権が留保されている場合でも、それを理由として無条件の撤回は「許されない」。
4　撤回は、確定力又は準ずる効力を生ずる場合を「除き」、相手方に義務その他の不利益を科する行政行為の撤回は、原則として自由である。
5　撤回は、授益的行政行為の場合は原則として認められ、撤回の必要性が相手方の責めに帰すべき事由によって生じた場合には、撤回は「許容される」。

【No.110】 正解 3
1 行政行為の撤回は、当初は適法であった行政行為について、「処分行政庁のみ」が行政行為の後発的事情を理由として行う独自の行政行為である。監督行政庁は法律に定めがある場合を除き、原則として撤回権を有しない。
2 行政行為の撤回は、撤回について相手方の同意がある場合、又は行政行為に撤回権が留保されている場合のほか、「撤回の必要性が相手方の責めに帰すべき事由によって生じた場合や撤回が公益上不可欠である場合」などに行うことができる。
3 正解。
4 行政行為の撤回は、処分行政庁が当該行政行為の「成立後に生じた事由により」行うものである。その効果は「将来に向かってのみ」生ずる。
5 行政行為の撤回は、処分行政庁又は監督行政庁が撤回の可否について公開の聴聞や弁明の機会の付与などの手続を経ることを要件とする場合が多いが、「絶対的要件ではない」。

【No.111】 正解 5
1 撤回は、有効に成立している行政行為について、「その成立に瑕疵はない」が、行政上又は公益上の必要が生じた場合、その効力を将来に向かって失わせる処分である。
2 撤回は、有効に成立している行政行為について、解除条件の成就などにより、その効力の失われたことを宣誓する行為は、「処分行政庁のみ」であって、「監督行政庁は法の明示がなければ撤回権を有しない」。
3 侵略的行政行為の撤回は、その相手方に利益を与えるものであるから原則として自由であるが、争訟の裁断手続のように不可変更力を備える行政行為の場合には、「自由でない」。
4 義務を免ずる授益的な内容を持つ撤回は、原則として認められないが、「相手方に法令違反や資格の喪失など、不正その他の有責事由がある場合のほか、法律に撤回できる旨の規定がある場合に認められる」。
5 正解。

15 行政立法

【No.112】 正解 1
1 正解。
2 逆である。行政立法には、行政規則と法規命令という2つの異なる内容を取扱うが、法規の性質を有する「法規命令」と、法規の性質を有しない「行政規則」とがある。
3 行政立法は、行政権が法条の形式をもって一般抽象的な定めを行うことであ

るが、行政立法のうち、法律の授権を必要とするのは法規命令の中の法律の委任に基づく「委任命令」に限られる。法規たる性質を持たない行政規則は、法律の授権をまたず行政権の当然の権利を定めることができる。
4　法規命令の違反は、違法な行為として効力が否定され、妨げられるが、「行政規則の違反は、もともと行政規則が法規たる性質を有しないから、その効力は否定されず、妨げられない」。
5　行政立法のうち、法規命令は、法律の定める要件に適合しなければならず、かつこれを外部に表示（公布）することで効力が生ずるが、「行政規則は、公布する必要がない」。

【No.113】　正解　3
1　法規命令は、その主体、内容、手続及び形式のすべての点において、法律の定める要件に適合することを要し、「これを外部に公布することを要する」。
2　執行命令は、法律によって定められた権利義務などを具体化する手続や形式を定めるにすぎず、その制定には「個々の法律の授権を必要としない」。
3　正解。
4　行政規則は、行政権に伴う当然の機能として定めることができる。しかし「法規たる性質を有しない」ので、裁判規範として「裁判所を拘束することはない」。
5　委任命令は、法律の委任に基づき、国民に権利義務を課す規定を設けることができる。「個別的・具体的な法律の委任があれば、罰則規定を設けることもできる」。

【No.114】　正解　4
1　法規命令とは、行政権の定立する法規たる定めをいい、現行憲法で認められている法規命令は、「執行命令と委任任命」の2つである。
2　法規命令は、行政権が定める法規たる性質を持つ定めを指すが、「法律と異なり」、国会における民主的コントロールとしての「手続的な制約をほとんど受けない」。
3　法規命令は、国民の権利や義務に関する定めであって、正当な権限を有する行政官庁がその権限内の事項について適法な手続及び形式で定立し、かつ「外部に表示しこれを施行することによって」、現実に拘束力を生ずる。
4　正解。
5　法規命令は、行政権の意思表示であるが、「根拠法の存在が前提となっている」。したがって原則として前提となっている「根拠法の消滅又は廃止は、当該命令の効力を失わせる」。

【No.115】　正解　3
1　行政立法には、法規たる性質を有するもの、すなわち国民の権利義務に関す

る法規命令と、法規命令たる性質を有しない行政規則とがある。「国民に対する直接の法効果を有しない規定は、行政規則である」。
2　命令制定権は、正当な権限を有する行政官庁に専属するものであり、「当該命令制定権そのものの委任は許されない」。
3　正解。
4　法規命令には、法律の委任があれば、罰則を設けることができる。しかし罰則を「一般的包括的に委任することはできず」、個別的・具体的に委任した場合にのみ罰則を設けることができる。
5　法規命令が有効に成立するためには、その主体、内容、手続及び形式のすべての点について、法律の定める要件に適合することを要し、更にこれを「外部に表示（公布）することを要する」。

【No. 116】　正解　5
1　法規命令は、委任命令と執行命令に分けられる。委任命令の制定は、法規による個別的・具体的な委任がある場合に限られ、「一般的・包括的な委任に基づく場合は、許されない」。
2　法規命令は、法律の補充的規定又は上位法令を執行するための細目的、手続的規定であるが、「法律が法規命令に罰則の制定を委任することは可能である」。
3　法規命令は、これを発する権限をもつ行政機関の違いに応じて、政令、省令、外局規則などの形式をとることが多い。法規命令の効力のためには、公に知らせる「告示ではなく」、法律と同様に、「公布が必要である」。
4　法規命令の根拠となった法律が廃止されたときは、「その法規命令も効力を失う」。
5　正解。

【No. 117】　正解　2
1　委任命令は、国民の権利義務の内容を定めるものであり、「条理上認められているにすぎない」。憲法上直接その根拠が認められているのは、「執行命令」である。
2　正解。
3　委任命令は、権限の所在を標準とし、その形式として「政令のみならず省令以下に対しても」認められているし、執行命令も、政令のほか省令の形式にも認められている。
4　委任命令には、「具体的、個別的な委任がなければ罰則を規定できない」。一般的委任では「認められない」。また執行命令には罰則を付すことが認められていない。
5　委任命令である政令を、さらに政令以外の命令に再委任することは、「合理的な範囲で許される」。

【No.118】　正解　5
1　行政規則は、法規たる性質を「有しない」。
2　行政規則は、法律の授権を「要しない」。
3　行政規則は、原則として「命令」の形式をとる。
4　行政規則は、行政機関が適当な方法で関係者に「告知すれば足りる」。
5　正解。

【No.119】　正解　1
1　正解。
2　行政権の定立する法規たる定めを「法規命令」という。行政規則は行政権の定立する一般的な定めで、法規たる性質を有しないものをいう。
3　行政規則は、一般に法規的な性質を有しないので、「効力自体には関係がない」。
4　行政規則は、実質上、法令の補充的な意味を持ち、それ自体「例外的に法規的な性質を持つものもある」ので、「常にとまでいえない」。
5　行政規則は、「法律の授権を待たず」、行政権の当然の権利として定めることができる。

【No.120】　正解　5
1　通達は、行政庁がその所掌事務について行政組織内部において妥当するものとして示達するために発するものである。通達は、官報に公示されるが、「公示そのものが効力の要件ではない」。
2　通達は、所管の機関及び職員の権限行使を制約するが、国民の権利・義務に直接の法的影響を及ぼすもので「ない」ことから、「法の根拠を必要としない」。
3　通達は、行政組織内部だけに妥当するものであるから「法規の性質を持たず」、私人の権利利益に直接影響を「及ぼさない」。
4　通達は、行政庁の所掌事務について所管の諸機関及び職員の権限行使を制約するのみであって、それらの者は通達に拘束されることがあっても、「私人は通達に拘束されない」。
5　正解。

16　行政機関

【No.121】　正解　3
1　行政庁とは、行政主体のためにその法律上の意思を決定し、外部に表示する権限を持つ機関であり、各大臣、知事、市町村長など独任制の機関であるが、「行政委員会など合議制の機関もある」。
2　執行機関は、行政組織の機関の中で、行政庁の命令を受けて行政目的を実現

するための実行機関であり、自治法上の執行機関と「異なる」観念である。
3　正解。
4　諮問機関は、行政庁から諮問を受けて答申し、又は意見を具申する権限を有する行政機関であるが、行政庁は諮問機関の答申に「法的に拘束されない」。
5　参与機関は、行政庁の意思決定に参与する権限を有する行政機関であるが、その参与機関の議決は行政庁の意思決定を「法的に拘束する」。

【No.122】　正解　1
1　正解。
2　権限の代理は、行政庁が自己の権限の一部を他の行政庁に委譲するものであり、その行為は、「被代理者」としての行為として効果が生ずる。
3　権限の代理は、被代理機関の権限の一部を代理機関が代理権に属する事項を行うことであり、代理する事務は、「被代理機関の名と責任で処理する」。
4　権限の代理は、被代理庁の行為として行われるので、代理庁と被代理庁との間に「監督関係が生ずる場合がある」。
5　権限の代理は、代理関係によって法定代理と授権代理とに区分されるが、前者は法律の授権を必要とするが、「後者は法律の授権を必要としない」。

【No.123】　正解　2
1　権限の委任は、行政庁が自己の意思により、法律の根拠がある場合に、その権限の「一部」を他の行政機関に委任することをいう。「全部を委任することはできない」。
2　正解。
3　権限の委任は、行政庁の権限を他の行政庁に委任することから、委任庁はその事務を処理する権限を失い、処理結果は「受任庁」に帰属する。
4　権限の委任で、行政庁が下級行政機関又は補助機関に委任した場合には、委任庁はこれらの機関を指揮監督する地位にあるから、権限の委任事務にも「指揮監督権が及ぶ」場合がある。
5　権限の委任は、行政庁の権限の一部が委任されたにすぎないが、当該委任事務に対する抗告訴訟に対しては、「受任庁」が被告となる。

【No.124】　正解　4
1　専決は、行政庁の権限を「対外的に委任せず」、対内的に委任を受けた行政庁の補助機関が行政庁の名においてその行政庁の権限を行使する方式である。
2　専決は、単なる内部的な補助執行方式であり、行政庁の代理権の付与に「基づかずに」、実際上、補助機関が行政庁の名で権限を行使する方式である。
3　記述は、「代決」である。
4　正解。

5　代決は、行政庁（決定権者）が不在で決済ができない場合においてのみ代決権が代わって行使される場合をいい、権限の配分を変更するものでは「ない」。

17　行政契約

【No.125】　正解　5
1　公法上の契約とは、公法的効果の発生を目的とする複数の当事者間の「反対方向」の意思表示の合致によって成立する公法行為をいう。
2　公法上の契約は、一般的な観念によるよりも行政契約として捉えるが、①行政主体相互間、②行政主体と私人との間の契約のほか、「③私人相互間に行われる契約」がある。
3　公法上の契約は、公法的効果の発生を目的とすることから、私法の原則が「そのまま適用されず」、「私法」は公共の福祉を保護する見地から「制限を受ける」。
4　公法上の契約は、「法律上特に明示的にこれを認めた場合に限り、行える」。これが通説である。
5　正解。

【No.126】　正解　3
1　行政契約は、国や地方公共団体などの行政主体が行政目的達成の手段として締結する契約であるが、締結には、「必ずしも法律の根拠を必要としない」。
2　行政契約は、当事者の反対方向の意思表示の合致により成立する法行為である。「地方公共団体の組合の設立行為は行政契約ではない」。
3　正解。
4　行政契約には、公法上の契約と私法上の契約があり、「原則として私法である民法や商法が適用される」が、公益と密接に関係するときには、私法上の契約がそのまま適用されず、公法上の契約が適用される。
5　行政契約も行政作用の一形態であるが、行政処分を行う場合と「同様に」、契約締結にあたって、平等原則や比例原則などの「法の一般原則が適用される」。

【No.127】　正解　5
1　行政契約とは、行政主体が、その活動過程において締結する契約をいい、行政主体相互間の契約や「行政と私人間との契約などがある」。したがって土地収用などの私人間との契約も「含まれる」。
2　行政契約は、相手方の同意を得て締結されるものであり、これに対する法律の根拠は行政行為その他の権力的行為の場合ほど「強くない」。
3　行政契約は、両当事者の合意に基づく非権力的行為であるが、「契約に際して議会の議決を要求されるものもある」。
4　行政契約は、行政主体がある者と契約を締結し、行政目的を達成しようとす

る場合、これに対し、「第三者が不服を有しても、裁判所によって救済を求めることは難しい」。すなわち、行政処分に対しては第三者にも取消訴訟などの抗告訴訟を提起するための原告適格が一定の範囲で認められているが、契約については第三者の原告適格が認められる余地は少ない。
5 正解。

【No.128】 正解 1
1 正解。
　行政契約は、公法上の契約と私法上の契約を含むとする場合と、行政契約を公法上の契約とする場合があるので注意を要する。一般には公法上の効果の発生を目的とする複数の対等な当事者間の反対方向の意思の合致によって成立する公法行為と定義される。すなわち、その本質は、私法上の契約と異なるものではないので、「当事者の対等性を前提とする」。また「私法規定を全面的に適用排除するものではない」。また行政契約は、公益と密接な関係を有するもので、民法の解除に関する規定など一定の私法規定についてその適用が排除される。なお「公害防止協定や地方公共団体間の事務委託、建築基準法上の建築協定などは行政契約」と解されている。しかし公営住宅の利用関係については私法上の契約とする見解が強い。また河川占用権の譲渡の認可は契約ではなく行政行為である。

【No.129】 正解 5
1 行政契約は、特別権力関係に基づく行政主体の優越的な権力作用では「ない」。また「明示の法律上の有無にかかわらず」、行政主体は契約を締結することが「できる」。
2 行政契約は、当事者間の「反対方向」の意思表示の合致により成立する「非権力的な」行政活動であるが、行政側は公益上の理由で「いつでも契約を解除することができる」。
3 行政契約は、対等な当事者間における契約であるが、処分性を有する契約では、訴訟は行政事件訴訟法が「適用される」。
4 行政契約は、その本質においては行政主体の「優越的な権力作用ではなく」、憲法上の平等原則、契約自由の原則に全面的に支配される。
5 正解。

【No.130】 正解 3
1 行政契約は、行政主体が行政目的のために、その活動の過程において他の行政主体又は私人と締結する契約をいうが、「必ずしも法律の根拠を必要としない」。
2 行政契約は、行政主体と私人間で締結される場合には、民法等の私法の規定

が適用されるが、契約に関し当事者に紛争が生じた場合には、「行政事件訴訟法の規定が適用される」。
3　正解。
4　行政契約は、対等の当事者間の合意に基づく非権力的な行為形式である。相手方の求めを前提とする給付行政（公共施設や公共企業の利用や補助金などの交付等に関するもの）のために行う契約も「行政契約とされている」。
5　行政契約である公害防止協定には、紳士協定説と契約説があり、「契約説」は地方公共団体が事業者の任意の同意を得て規制を行っても法理論的に許され、両者の合意は法的拘束力を持つとする。一方、「紳士協定説は、協定は単に地方公共団体が要請する具体的な公害防止対策を了承する意思表示にすぎず、法的拘束力を持たないとする」。

【No.131】　正解　2
1　行政契約は、国や地方公共団体などの行政主体がその活動の過程において締結する契約である。「公務員の勤務契約や公共用地取得の土地収用法上の協議などは公法上の契約」であり、「建築請負契約は私法上の契約」である。
2　正解。
3　行政契約は、行政主体と私人間で締結される場合には、両者が対等の立場に立つことから、原則として民商法の具体的な規制を受けるが、行政契約は私人間での契約とは同視できないものであって、「法律・条例等で特則が設けられる場合もある」。
4　行政契約は、対等の当事者間における反対方向の意思表示の合致によって成立する行政上の行為形式であり、行政契約に関する訴訟には、行政事件訴訟法の規定が「適用される」。
5　行政契約は、規制行政で広く活用されるが、行政主体と企業との合意に基づく公害防止協定であっても、当該協定を根拠に「義務違反に対し刑罰を科すことはできない」。

18　行政指導

【No.132】　正解　4
1　行政指導は、「法律の根拠を必要とせず」、行うことができる行政作用である。
2　行政指導は、行政機関が国民や他の行政主体等に働きかける非権力的な行為作用であり、事実的な行為であるため、授権規範による「授権を必要としない」。法律の留保の原則は、行政が法律に基づいて行わなければならないとする原則である。したがって、「行政指導は法律の留保の原則の適用を受けない」。
3　行政指導は、相手方の任意的な協力を求める法的拘束力を伴わないものであるから、その指導の範囲は「特に限定はない」。したがって、規制的な指導も「可

能」である。
4　正解。
5　行政指導は、「行政処分ではない」点から、原則として「抗告訴訟の対象とならない」。ただし違法な行政指導の場合には、国家賠償法や民法上の不法行為責任が認められる場合もある。

【No.133】　正解　1
1　正解。
2　行政指導は、行政行為のように正式な行為形式では「ない」。行政指導の法的根拠は、行政需要の可変性や行政指導の任意性から「必要とされていない」。
3　行政指導は、勧告、助言、指導といった非権力的な手段で国民に働きかける単なる事実上の行為のほか、「上級行政庁が下級行政庁に対して行う指揮監督以外の助言、勧告なども行政指導である」。
4　行政指導は、調整的指導、助成的指導、規制的指導に区分できるし、また拘束力又は強制力を「伴わない」「非権力的」な指導や助成的指導などに区分できる。
5　行政指導は、直接国民の権利義務に影響を及ぼさないが、違法又は不当な行政指導で損害を受けた場合には、国家賠償法による「救済を求めることができる場合がある」。

【No.134】　正解　3
1　行政指導は、社会の実態に対して現に存在する行政法規では適切に対応できない場合に行われるものであるが、「実定法に根拠を置くものも多い」点に特色がある。
2　行政指導は、国民や他の行政主体に働きかける事実行為である。行政機関内部においても行政指導はあり得るが、「指揮監督の行政作用としてのものは、行政指導に該当しない」。
3　正解。
4　行政指導は、行政客体の一定の作為・不作為を期待して働きかける行為であり、行政指導は、「特定の相手方に対して行われるところに特色がある」。
5　行政指導は、行政事件訴訟法第3条に定める行政庁の処分に「あたらない」。違法な行政指導に対しては、損害賠償請求が可能とされているが、「取消訴訟については、行政指導が処分性を持たないとの理由で否定的に解されている」。

【No.135】　正解　2
1　行政指導は、「公権力の行使によるものではない」。助言又は勧告といった「非権力的」な作用であり、これに従うか否かは国民の任意に委ねられている。
2　正解。

3 行政指導のうち規制的指導には法律の根拠に基づくものがあるが、行政指導は法律上に根拠を有する場合であっても、「特別の規定がない限り、指導に拘束力は働かない」。
4 行政指導は、任意的行為であり、国民の義務権利に直接影響を「及ぼさない」ことから「処分性がなく」、「審査請求や抗告訴訟の提起の対象とはならない」。
5 行政指導には、「助成的指導・調整的指導・規制的指導」がある。行政指導は事実行為であるから、国民の権利を侵害するものでも「ない」ので、違法な指導により被った損害を「必ず」補償する義務まで「ない」。

【No.136】 正解　1
1　正解。
2　行政指導は、法の根拠に基づかない場合が大部分であり、また行政指導は「権力的な行政活動では「なく」、そして「特別の規定がない限り、法的拘束力を有する規制指導は許されない」。
3　行政指導は、法の不備を補い臨機応変かつ弾力的に行われるものが多いが、「法の根拠によるものは少ない」。また行政指導に従わぬ者に行政強制を加えることは「許されない」。
4　行政指導により損害を受けても、この指導について「審査請求ができない」。
5　行政指導は、一般的に「行政機関と国民との関係から生ずる」。また「必ず文書で行う命令ではない」。

【No.137】 正解　5
1　最高裁は、行政指導は、相手方の任意の協力と任意の服従のもとに指導が行われるべきものであり、相手方の明示の意に反してその受忍を強いることは「許されず違法である」と判示した。
2　最高裁は、文部大臣が、七三一部隊に関する事柄を教科書に記述することは時期尚早とする規制的な行政指導を行ったことに対し、判断過程に看過し難い過誤があり「裁量権の範囲を逸脱し」「違法である」と判示した。
3　最高裁は、石油業法に直接の根拠を持たない価格指導であっても、必要性があり、社会通念上相当と認められる方法によって行われ、独禁法の目的に実質的に抵触しないものである限り「違法でない」と判示した。
4　最高裁は、マンション確認申請に対し住民から建設反対の陳情を受け、住民との紛争を解決しなければ建築確認処分を行わないとした行政指導について、行政指導が行われている理由だけで確認処分を留保することは「違法である」と判示した。
5　正解。

19　行政調査

【No.138】　正解　2
1　行政調査は、行政機関によって行われる行政目的達成のための情報収集活動であり、資料提出の請求、立入りなどのほか、「臨検検査も行政調査に含まれる」。
2　正解。
3　行政調査は、調査に先立って一定の手続を必要とする場合があるが、行政調査には、一般に「令状主義は適用されない」。ただし刑事責任追及に直接結びつく場合には、調査に先立って令状が必要となる。
4　行政調査は、一定の行政決定のために認められる調査であるが、法律の調査権限により収集した資料を他の行政目的に用いることは、「法令の定めがない限り許されない」。
5　行政調査と行政行為は、相対的に独立の行為であるが、調査の違法は当然に行政行為の違法を構成しないが、行政調査の違法性の程度によっては、行政調査の行為が行政行為の違法を構成する場合も「あり得る」。

【No.139】　正解　4
1　行政調査は、行政機関によって行われる行政目的達成のための調査活動であり、方法としては、質問や書類検査だけでなく、「家宅に対する立入りも行政調査に含まれる」。
2　警察官による自動車の一斉検問は、相手方の任意の協力を求める形で行われ、自動車の利用者の自由を不当に制約することにならない方法、態様で行われる限り、「適法」である。
3　行政調査には、調査の拒否に対する罰則規定がおかれた調査がある。このような行政調査において調査が拒否された場合でも、行政機関が相手方の意に反し「実力を行使して行政調査を行うことはできない」と解されている。
4　正解。
5　行政調査が、所得税の賦課徴収のための必要な資料を収集する目的の手続であれば、その性質上、刑事責任を追及する目的と「ならず」、憲法上の「令状主義は当然に適用されるものではなく」、令状のない所得税法の質問検査は「違憲とならない」と解されている。

20　行政計画

【No.140】　正解　1
1　正解。
2　行政計画は、「組織法上の根拠が必要であり」、計画の具体的な内容や機能を考慮しながら作業法上の統制を設けるものであるが、行政計画に対する議会の

統制があるものがある。例えば、「国土利用計画法による議会の統制」などがある。
3　行政計画の策定手続として、住民が参加する事前手続があり、現行法では、計画案の縦覧、公聴会の開催などがある。行政計画の策定手続は、行政手続法の「対象とならない」。
4　行政計画は、拘束的な計画である「土地区画整理事業計画」についても、その処分性が否定される。ただし「再開発事業計画」は処分性を「持ち」抗告訴訟の対象と「なる」。
5　行政計画は、そこに違法性があり、住民が損害を受けた場合には、国家賠償法第1条による損害賠償請求の「対象となる」。

【No.141】　正解　5
1　行政計画は、行政作用により決定される行政目標ないしその達成手段である。その策定には「必ずしも法律の根拠を必要としない」。法律の根拠に基づく計画を法制上の計画、それ以外の計画を事実上の計画という。
2　行政計画は、将来の行政活動の基準を設定する行為であり、直接国民生活に与える影響が大きく、計画策定権能は、第二の立法権と呼ばれることもある。だが計画策定過程には「議会の審議が必ず必要とされるものではない」。
3　行政計画は、「国民を法的に直接拘束すると否とを問わず、実質的には民間活動を指導するガイドラインとしての意味を持っている」。行政機関内部では、指針的効果のみならず、原則それに従う「規範性を持つ」。
4　行政計画は、「一般に処分性がないことから、審査請求を行うことができない」。
5　正解。

【No.142】　正解　3
1　行政計画は、行政が総合的観点に立って将来到達すべき目標を設定し、その目標の達成のために必要な諸手段を総合的に調整する作用である。ただし「行政計画には、国民を拘束する計画と拘束しない計画がある」。
2　行政計画は、現実を踏まえ、あるべき将来の姿を描く政策的な創造作用であり、他のすべての行政作用を誘導し統制するだけでなく、場合によっては、「法律を誘導する機能をも果たす場合がある」。
3　正解。
4　行政計画は、法律に一定の根拠を持つ法定計画もあるが、「一般的には法律の根拠を持たない」。また計画の具体的な内容については、「法律上の規定に基づくものはあまり見られない」。
5　行政計画は、現行行政訴訟制度の枠内で「処理しきれない」側面を持っていることから、行政計画は、原則として行政訴訟制度の対象と「ならない」とす

る見解が支配的である。

21 強制手段

【No.143】 正解 1
1 正解。
2 強制手段である行政強制と行政罰は、「いずれも法律の根拠を必要とする」。
3 逆である。行政強制は、「将来に向かい義務の履行を強制する手段」であり、行政罰は、「過去の義務違反に対する制裁」である。
4 強制執行は、義務の不履行に対し行政権の主体が実力を持ってその義務を履行させる行政作用であるが、「即時強制は義務の不履行を前提としない」。
5 逆である。行政強制の強制執行や即時強制は「直接的な強制」の行政作用であるのに対し、行政罰は行政上の「間接的な強制」の行政作用である。

【No.144】 正解 4
1 強制執行も行政罰も、「ともに行政上の義務の不履行を前提とする」。
2 強制執行は、将来に向かって義務の履行を強制することを主眼とするのに対して、行政罰は、過去の義務違反に対する制裁を主眼とする。両者はその目的を異にするから、「同時に科すことを妨げない」。
3 強制執行は、条例に定める義務の不履行に対し条例で定める種類の執行ができる。また「条例で、行政罰を科することもできる」。
4 正解。
5 強制執行の手段には、代執行、執行罰、直接強制及び強制徴収があるが、これらと行政罰との間に、設問でいうような「履行確保についての区別はない」。

【No.145】 正解 2
1 強制執行と即時強制は、強制それ自体によって行政目的を達成するものであるが、強制執行は、「行政上の義務の不履行を前提とし」、その義務の履行の強制手段である点において、直接、行政上必要な状態を実現するための強制手段である即時強制と区別される。
2 正解。
3 強制執行に関する一般法として行政代執行法があり、法律で命ぜられた義務に不履行がある場合に、他の手段でその履行を確保することが困難であり、「かつその不履行を放置することが著しく公益に反すると認めるときに限り」、代執行の手段をとり得るのが原則である。
4 逆である。強制執行は、「義務の履行があるまで反復して科せる」が、これに対し行政罰は、「同一の義務違反に対して重ねて科すことができない」。
5 強制執行の一つの手段である執行罰は、通告によって心理上の圧迫を加え義

務者に履行させることが目的であるので、その後において義務者が履行した場合には、「執行罰を免れる」。

22　行政強制

【No.146】　正解　5
1　執行罰は、非代替的作為義務や不作為義務が履行されない場合にとられるが、「強制執行の性質のみを有し」、義務違反に対する制裁としの「罰の性格を持たない」。
2　即時強制は、目前急迫の障害を除去するために、義務の不履行を「前提とせず」、行政上必要な状態の実現を目的とするが、「制裁手段ではない」。
3　強制執行は、行政主体が自らの手で義務履行の実現を図る自力執行力を持つが、その作用には、「個別の法律の授権が必要である」。
4　記述は、「即時強制」である。
5　正解。

【No.147】　正解　5
1　代執行は、他人が代わって行うことのできる代替的作為義務が履行されない場合に、「他の手段による履行の確保が困難で、かつ不履行の放置が著しく公益に反するときにのみ」、認められる。
2　即時強制は、行政上の「義務の不履行を前提とせず」、行政上必要な状態の実現を目的として、国民の身体又は財産に強制を加える制裁手段である。
3　執行罰は、間接的に義務の履行を促す間接強制の方法であり、「非代替的作為義務」又は作為義務の履行がないときに、行政庁が義務者に対し一定の過料に処することを予告するなど、その履行を強制するものである。なお執行罰と行政罰とは、目的、性質、対象が異なるので、「併科することもできる」。
4　法令が強制徴収の手段を定めているときは、「民事法上の強制執行によることができない」。
5　正解。

【No.148】　正解　4
1　強制徴収は、租税など公法上の金銭債務の徴収漏れがあれば、国税徴収法に基づきその義務の履行を図ることができるが、地方税の場合は地方税法によるなど「個々の法律の根拠を必要とする場合もある」。
2　代執行は、代替的作為義務の違反に対して行われるものであり、「不作為義務の違反に対して行うことはできない」。また代執行は不履行があるときに行政庁自ら義務者の行うべき行為を行い又は第三者をして行わせる作用をいう。
3　執行罰は、不作為義務又は非代替的作為義務の履行のない場合に、その履行

を強制するために科する罰であるが、「行政罰の一種ではない」。
4 正解。
5 即時強制は、行政上必要な状態を実現するための直接手段であり、それは身体又は「財産」に対する強制である。

【No.149】 正解 1
1 正解。
2 記述は、「強制執行」である。
3 国税は国税徴収法、地方税は地方税法に強制徴収を定めており「国税徴収法は一般法ではなく」、滞納処分の例による如く、「個々の法令の根拠を必要とする」。
4 代執行の一般法として行政代執行法が定められており、法令により直接命ぜられた行為が履行されない場合には、一定の手続の下に認められる。「直ちには誤りである」。
5 執行罰は、義務の不履行に対し一定額の過料を科することを通告して間接的に義務の履行を促す作用であり、義務の履行を強制するための手段であって、「その義務違反に対する制裁ではない」。

【No.150】 正解 3
1 違法駐車に対する移動処分は、「即時強制」である。
2 国税徴収法に基づく滞納処分は、「強制徴収」である。
3 正解。
4 警察官職務執行法に基づく強制は、「即時強制」である。
5 砂防法に基づく罰は、「執行罰」である。

【No.151】 正解 1
1 正解。
2 代執行は、他の手段によってもその履行を確保することが困難であり、かつ「その不履行を放置することが著しく公益に反すると認められる場合」に限られる。
3 代執行の根拠法には、行政代執行法があるが、「行政代執行法のみで代執行はできず、さらに個別法による根拠が必要である」。
4 代執行は、義務の履行を強制する権限を有する「当該処分行政庁のみ」が行うことができる。
5 非常の場合又は危険切迫の場合には、緊急に代執行を行う必要があり、戒告及び代執行令書による通知の手続を執る暇がないときは、「その手続を省略することができる」。

【No. 152】　正解　5
1　医師の診療義務は、「他人が代わって履行できない」。
2　予防接種を受ける義務は、「他人が代わって履行できない」。
3　許可を受けないで一定の建築をしてはならない義務は、「不作為義務であり、代執行の対象とならない」。
4　薬剤師の調剤義務は、「他人が代わって履行できない」、非代替的作為義務である。
5　正解。
　（消毒方法の施行義務は、他人が代わって行い得る代替的作為義務である）

【No. 153】　正解　2
1　代執行は、行政上の「代替的作為義務」の不履行がある場合に限って、行政庁又は第三者をして行う行為である。
2　正解。
3　代執行の手続は、第1段階として、相当の履行期限を定め、その期限までに履行がないときは代執行をなすべき旨をあらかじめ文書で戒告し、「第2段階として代執行令書をもって期限、責任者、費用を通知した後で行われる」。
4　代執行に要した費用は、義務者に対し納付が命ぜられ、義務者が納付しないときには、国税滞納処分の例による強制徴収をすることが「できる」。
5　代執行の戒告などに不服がある者は訴訟を提起できる。代執行は、訴えの提起があっても、「原則としてその執行を停止することはない」から、例え違法な代執行であっても、相手方は原状回復又は損害賠償を請求するほかはない。

【No. 154】　正解　4
1　代執行は、義務者がその義務を履行しない場合に、他の手段によってその履行を確保することが「困難」で、「かつ不履行の放置が著しく公益に反すると認められるときに限られる」。他の手段で履行が確保されるときは代執行ができない。
2　代執行は、義務者に代わって行政庁が自ら行うこともできるし、また代執行を第三者に行わせることも「できる」。
3　代執行の費用は、「文書をもって」義務者に納付を命じなければならず、その費用を納付しないときは強制徴収をすることができる。
4　正解。
5　代執行の戒告や代執行令書の通知で代執行の要件が認定されるから、取消訴訟を提起することができると解されているが、この立場に立っても、行政手続法上の不利益処分の規定は「適用されない」。

【No.155】　正解　3
1　代執行は、他の手段によって履行が困難かつ不履行の放置が著しく公益に反する場合に行うことができ、この「他の手段」には執行罰や直接強制は「含まれない」。
2　代執行は、当該行政庁が行うことができるが、その当該行政庁とは、国又は地方公共団体に限られず、「行政委員会も含まれる」。
3　正解。
4　代執行を行うには、相当の期間を定めて文書で戒告しなければならず、戒告は行政処分であり、審査請求や取消訴訟の対象となるが、ただし緊急性がある場合には「戒告手続を省略できる」。
5　代執行の戒告や通知に不服がある者は取消訴訟を提起できるが、すでに代執行が終了した後は取消訴訟の利益を「失い」、国家賠償法の請求のみが可能となる。

【No.156】　正解　5
1　代執行を行う場合には、文書で戒告しなければならないが、この戒告は「行政処分であり」、戒告も行政不服審査法や取消訴訟の「対象となる」。
2　代執行の対象は、法律で直接命じられ又は法律に基づき行政庁に命じられた義務のみならず、条例で命じられ又は条例に基づく行政行為も「対象である」。
3　代執行は、他人が代わってなすことのできる代替的作為義務を履行しない場合に行うことができる。不作為義務は、代執行の対象と「ならない」。
4　代執行は、代替的作為義務が履行されないときに実施される。誰でも履行できる金銭納付義務も代替的作為義務であるが、「代執行の対象ではなく」、強制徴収の手段が用いられる。
5　正解。

【No.157】　正解　3
1　代執行は、他人が代わって行える作為義務の履行の「ない」場合に、当該行政庁が自ら義務者の行うべき行為を行い、又は第三者に行わせ、その費用を義務者から徴収することをいう。
2　代執行は、法律、法律の委任に基づく命令、規則及び条例により直接命ぜられた代替的作為義務に不履行がある場合に該当する。しかもその不履行が、他の手段で履行を確保することが「可能である場合には」、その不履行を理由として直ちに代執行を執ることは「許されない」。
3　正解。
4　代執行は、まず相当の履行期限を定め、その期限までに履行が行われないときは、代執行を行う旨をあらかじめ文書で戒告しなければならない。しかし戒告の手続を執る「暇のないとき」には、「その手続を経ないで代執行を行うこ

5　代執行は、指定の期日までにその義務を履行しないときに、義務者の行うべき行為を行い、それに要した一切の費用を義務者から徴収できる。この徴収金は、国税徴収法の例により徴収され、「国庫や地方公共団体の収入となる」。

【No. 158】　正解　2
1　執行罰は、「不作為義務又は非代替的作為義務」の不履行がある場合に科する罰である。
2　正解。
3　執行罰は、義務の履行を強制するための手段であり、「その義務違反に対する制裁ではない」。
4　執行罰は、反復して科すことが「できる」。
5　執行罰と行政罰とは、目的、性質、対象が異なるので、「併科することが許される」。

【No. 159】　正解　3
1　執行罰は、行政上の義務が履行されない場合において、一定の期間内にその履行を強制するために科する罰であるが、「制裁ではない」。
2　執行罰は、義務の履行確保の手段として執られる罰である。したがって、義務の履行があるまで又は履行が不充分であるときには、「繰返し反復して科すことができる」。
3　正解。
4　執行罰は、一定の過料に処する旨をあらかじめ予告し、なお義務者が義務を履行しない場合に、義務者に「将来に向かって」の心理的な圧迫を加え、間接的に義務の履行を強制する罰である。
5　執行罰は、主として非代替的作為義務や不作為義務の履行確保の手段としての金銭罰である。「行政罰と併科することもできる」。

【No. 160】　正解　5
1　直接強制は、「義務の不履行がある場合に限り」、義務者の財産又は身体に実力を加え、履行があったのと同一の状態を実現する作用である。
2　直接強制は、直接実力を行使するという非常に権力的なものであり、直接的に義務者の「財産又は身体に実力を加える」ことにある。
3　直接強制は、代執行と強制徴収を除いた作用であり、実力で義務の履行を強制するものであるが、「代替的・非代替的あるいは作為義務・不作為義務を問わない」。
4　行政代執行法に規定されているのは「代執行のみ」であり、直接強制を規定していない。

5　正解。

【No.161】　正解　1
1　正解。
2　強制徴収については、通則的な規定が存在しないが、法律又は条例に「明文の規定がない限り」、国税徴収法に基づく強制執行を行うことが「できない」。
3　強制徴収は、国税及び地方税のほか、「使用料、手数料、過料などにも認められている」。
4　強制徴収は、強制執行の性質を有するが、「債務名義を必要としない」。
5　強制徴収は、財産の差押え、公売処分の行為が行われるが、義務者がこの強制徴収に対し不服があれば、「取消訴訟の対象となる」。

【No.162】　正解　4
1　国税徴収法は、国税の強制徴収の手段を定めたものであり、「法律又は条例に明文の規定がない限り」、当然に公法上の金銭債務の強制執行手段として国税滞納処分の例によることは「できない」。
2　強制徴収が、国や地方公共団体の金銭債権であっても、私法上の金銭債権と異ならないものや強制徴収の根拠規定がない場合には、「民事上の強制執行の手段（司法的執行手続）によることになる」。
3　地方自治法に基づき、使用料や手数料など、私法上の債権と類似した公法上の債権についても、「強制徴収の手段により徴収できる」。
4　正解。
5　強制徴収は、「無効の場合を除き」、一般に「審査請求前置主義が採用され」、またその出訴期間も行政上の法律関係の安定を図る見地から、一般の場合より「短期」となっている。

23　即時強制

【No.163】　正解　3
3　正解。
　　行政法上の即時強制とは、目前急迫の障害を除去するために行政上必要な状態を作り出す行為である。行政法上の「義務の不履行を前提とせず」、「代替・非代替あるいは作為・不作為を問わない」。また行政法上の「義務の履行を強制するためのものではなく」、目前急迫の障害を除く必要から義務を命ずる暇のない場合に、直接国民の身体又は財産に実力を加え、行政上必要な状態を実現する作用をいう。また行政庁が命じた義務の履行を強制する強制執行とは異なる。延焼防止の消火活動は、典型的な即時強制の例である。

【No.164】　正解　5
1　即時強制は、行政上の義務の賦課行為を介在させず、国民の身体又は財産に実力を加える作用であるが、警察官職務執行法以外にも、「消防法、感染症予防法などにも存在する」。
2　即時強制は、国民の身体又は財産に強制を加える作用では強制執行と共通するが、即時強制は、「義務者の義務の不履行を前提とせず」、即時に行われる。
3　即時強制は、警察官職務執行法に基づく警察官の行う質問、立入、武器の使用により行政上必要な状態を実現するための「強制手段」ではあるが、「制裁手段ではない」。
4　即時強制は、憲法に定める司法官憲の令状は、「必ずしも必要としない」。即時強制が同時に刑事手続の一環であるときは令状が必要である。
5　正解。

【No.165】　正解　2
1　記述は、「執行罰」である。即時強制は義務の不履行を要件としない。
2　正解。
3　即時強制は、「原則として」令状主義ではない。ただし、即時強制が刑事事件と併せ持ち、「刑事責任を追及する場合のみ司法官憲の令状を要する」。
4　即時強制は、あらかじめ「戒告する必要がない」。
5　即時強制が違法に行われた場合において、一過性の即時強制の場合には、訴訟を提起する時間がないので、不服申立ての「行政訴訟による救済の道はない」。しかし損害賠償請求の道はある。

【No.166】　正解　5
1　即時強制は、「行政上の義務の存在を前提としない」。なお、令状主義の保障は、純然たる刑事手続だけでなく、即時強制の手続が、同時に刑事手続の一環である場合にも及ぶ。
2　即時強制は、「行政法上の義務の履行を前提としない」。
3　記述は、「代執行」である。代執行の根拠法としては、行政代執行法がある。
4　即時強制は、その性質上義務を命ずることによっては、行政目的を達成できない場合などに行われるものであるが、比例原則などの憲法上又は条理上の制約原理が「適用される」。
5　正解。

24　行政罰

【No.167】　正解　3
1　行政罰は、「過去の行政法上の義務違反に対してのみに」科される罰である。

2 行政刑罰は、原則として刑事罰と同様に、刑事訴訟法の手続によって科される。「通告処分はこの原則の例外であり、特定の場合にのみ適用される」。
3 正解。
4 行政罰と強制執行は、その直接の目的とするところを「異にする」から、「一方において義務の不履行に対して強制執行をとりながら、他方において義務違反に対して行政罰を科すことができる」。
5 行政罰も一種の罰であるから、これを科すためには、常に法律上の根拠がなければならず、特別の規定がある場合のほか原則として刑法総則の適用があり、刑事罰と「同様に」、罪刑法定主義の「適用がある」。

【No.168】 正解 4
1 行政罰は、行政上の義務違反に対し、特別権力関係における特別権力に基づき制裁として科す罰のことでは「なく」、行政法上の義務の違反者に対して、一般統治権に基づいて制裁として科す罰をいう。行政罰を科すべき非行を行政犯という。
2 行政罰は、過去の行政上の義務違反に対する制裁として科す罰である。「将来にわたり義務の履行を強制することを目的とする行政上の強制執行の手段として科す罰は、執行罰である」。
3 行政罰は、法律で個別的・具体的に罰則の定立権を委任する場合のほかは、「法律による一般的な罰則の委任は許されない」。なお、行政罰のうち行政刑罰は、刑法の刑名のある刑罰を科すものであるから、「刑法総則が適用される」。
4 正解。
5 記述は、「刑事罰」である。行政罰は、行政上の目的を侵害する非行者の行政法規の不遵守に対する罰である。

【No.169】 正解 4
1 行政罰は、行政目的を達成するために設けられるものであり、「道義的な要請に基づくものではない」。
2 行政罰は、「過去」の行政上の義務違反の制裁として科せられるものであり、執行罰は、「将来」にわたり行政上の義務の履行を確保するために科せられるものである。
3 記述は、逆である。「懲戒罰は、特別権力関係においてその特別権力に基づいて科せられ」、「行政罰は、一般統治権に基づいて科せられる」。
4 正解。
5 それぞれが目的を異にし、権力の基礎を異にすることから、「懲戒罰に科せられるとともに、刑事罰に科せられることもある」。

【No.170】 正解　3
1　行政刑罰は、行政上の義務違反に対して科せられる罰であり、刑法の刑名には死刑、懲役、禁錮、罰金、拘留、科料がある。「過料は行政刑罰ではない」。
2　行政刑罰は、特別の規定のある場合のほかは、原則として「刑法総則が適用される」。
3　正解。
4　行政刑罰は、刑罰であることから罪刑法定主義が適用されるが、原則として裁判所が「刑事訴訟法」に基づき科する。
5　行政刑罰は、原則として刑事訴訟法の定める手続によって科せられる。刑法上の「重大な」義務違反に対する罰による制裁である。「即決裁判手続は特例である」。

【No.171】 正解　1
1　正解。
2　AとBは、「逆である」。
3　AとBは、「逆である」。
4　AとBは、ともに義務違反に対する制裁としての性質を有するが、それぞれ目的を「異に」するので、同時に併科することも「できる」。
5　AとBは、義務履行の確保の機能、目的を持つ共通点を持ち、ともに、「行政上の義務の不履行が前提となる」。

【No.172】 正解　5
1　AとBが「逆である」。
2　AとBが「逆である」。
3　ABともに、「常に法律の根拠を必要とする」。
4　AとBは併科できる。
5　正解。

【No.173】 正解　2
1　行政罰の種類は、刑法に刑名の定めがある刑罰（行政刑罰）のほか、「行政罰としての過料（行政上の秩序罰）と、自治法の定める過料とがある」。
2　正解。
3　行政罰と懲戒罰とは、その目的を異にし、これを科す権力の基礎を異にするが、特別権力関係の秩序を混乱させる行為が同時に反社会性を持つ行為として、「懲戒罰の対象となるのみならず、刑事罰又は行政罰の対象となる」。
4　行政罰も一種の罰であるから、これを科すためには、「常に法律の根拠がなければならない」。
5　行政罰の過料は、国の科す過料は非訟事件手続法に基づき裁判所によって科

せられるが、地方自治法で定める過料を科す場合には、「地方公共団体の長が科すことができる」。

【No.174】　正解　3
1　行政罰は、過去の行政上の義務違反に対する制裁として科せられる罰である。将来にわたり義務の履行を強制することを目的とする行政上の強制執行の手段として科せられる罰は、「執行罰」である。
2　行政罰は、行政上の義務違反に対し、特別権力関係における特別権力に基づき制裁として科せられる罰のことでは「ない」。住民基本台帳法に定める届出を怠った者に対する過料は、「行政罰のうちの秩序罰である」。
3　正解。
4　行政罰のうち行政刑罰は、刑法の刑名のある刑罰を科するものであるから、原則として「刑法総則が適用される」。
5　行政罰は、「行政上の義務違反に対して科せられる罰」である。したがって、義務違反の自然人だけでなく、「法人にも科せられ」、また使用者や事業主をも罰する両罰主義を採用している。

【No.175】　正解　5
1　行政刑罰は、原則として「刑法総則が適用され、通常裁判所において科せられる」。例外として地方公共団体の長が条例に基づき科す場合もある。
2　行政刑罰は、懲役、禁錮など刑法に刑名のある刑罰を科すものであり、刑法と同様に「両罰規定を設けることができ」、また「刑事訴訟法」の手続により科せられる。
3　行政上の秩序罰は、「非訟事件手続法」により、地方裁判所において、過料を科すものである。
4　行政上の秩序罰は、行政上の義務違反の程度が比較的軽い行為に対して科せられるものである。例としての国税犯則取締法に基づく通告処分や交通事件即決裁判手続法に基づく即決裁判制度は、「行政刑罰」の例である。
5　正解。

【No.176】　正解　4
1　行政刑罰は、行政上の義務違反に対して科せられる刑法に定める刑罰であるが、法律のみならず「条例で定めることもできる」。
2　行政刑罰には、原則として刑法の刑名のある刑罰（死刑・懲役・禁錮・罰金・拘留・科料など）を科する刑法総則が「適用される」。
3　行政刑罰は、行政犯又は法定犯ともいい、人身の自由や財産の自由に対する侵害としての刑罰が科せられる点で刑事犯と「同質」である。
4　正解。

5　行政刑罰とは、行政上の義務違反に対し、「一般統治権」に基づき制裁として科せられる罰をいい、本質は、「過去の義務の不履行に対する」制裁である。

【No.177】　正解　1
1　正解。
2　行政刑罰は、行政上の義務違反に対し「一般統治権」に基づき、制裁として科せられる罰であり、過去の行政上の義務の不履行に対する制裁として科せられる。
3　行政刑罰は、行政上の目的を侵害する非行者の行政法規の不遵守に対する罰であり、行為者を処罰することを原則としつつ、利益の帰属主体である法人を併せて処罰する「両罰主義を採っている」。
4　行政刑罰は、法令に特別の定めがある場合を除き、「刑法総則が適用される」。
5　行政刑罰は、過去の義務違反に対する制裁として科すものであり、「将来に向かって義務の実現を図るために科す処罰ではない」。なお義務の不履行がある場合には同一事実に対して目的を達するまで繰り返し科すのは、「執行罰である」。

【No.178】　正解　2
1　記述は、「特別権力関係に基づく懲戒罰」である。
2　正解。
3　秩序罰は、社会的非難の程度が軽い行為に科せられるが、例えばの事例は、「特別権力関係に基づく懲戒罰」の事例である。
4　秩序罰には、比較的軽微な違反行為の制裁を目的とするが、事例は、「行政刑罰」の事例である。
5　秩序罰は、義務の懈怠に対して科されるが、事例の免許取消処分は、「単なる行政処分であり、いわゆる罰には該当しない」。

【No.179】　正解　5
1　過料は、刑法の定める刑罰に「該当しない」。
2　過料は、刑法総則の適用を「受けない」。
3　過料のうち、法律に基づく（国の過料）は、一種の罰であるから、「裁判所が科する」。条例や規則に基づく過料は知事や市町村長などが科する。
4　過料は、「法律の根拠が有る場合に限り科せる」。
5　正解。

【No.180】　正解　3
3　妥当でない。
　　懲戒罰としての過料は、特別権力関係において、その秩序維持のために科す

制裁であり、行政罰が一般統治権に基づいて科すものとは、その性質と目的を異にするので、「両者を併科できる」。

25 国家賠償法（損害賠償）

【No.181】 正解　1
1　正解。
2　公権力の行使は、国又は地方公共団体の優越的な意思の発動に関する作用を指し、「私経済作用は含まれない」。
3　賠償責任は、公務員の加害行為が職務と実質的に関係のある場合のみならず、その行為が客観的にその行為の「外形において職務執行行為と認められる場合を含んでいる」。
4　賠償責任は、国又は地方公共団体が公権力の行使にあたる公務員の選任及び監督について過失がないことを立証しても、「免れない」。
5　国又は地方公共団体が相手方に賠償した場合において、国又は地方公共団体は、当該公務員に「故意又は重大な過失がある場合に限り」、求償権を有する。

【No.182】 正解　4
1　国家賠償法では、違法な行為を行った公務員自身は、その違法な行為に故意又は過失があっても、被害者に対し直接責任を「負わない」ものとしている。
2　国家賠償法では、国又は地方公共団体が被害者に損害を支払った場合には、その原因となった公務員に「故意又は重大な過失がある場合に」求償関係が生ずるものとしている。
3　国家賠償法では、道路、河川その他の公の営造物の設置又は管理の瑕疵を原因とする損害賠償責任には、「無過失責任主義」を原則としている。
4　正解。
5　国家賠償法では、外国人が被害者である場合には、「相手国と相互保証がある場合に限り」、国家賠償法が適用されるとしている。

【No.183】 正解　2
1　賠償責任は、外国人が被害者である場合には、「相互保証主義が採用されており」、「日本人の被害に対する賠償責任が認められる国の国籍を持つ人の場合に限られる」。
2　正解。
3　違法な行政作用によって国民の権利利益を侵害する場合とは、不法行為に基づく損害賠償であり、「損失補償とは、行政上の適法行為に基づくものである」。
4　国家賠償法による公の営造物の設置管理の瑕疵に基づく損害賠償責任は、損害の発生を防止する必要な注意があっても、「免れない」。無過失損害賠償責任

を採用している。
5　国家賠償法による国の賠償責任は、「公務員の選任監督としての責任ではない」。したがって、当該公務員の選任監督について「注意を怠らなかった場合にも、その責任は免れない」。

【No.184】　正解　3
1　損害賠償の公権力の行使とは、一方的に命令し強制する作用であると、一方的に法律関係を形成・変更・消滅させる作用であるとを「問わない」。
2　損害賠償の職務を行うとは、公務員が職務の遂行として行う行為に「限定されず」、客観的に職務の外形を有する行為も「含まれる」。
3　正解。
4　損害賠償の違法にとは、厳格的な法規の違反を指すのでは「なく」、その行為が客観的に正当性を欠くことを「意味する」。
5　損害賠償の国又は公共団体がこれを賠償する責に任ずるとは、民法の選任監督者としての責任に対し、公務員の選任監督者としての責任では「ない」。代位責任である。

【No.185】　正解　1
1　正解。
2　公権力の行使に基づく損害賠償責任は「過失責任主義」と採っているが、公の営造物の設置管理の瑕疵に基づく損害賠償責任は無過失責任主義を採っている。
3　国又は公共団体が、私人と同じ立場で私経済的作用（バス経営）などを行う損害賠償については、「原則として民法の適用を受け、国家賠償法は適用されない」。
4　国家賠償法による公の営造物の設置管理の瑕疵に基づく損害賠償責任は、国又は公共団体が所有する公の営造物のみならず、「借り受けた物も」、設置管理すべき公の営造物としている」。
5　国家賠償法の公の営造物の設置管理の瑕疵に基づく損害賠償責任については、「無過失責任主義が採られている」。

【No.186】　正解　3
1　賠償責任の要件として公権力の行使があり、本来の権力的活動のほか、私経済作用を「除く」すべての公の行政作用が該当する。
2　賠償責任の要件として職務行為があり、これは職務行為自体のほか、職務遂行の手段としての行為や職務に関連し「職務に付随する行為も含まれる」。
3　正解。
4　賠償責任の要件として行為の故意又は過失があり、損害賠償責任の成立には、

故意又は過失の「有る」ことを要件とする「過失責任主義」を採っている。
5 賠償責任の要件として他人に損害を与える場合があるが、損害賠償は、公務員の不法（違法）行為によって生ずる損害を補てんする制度であり、賠償責任は本来加害者である公務員自身が負うべきものであるが、国又は地方公共団体が「公務員に代わって負担する代位責任説」が通説となっている。

【No.187】 正解 4

1 損害賠償は、公務員が公権力の行使にあたるに際し、その職務を行うについて他人に損害を与えたことを要件としており、この要件は、行政権のみならず立法権及び司法権の行使にあたる場合も「含まれる」。
2 損害賠償は、公務員が過失による公権力の行使によって他人に違法に損害を与えた場合には、当該公務員の選任及びその職務の監督が適切に行われていたことを立証しても、国又は公共団体は、賠償の責任を「負う」。
3 損害賠償で、公務員が公権力の行使によって他人に損害を与えた場合の損害賠償の対象は権力的作用であって、原則として非権力的作用は対象とならないが、公立学校の教育活動などの非権力的作用による場合には損害賠償の「対象となる」。
4 正解。
5 損害賠償は、公務員が公権力の行使によって他人に損害を与え、国又は公共団体が損害賠償をしたときは、公務員の当該行為に故意又は「重大な過失」がある場合に、国又は公共団体は求償権を行使することができる。

【No.188】 正解 5

1 公権力の行使にあたる公務員は、国家公務員や地方公務員のみを「指すのではなく」、公権力の行使を委託され、その委託された職務に従事する者は公権力の行使にあたる「公務員に含まれる」。
2 公務員の加害行為の中で賠償責任が認められるのは、職務を行う行為に限られるが、この職務行為の中には、職務行為それ自体及びそれに随伴して行われた行為のほか、「外形上職務行為と見なし得る行為も含まれる」。
3 国家賠償法は、外国人が被害者である場合には相互保証主義を採っているので、相互保証のない外国人は、国又は地方公共団体に対して国家賠償法を求めることができないが、「民法上の不法行為規定に基づいて損害賠償を求めることはできる」。
4 国家賠償法上の公権力の行使にあたる公務員が、故意又は過失によって違法に他人に損害を与えた場合に賠償責任が生ずるが、過失と違法の区別は相対化しており、過失だけで賠償責任を認容し、違反の推定から過失及び違法性を推定する「判例がある」。
5 正解。

【No. 189】　正解　4
1　前者も後者も、ともに私法上の不法行為制度と同じく、「個人的道義的責任主義を基礎理念としている」。社会的公平負担の実現を基礎原理とするのは、行政上の損失補償である。
2　国又は地方公共団体が負う賠償責任の本質は、「国又は地方公共団体の自己責任とする説と、公務員の不法行為責任を国又は地方公共団体が代位するものとする説と、この両者が事案ごとに混在するとする折衷説の3つがある」。
3　「両者ともに、相互保証主義が採られている」。
4　正解。
5　「前者は過失責任主義」であり、後者は無過失責任主義を採っている。

【No. 190】　正解　5
1　公の営造物とは、道路、河川、港湾などもっぱら物的な施設を意味するが、具体的に警察の公用車、公立学校のプールの飛込台など、「動産も公の営造物に該当する」。
2　公の営造物に対する国又は地方公共団体の責任は、民法より被害者救済の範囲を拡大するが、公務員の故意又は過失を「問わない」。「無過失責任主義」を採用している。
3　公の営造物の賠償責任は、公の営造物の管理又は管理の瑕疵を「要件とする」。瑕疵とは営造物が通常備える安全性を欠く状態をいう。
4　営造物の設置者と管理者とにおいて費用負担が異なるときの賠償請求は、「いずれに対しても」請求することができる。
5　正解。

【No. 191】　正解　3
1　公の営造物とは、道路、河川、庁舎、学校など、公の目的に供される有体物及び「これに付随する有体物も含まれる」。
2　国又は地方公共団体は、他にその損害について「責任を負うべき者があると否とにかかわらず、賠償責任を有する」。
3　正解。（例えば、瑕疵のある建築工事請負人のごとし）
4　公の営造物の設置管理の瑕疵で、国又は地方公共団体がその損害の発生を防止するために必要な注意を尽くしたと「否とを問わず」、賠償責任を「負う」。
5　公の営造物の設置管理に伴う瑕疵で賠償責任を具備するときは、国又は地方公共団体は賠償責任を有するが、その損害の発生が客観的に回避可能性のない場合又は不可抗力の場合にまで「その責めを負うものではない」。

【No. 192】　正解　2
1　国家賠償法第2条は、公の営造物の設置又は管理に瑕疵がある場合を挙げ、

賠償責任は民法の確認規定であるが、その対象の範囲は「民法より広く認めようとしている」。
2　正解。
3　国家賠償法第2条は、その設置・管理に瑕疵あることを要求しているが、この管理の瑕疵は、営造物が通常有すべき安全性を欠いていることを指す。「過失の存在を必要としていない」。
4　国家賠償法第2条は、公の営造物の設置・管理に瑕疵がある場合に適用される。公の目的に供されていない「普通財産は公の営造物とは見なされず」、普通財産に対する設置・管理の損害賠償は、民法による。
5　国家賠償法第2条は、被害発生の予測可能性と回避可能性の有無とによって瑕疵の存否が判定されるが、「河川管理などは道路管理などと異なり、制限的手法による場合もある」。

【No.193】　正解　5
1　最高裁は、警察官が制服を着用し職務執行の外形を備える行為を行い他人に損害を与えた場合には、当該行為が非番に警察官自身の利を図る意図をもった行為であるとしても、地方公共団体は「損害賠償責任を負う」とした。
2　最高裁は、公権力の行使にあたる公務員の職務行為に基づく損害賠償については、「地方公共団体が賠償の責任を負い」、職務の執行にあたった公務員は公務員個人として被害者に対しその責任を負うものではないとした。
3　最高裁は、公権力の行使にあたる公務員がその職務を行うにあたって、当該公務員の「故意又は過失によって」他人に損害を与えた場合に、損害賠償責任を負うとした。すなわち故意又は過失がなければ損賠償責任がないとした。
4　最高裁は、裁判官が行った争訟の裁判に上訴等の訴訟法上の救済方法によって是正されるべき瑕疵が存在したとしても、これにより当然に違法な行為があったものとして国の損害賠償責任は「生じない」とした。
5　正解。（裁量収縮論の判例である）

【No.194】　正解　1
1　正解。
2　工場誘致の土地を譲渡する旨の議決に反対する村長が当選し、建築確認申請を却下したことによる工場側の損害発生について、代償的措置なしに変更することは、「補償の対象となる」。
3　保健所での予防接種による後遺障害について、予防接種を実施するに適した者であっても、予診を怠った場合には、「賠償責任の対象となる」。
4　公務員が、客観的に職務執行の外形を備える行為を行い他人に損害を加えた場合には、「損害賠償責任の対象となる。」
5　改修した河川におい水害が発生し、住民に損害を与えた場合に、河川の管理

に瑕疵があるか否かについては、予測される災害を防止するに足りる河川管理であった場合には、「補償の対象とならない。」

26　国家賠償法（損失補償）

【No. 195】　正解　3
1　損失補償は、適法な公権力の行使による財産上の特別犠牲を補償する制度であるが、一般的な負担や財産権に内在する社会的な制約は、「補償の対象とならない」。
2　損失補償は、プログラム規定では「なく」、法律に明文の規定が「なくても」、直接憲法第29条に基づき、「補償の対象となる」。
3　正解。
4　損失補償は、公益と私益の調節を図る形式である。公共の安全の確保など消極的な目的のために最小限度において必要な比較的一般的な財産権の制限は、「特別な犠牲とは認められず」、原則として損失補償を要しない。
5　損失補償は、特別な犠牲に対して財産権者が被った財産上の損失の「正当（相当）な補償」を意味する。「完全な補償ではない」。

【No. 196】　正解　4
1　損失補償は、相手方に与える私有財産上の「すべてではなく」、一般的な負担又は財産権に内在する「社会的制約に対しては、補償の対象とならない」。
2　損失補償は、何が補償の対象となるかの判断は難しいが、行政上の適法な行為に基づく財産上の損失補てんに限られ、「身体的な侵害は損失補償の対象とならない」。
3　損失補償の正当な補償とは、「相当な補償であり」、必ずしも「完全な補償であることを意味しない」。
4　正解。
5　公の営造物の設置管理の瑕疵に基づく損害の補償は、「損害賠償である」。

【No. 197】　正解　5
1　行政庁の不法行為によるものは、「損害賠償である」。
2　行政庁の故意又は過失に起因するものは、「損害賠償である」。
3　損失補償は、行政庁の「適法な行為」によって加えられた財産上の特別の犠牲に対し全体の負担で補償する財産的補償である。
4　損失補償は、行政庁の適法な公権力の行使によって加えられた財産上の特別の犠牲の概念を用いた平等原則から導かれるが、無過失責任の原則は、「国家賠償法第2条に基づく場合」である。
5　正解。

【No.198】　正解　2
1　損失補償は、適法な行政活動により、特定私人に生じた財産的損失を補償するものであり、私法契約上の反対給付と「区別される」。
2　正解。
3　損失補償は、土地収用法などに個別の規定が存在するが、法律に具体的な損失補償に関する規定が「なくても」、直接憲法第29条を根拠にして補償を請求することが「できる」。
4　損失補償は、具体的にどのような場合に補償が認められるかは、特定人に対する制約であって受忍限度を超える基本的制約かという基準で「判断される」。
5　損失補償は、原則として金銭補償の方法によるが、複数の被害者に対し個別的に支払うか、そのうちの1人に対して一括して支払うかは、「前者」が原則である。

【No.199】　正解　5
1　損失補償は、財産上の特別な犠牲に対する補償であり、社会生活上の受忍限度を超える犠牲を強いいるものであるか否かで「判断される」。
2　補償規定がないからといって、公用収用や公用制限が「直ちに無効となるわけではなく」、財産上の損失を受けた者は、直接裁判所に損失補償の請求訴訟を提起することができる。
3　損失補償は、特定人の財産権に対する偶発的かつ特別な犠牲「のみが対象となる」。国民が一般的に負担すべき財産権の制約は「対象とならない」。
4　損失補償は、特別の犠牲に対し相当な補償で足りる。しかし補償に対し当事者間の意見の一致が得られない場合には、「訴訟を提起することもできる」。
5　正解。

【No.200】　正解　4
1　緑地帯に指定されたため、土地の価格が下落した場合は、一般的に社会の構成員としての「受任の範囲にある」。
2　市長が違法に営業の許可を撤回した場合は、公権力の行使にあたる公務員が行う「不法行為に該当する」。この場合は「損害賠償となる」。
3　財産の払下げを受けた者が、誤って市に払下げ金を多く払い過ぎた場合は、私人と同様の立場で行った「私法的な取引行為である」。公権力の行使による損失ではないので、「損失補償の対象とならない」。
4　正解。
5　公道に穴が開いており、自転車に乗った者がその穴に落ちて怪我をした場合は、「国家賠償法第2条にいう公の営造物の設置管理の瑕疵にあたる」。この場合は不法行為となるため「損失補償の対象とならない」。

【No.201】 正解 2

1 損失補償は、国や地方公共団体の公権力の行使に基づく財産上の犠牲に対する補償であり、この公権力の行使には、適法なものだけで「あり」、「不法なものは含まれない」。
2 正解。
3 損失補償の内容として、憲法は正当な補償を行うことを定めているが、正当な補償の意味が明確でないために正当補償説と完全補償説が対立していたが、両説とも個別的侵害は「完全な補償」で一致している。
4 損失補償は、国土の開発・利用・保全などの合理的な土地利用を図るために特定の財産権に対して課せられる制限、いわゆる「公用制限には及ばない」。「公用制限は権利行使を制限するにとどまるから、公用収用と異なり、一般的には損失補償を有しない」。
5 消防法の消火活動のための延焼のおそれのある消防対策物を処分した場合においては、消防法に基づく「損失補償の対象とならない」。ただし延焼のおそれのない消防対策物を処分した場合においては、損失補償の対象となる。

【No.202】 正解 1

1 正解。
2 損失補償は、国や地方公共団体の公権力の行使に基づく財産上の犠牲に対する補償であり、この公権力の行使は、適法なものだけであり、「不法なものは含まれない」。
3 損失補償は、関係法規の具体的な規定に基づいて行われるが、法令上補償の規定を欠く場合であっても、「憲法第29条を根拠として補償請求を行うことができる」。
4 土地収用法における損失補償は、「完全な補償」。すなわち、収用の前後を通じて被収用者の財産価値を等しくなるような補償を行うべきであるとする、最高裁判例がある。
5 消防法では、「延焼のおそれのない消防対象物を処分した場合のみ」補償を支払うべきものとし、「対象物に延焼のおそれのある場合には補償を予定していない」。

【No.203】 正解 4

1 最高裁は、被告人が河川付近地制限令第4条2号の許可を拒否され、指定前より営んでいた砂利等の採取をすることができず、損失を被る場合に、損失補償に関する規定がないからといって、同条があらゆる場合について一切の損失補償を全く否定する趣旨とまで解されず、本件被告人も、その損失を具体的に主張立証して、別途、直接「憲法第29条を根拠にして、補償請求する余地が全くないわけではない」、と判示した。

2　最高裁は、道路法第70条が定める、みぞかき補償は、公共工事のための工事によって、隣接地との間に高低差が生じるなど土地の形状に変更が生じた結果、隣接地の用益又は管理に支障きたす場合に補償するものであるが、隣接地の用益又は管理上の障害を除去するためにやむを得ない必要があってした工作物の新築、増築などの工事に起因する損失に「限られる」、と判示した。

3　最高裁は、倉吉都市計画の街路用地に対する収用委員会の裁決額が低廉であると主張した訴えに、土地収用法上においては、収用の前後を通じて被収用者の財産価値を等しくするために「完全な補償」をすべきであると、判示した。

4　正解。

5　最高裁は、ため池の破損、決壊等による災害を未然に防止する条例に対し、条例の施行後も、ため池の堤とうに農作物を植え罰金を言渡された控訴に対し、ため池を耕地として使用する全面禁止は、ため池の堤とうを使用する財産権を有する者が、当然に受忍しなければならない「責務であり」、全面禁止に対する「損失補償の必要はない」、と判示した。

27　行政訴訟制度

【№204】　正解　3

1　行政に対する不服の争いには、原則として「自由選択主義が採用されており」、関係行政庁に対する行政不服審査法に基づく審査請求又は行政事件訴訟法に基づく訴訟の「いずれかを選択できる」。

2　行政に対する不服の争いでは、行政不服審査法に基づく審査請求と行政事件訴訟法に基づく訴訟を並行して行うことが「できる場合もある」。

3　正解。

4　行政に対する不服の争いでは、訴願前置主義の規定がある場合にはそれに従うことになるが、しかし例外として、①不服申立て日から3か月が経過しても裁決がないとき、②処分、執行、手続の続行による損害を避ける緊急の必要があるとき、③裁決を経ないことに正当な理由があるときには、直ちに行政事件訴訟法に基づく訴訟を提起することが「できる」。

5　行政に対する不服の争いには、原則として自由選択主義が採用され、行政不服審査法の審査請求又は行政事件訴訟法に基づく訴訟のいずれかを選択できるが、自由選択主義の「例外」として、租税の大量処分や公務員の不利益処分の場合には、行政不服審査法の審査請求の裁決を経なければ、行政事件訴訟法に基づく訴訟を提起「できない」。

【№205】　正解　4

1　行政事件訴訟法に基づく出訴は、「審査請求の経由にかかわらず」、原告の自由選択主義とされている。

2　訴願前置主義に関する設問は、「旧法において採用されていた制度の記述である」。
3　裁決主義は、現行法では、「例外的に認められている」。裁決主義は原処分について出訴を許さず、「裁決の取消しの訴えにおいてのみ」争うことができるという主義である。
4　正解。
5　審査請求前置主義は、現行法では、「特別に法律で定めた場合のみに認められている」。これは行政事件訴訟法を提起する場合には、事前に審査請求等に対する裁決を経ることを要件とするものである。

【No. 206】　正解　5
1　審査請求前置主義は、行政事件訴訟法を提起する場合には、事前に審査請求等に対する裁決を経ることを要件とする主義である。現行法では、「特に法律で定めた場合にのみ例外として認めている」。
2　原処分主義は、原処分の違法は、処分の取消しの訴えにおいてのみ主張することができるとする主義である。現行法は原処分主義を採用しているが、「最も基本的な原則という点から誤りである」。
3　裁決主義は、原処分について出訴を許さず、裁決の取消しの訴えにおいてのみ争うことができるとする主義である。現行法は「例外的に認めている」。
4　訴願前置主義は、訴願などの不服申立てのできる場合には、裁決などを経た後でなければ出訴を許さないとする主義である。訴願前置は「例外」である。
5　正解。
　　行政事件訴訟法は、原則として訴願前置主義の原則を廃止し、出訴については、審査請求の経由、不経由を原告の自由選択とする建前を原則的に採用している。

【No. 207】　正解　2
1　処分の取消しの訴えの処分には、法律行為的行政行為、準法律行為的行政行為のほか、「公権力の行使にあたる事実行為も含まれる」。審査請求の行政庁の違法又は不当な処分にも事実行為が含まれる。
2　正解。
3　行政事件訴訟法は、「自由選択主義を採用し」、例外として審査請求前置主義を法律で定めるものとしている。
4　審査請求に対する審査庁の「裁決の違法を理由とする場合」は、「裁決の取消しの訴え」を提起することになる。
5　処分の取消しの訴えの審理は口頭弁論主義であるが、審査請求の審理は、「書面審理主義を原則」とし、ただ審査請求人などの申立てがあるときは、申立人に口頭で意見を述べる機会を与えるものとしている。

【No. 208】　正解　1
1　正解。
2　不服申立て制度は、行政庁の違法又は不当な処分などの行政行為に関して、国民に申立ての道を開く制度であり、「行政庁の申立てを開く制度ではない」。
3　不服申立て制度は、国民の権利利益の救済の観点から、行政庁の処分その他公権力の行使にあたる行為のみならず、「条例に基づく処分も対象となる」。
4　不服申立て制度は、簡易迅速性を維持しつつ、審理員制度及び行政不服審査会への諮問の導入を図り、公正性の観点から「対審的な要素を部分的に導入」しているが、「裁判の様な正式な対審構造を導入していない」。
5　不服申立て制度は、改正行政不服審査法においても、行政上の不服申立てに関する「一般法」としての地位・性格を持っている。

【No. 209】　正解　4
1　行政不服審査法の処分には、意思表示を要素とする法律行為的行政行為のほか、「準法律行為的行政行為も含まれる」。
2　行政不服審査法では、他の法律に特別の定めがある場合及び「行政不服審査法で適用除外をしている事項」を除いては、行政庁の処分に対して一般的に「不服申立てができる」。
3　行政不服審査法では、不服申立ての対象事項は「一般概括主義」を採用している。
4　正解。
5　行政不服審査法では、不作為の不服申立ては「審査請求に限っており」、「再調査の請求や再審査請求には不作為の不服申立ての制度がない」。

【No. 210】　正解　2
1　行政庁の処分とは、行政庁が法律に基づき優越的な意思の発動又は公権力の行使にあたる行為を指し、行政庁の斡旋、勧告、「行政指導などは処分に含まれない」。
2　正解。
3　行政庁の処分は、原則として、国又は地方公共団体の行政庁の処分を意味するが、それ以外でも「法令に基づく公団、公社その他の機関が優越的な意思の主体としてする行為が含まれる」。
4　行政庁の処分には、公権力の行使にあたる事実上の行為も含まれる。旧審査法に規定されていた、人の収容、物の留置その他の内容について継続的性質を有するものの規定は、改正審査法では削除されたが、「当該事実上の行為も処分に含まれる」。

5　行政庁の処分という場合は、積極的な作為のみならず、特定の場合の行政庁の不作為も「審査請求の対象となる」。

【No. 211】　正解　5
1　再調査の請求は、処分庁の処分に対して、「処分庁」に不服を申立てる手続であり、法律に再調査の請求ができる旨の定めがある場合にのみ成し得る。
2　再審査請求は、審査請求の裁決に不服のある者が審査庁に対して更に不服を申立てるものであるが、「同じ審査庁とは限らない」。法律に根拠がある場合に認められるが、改正法により「条例に基づく再審査請求は削除されている」。
3　審査請求の手続は、処分及び不作為に共通する手続として規定されている。また、再調査の請求手続にも、審査請求の手続が「一部準用される」。
4　行政不服申立てには、審査請求の原則一元化が導入されている。原則としているのは、例外的に、「個別法の定めるところにより」、再調査の請求及び再審査請求も認められる制度となっている。
5　正解。

【No. 212】　正解　3
1　処分の審査請求は、行政庁の処分に対し不服がある者に、法律上例外のある場合を除き、広く一般に申立てを認める「概括主義」を採用している。
2　処分の審査請求は、処分をした行政庁に「上級行政庁がないときは当該処分庁に、上級行政庁があるときは、当該処分庁の最上級行政庁に」対し、その処分の取消し又は変更を求めるための一種の行政訴訟である。
3　正解。
4　再調査の請求は、行政庁の処分につき「処分庁以外」の行政庁に対して審査請求ができる場合において、法律に再調査の請求ができる旨の定めがあるときは、審査請求をした場合を除き、当該処分に不服がある者がすることができる。
5　再審査請求には、「一般概括主義が採用されず」、法律に特に規定された事項のみに認められる。なお原裁決を対象にできるし又原処分を対象としてすることもできる。

【No. 213】　正解　5
1　処分の審査請求書の提出先は、処分をした行政庁に「上級行政庁がないときは当該処分庁に、上級行政庁があるときは当該処分庁の上級行政庁」である。上級行政庁が複数あるときは最上級行政庁である。
2　不作為の審査請求書の提出先は、「処分の審査請求書の提出先と同じ」である。
3　処分の再審査請求の請求書の提出先は、「法律に定める行政庁」である。
4　「不作為の再審査請求は認められない」。再審査請求は処分の審査請求に限られる。

5　正解。

【No. 214】　正解　1
1　正解。
2　審査請求先は、処分庁又は不作為庁に上級行政庁があるか否かにより当該処分庁等か当該処分庁等の最上級行政庁に区分されるが、「他の法律又は条例に特に規定があれば」、第三者的な行政機関に対する審査請求が「認められる」。
3　再審査請求は、審査請求の裁決に不服がある者が審査請求の裁決後に更に行う申立てであるが、すべての処分に「認められず」、個別の法律が「必要に応じて定める」こととされている。
4　再調査の請求ができる処分についての再調査請求書の提出は、「処分庁」が当該処分の再調査を行うことに特に意義ある場合の特例として、「処分庁」に対して行うことができる。
5　審査請求は、処分庁が主任の大臣、宮内庁長官、内閣府設置法若しくは国家行政組織法に規定する外局の長である場合（処分庁の上級行政庁でないとき）には、「当該処分庁」にしなければならない。

【No. 215】　正解　2
1　審査請求は、法律（条例）に特別の定めがある場合を除き、行政庁の処分又は不作為について、「処分庁等に上級行政庁がない場合には当該処分庁等に、処分庁等に上級行政庁がある場合には当該処分庁等の最上級行政庁に」する不服申立てである。
2　正解。
3　審査請求された審査庁が当該審査請求を不適法により却下する場合には、審査庁に属する職員のうちから「審理員を指名する必要がない」。
4　審査請求を共同でするときは、共同審査請求人が4人以上の場合3人を超えない総代の互選ができ、総代は、各自、他の共同審査請求人のために、「取下げを除き」、一切の行為を行うことができる。
5　審査請求の審査庁となる行政庁が、審査請求がその事務所に到達から裁決までの標準的な期間を定めることは「努力義務」であり、設定後の公表は「義務」である。

【No. 216】　正解　5
1　審査請求された審査庁が、合議制の機関である場合を除き、審理員となる者を指名したときに、審理員の名簿を作成することは「努力義務」であるが、作成後に適当な方法による公表は、公にしておかなければならない「義務」である。
2　審査請求人が死亡したときに、相続人その他法令により審査請求の目的である処分の権利を承継した者は、審査請求人の地位を「承継する」。

3　審査請求は、行政の処分又は不作為に不服ある者がすることができる審査請求人制度であるが、「代理人制度や参加人制度も認められている」。
4　審査請求は、法人でない社団や財団である場合もすることができるが、これらは代表者又は管理人の定めがある場合には、「その名で審査請求をすることができる」。
5　正解。

【No.217】　正解　4
1　審理員は、審査請求された審査庁が審理手続を行う者として指名された者であれば非常勤職員や任期付き職員であってもよいが、審査請求人の保佐人である者は「審理員になれない」。
2　審理員は、利害関係者の審査請求への参加の申出に対し許可を与える権限を有しているし、また利害関係人に審査請求に参加させる権限も「有している」。
3　審理員は、処分庁に対して弁明書の提出を求め、また審査請求人に弁明書に対する反論書を求めることができるが、参加人には「意見書にとどまる」。
4　正解。
5　審理員は、審理の終結時に審理員意見書を審査庁に提出しなければならないが、諮問する必要がない場合を除き、行政不服審査会等に諮問しなければならないのは、「審査庁」であり、「審理員ではない」。

【No.218】　正解　3
1　審査請求事項は、一般概括主義を採用しているが、他の法律に審査請求をすることができない旨の定めがある処分は「除外事項」としている。
2　審査請求事項は、「一般概括主義」を採用しているが、法令に基づく申請を前提としない不作為には、「審査請求が認められない」。
3　正解。
4　審査請求事項は、一般概括主義を採用し、審査請求人は自然人であると法人であるとを問わないが、「いつでも、審査請求を認めるという趣旨ではない」。
5　審査請求事項は、「一般概括主義」を採用し、審査請求をすることができる者は、「権利利益事項を有する者に限られている」。

【No.219】　正解　4
1　審査請求は、原則として所定事項を記載した書面によるが、「他の法律（条例）に定めがあるとき」は、口頭でも行うことができる。口頭の場合は一定事項を陳述させる義務がある。
2　審査庁は、形式的な審査を行い、書面が不適法であっても補正することができるものであるときは、「相当の期間を定めて補正を命じなければならない」。
3　審査請求は、審査庁に直接行うのが原則で経由手続を要件としていないが、

例外的に、「処分庁を経由して行うこともできる」。
4　正解。
5　審査請求ができる処分を書面でする場合は、審査請求人の氏名、住所、処分があった年月日、理由のほか、「教示の有無」も記載する必要がある。

【No.220】　正解　3
1　処分の審査請求は、原則として処分があったことを知った日の翌日から起算して「3か月」を経過したときは請求することができない。
2　処分の審査請求は、「原則として」処分のあった日の翌日から起算して1年を経過したときは請求することができない。ただし「正当な理由があるときはこの限りでない」。
3　正解。
4　再調査の請求は、処分の審査請求の請求期間と「同じ」であり、原則として処分のあった日の翌日から起算して「1年」を経過したときは請求することができない。
5　不作為の審査請求には、「請求期間の制限がない」。相当の期間において不作為を有する限り、いつでも不作為の審査請求を行うことができる。

【No.221】　正解　1
1　正解。
2　処分の教示の内容は、当該処分について不服申立てをすることができる旨、不服申立てをすべき行政庁、及び「その期間」の3つである。
3　教示は、一般的には制限がなく、「書面でも口頭でもよい」。なお処分を書面で行う場合には書面による教示義務が生ずる。
4　教示をすべき時期については、特に法律上の規定はないが、教示を怠った場合には、速やかに教示すべきことはいうまでもないが、「不服申立ての期間は停止しない」。
5　教示の規定は、地方公共団体などに対する処分で、当該地方公共団体などが固有の資格で処分の相手方になるものに対しては「適用されない」。

【No.222】　正解　5
1　教示は、行政不服申立てを利用してもらう制度である。教示は、処分の相手方に「限られず」、その他の利害関係人も、「教示を求めることができる」。
2　教示は、行政庁が処分をする場合に教示内容を正確に伝える必要性から、処分を口頭で行う場合を「除き」、必ず書面で行わなければならない。
3　「教示の期間には制限がなく」、行政庁は速やかに行うこととされている。
4　教示は、訓示規定と「解されており」、したがって、この教示規定に違反しても、その教示にかかわる処分は「無効とならない」。

5　正解。

【No.223】　正解　4
1　教示は、処分をする際に処分の相手方に対し不服申立てによる救済を受け入れる旨を教えるものである。「不服申立てができない処分には教示を行う必要がない」。
2　教示には、必要的教示と請求的教示があり、前者は行政庁が不服申立てをできる処分を書面で行う場合であり、後者は、行政庁が当該処分の「利害関係人から教示を求められた場合に」行われる。
3　教示は、利害関係人から当該処分が不服申立てできる処分であるかどうか、又は不服申立てができる場合に相手行政庁などを求められたときに行われるが、その際、行政庁は「教示を求めた者が書面による教示を求めたときに限り」、必ず書面で行わなければならない。
4　正解。
5　教示は、不服申立てをすることができる処分をする場合に処分の相手方に行う行為であるが、教示の際に期間を教示しなかったために、審査請求期間を徒過した場合には、「進行を止める救済規定はない」。

【No.224】　正解　3
1　行政庁が、教示が必要なのに教示をしなかった場合には、当該処分について不服がある者は、当該「処分庁」に不服申立てを提出することができる。「上級行政庁にはできない」。
2　行政庁が、誤って審査請求をすべきでない行政庁を教示した場合において、教示の行政庁に書面で審査請求がされたときは、当該行政庁は、審査請求を「審査庁となるべき行政庁に送付しなければならない」。「当該行政庁が審理することはできない」。
3　正解。
4　行政庁が、審査請求ができる処分で、再調査の請求ができない処分を誤ってできる旨を教示し、再調査の請求があるときは、当該行政庁は、再調査の請求書を審査庁に送付するとともに、「請求人に再調査ができない旨を通知しなければならない」。
5　処分庁が、再調査の請求ができる処分につき、誤って審査請求ができる旨を教示しなかったときは、処分庁は、「請求人からの申立てがあれば」、再調査の請求書等を審査庁に送付する。「送付を受けた審査庁」が再調査の請求人にその旨を通知しなければならない。かかる場合、再調査の請求後に審査請求もできることから、再調査の請求人からの「申立て」なしに当然に審査請求として取扱うことは、逆に、不服申立人の選択の否定につながる。

【No.225】 正解　4
1　処分の執行不停止の原則に対して例外的に執行停止を認めているが、処分の執行停止は、審査請求人の申立て又は職権による場合のほか、「審理員から執行停止の意見書の提出がある場合」にも判断される。
2　執行停止は、民事訴訟における仮処分に相当する。執行停止を職権で行うことができるのは、審査庁が処分庁の上級行政庁である場合のほか、「処分庁の場合」も認められる。
3　執行停止について審査請求人からの申立てがあっても、公共の福祉に重大な影響を及ぼすおそれがあるなどの場合には、「執行停止の手続を執ることができない」。
4　正解。
　（執行停止には任意的（裁量的）執行停止と義務的執行停止があり、前者は審査庁が必要があると認める場合に申立て又は職権で行い、後者は審査請求人の申立てがあった場合に行う停止である）
5　執行停止の効果は、処分の効力、処分の執行又は手続の続行の全部又は一部の停止の効果に「とどまらず」、「その他の措置を行うこともできる」。

【No.226】 正解　5
1　審査庁は、必要があると認めるときには、執行停止を行うかどうかを決定しなければならないが、執行停止後に事情が変更したときは、審査庁はその執行停止を「取消すことができる」。
2　審査庁は、処分により生ずる重大な損害を避ける必要があると認めるときは、執行停止を行わなければならない。そのうち手続の続行の停止は、「処分の効力の停止のような規定がないから」、「制限はない」。
3　処分庁の上級行政庁以外の審査庁は、職権による執行停止ができない。「審査請求人の申立てがあったときのみ」、処分庁の意見を聴取した上で、執行停止ができる。
4　審査庁は、重大な損害を避けるために緊急の必要が認められるときは、執行停止を判断しなければならないが、ただし執行停止が公共の福祉に重大な影響を及ぼすおそれがある場合には「執行停止ができない」。
5　正解。

【No.227】 正解　5
1　審理員は、審査庁から指名されたときは、処分庁に対し自らの処分が正当であることを弁明する機会を与えなることが「できる」。弁明書の提出を求めるか否かの判断は、「審理員の裁量である」。
2　「反論書は審査請求人が提出できるが、参加人は反論書を提出できない。参加人は意見書を提出できるに止まる」。

3 　審理員は、審理の過程において職権により証拠調べを行うことができ、適当と認められる者に参考人として事実の陳述又は鑑定を求めることができるし、また「必要な場所について検証する権限も有している」。
4 　審理員の審理は、原則として書面審理主義により行われるが、審査請求人又は参加人の申立てがあるときは、口頭で意見を述べる機会を与えなければならないが、「必ずではなく、口頭陳述が困難であると認められる場合には、この限りでない」。
5 　正解。

【No. 228】　正解　2
1 　審理員は、審査請求人又は参加人の申立て又は職権で、書類その他の物件の所持人に対してその物件の提出を求め、かつ当該物件を「留め置くこともできる」。
2 　正解。
　（審理員が審査請求の全部を認容すると考えたとしても、審理員意見書は審査庁を拘束するわけでないので、全部容認という裁決が出るとは限らない。したがって、審理員が審査請求を全部容認すべきと考えた場合においても、その弁明書を請求人に送付しなければならない）
3 　審理員は、審査請求人又は参考人の申立てがあり、口頭での陳述の機会を与える場合には、「すべて」の審理関係人を招集して行うが、その際、申立人は「補佐人とともに出頭することができる」。
4 　審理員は、審理にあたっては職権主義に基づき、審査請求人に証拠書類又は証拠物を提出させることができる。また審理員は、職権又は「審査請求人の申立て」により、適当と認める者に参考人としてその知っている事実を陳述させ又は鑑定を求めることができる。
5 　審理員は、審査請求人又は参加人から、処分庁から提出された書類の閲覧を求められた場合には、第三者の利益を害するおそれがあると認めるときのほか、「その他正当な理由があるとき」には、その閲覧を拒むことができる。

【No. 229】　正解　3
1 　不作為とは、「法令に基づく」申請に「限り」、行政庁が処分の申請をした者に対し、申請から相当の期間が経過したにもかかわらず何らの処分をしないことをいう。「法令により申請のみちが開かれていない場合は除かれる」。
2 　不作為の審査請求は、「不作為庁に上級行政庁がない場合には当該不作為庁に、不作為庁に上級行政庁がある場合には当該不作為庁の最上級行政庁」に対して、所定の事項を記載した審査請求書を提出して行う。
3 　正解。
4 　不作為の審査請求が不適法であるときに、補正することができるものである

ときは「補正をさせる」。補正に応じないときは、審査庁は裁決で却下することができる。
5　不作為の審査請求は、「原則として」書面主義により審査請求書に基づかなければならないが、「他の法律（条例）に口頭ですることができる規定があるときはこの限りでない」。

【No. 230】　正解　1

1　正解。
2　不作為の審査請求に対して、却下のほか、審査庁は、宣言し何らかの行為をするか、又は書面で不作為の理由を示さなければならず、前者は「認容」にあたり、後者は「棄却」にあたる。
3　不作為の審査請求に係る処分に関し、審議会等の議を経る定めがある場合において、当該措置をとるために「必要があると認めるとき」は、審議会等の「議を経ることができる」。
4　不作為の審査請求に理由がある場合は、審査庁は裁決で、当該不作為が違法又は不当である旨を宣言し、「一定の処分をすべきものと認めるときには」、審査庁が上級行政庁である場合には、当該不作為庁に対し当該処分をすべき旨を命じる措置を執らなければならない。
5　不作為の審査請先は、上級行政庁の有無によって異なり、当該不作為庁と当該不作為庁の最上級行政庁が請求先となり、前者は「督促的」な意義を持ち、後者は「監督的」な意義を持っている。

【No. 231】　正解　4

1　審査庁は、行政不服審査会等への諮問に対する答申を受けたとき、又諮問を要しない場合に審理員意見書が提出されたときには、「速やかに」裁決をしなければならない。「裁決の期間は規定されていない」。
2　審査庁は、却下、棄却又は認容のいずれかの裁決をしなければならず、このうち「事情裁決、事実上の行為の認容、不作為の認容の裁決に限り」、宣言をしなければならない。
3　審査庁は、裁決を裁決書によりしなければならず、再審査請求をすることができる裁決をする場合には、必要事項を記載して「教示しなければならない」。
4　正解。
5　審査庁は、裁決があれば審査請求の手続が完了するので、審理のために提供された証拠書類等は不要となり、保管理由がなくなるので、「速やかに」、提供人に返還しなければならない。

【No. 232】　正解　2

1　審査請求が却下となるのは、審査請求を行うことができない事項を対象とし

たなどの場合であり、「法定の期間経過後の申立ても却下となる」。
2　正解。
3　請求に理由がありながら、当該不服申立てを棄却できる場合として、「2つの例外を認めている。1つは審査請求における社会的利益のために違法な処分を維持する事情裁決であり、2つは審査請求の却下又は棄却の裁決が違法又は不当であっても、当該裁決に係る処分が違法でも不当でもないときに、再審査庁が当該再審査請求を棄却する場合」に認められている。
4　審査請求の認容は、審査請求に理由があるときに行われるものであり、処分の取消し又は変更で、審査庁が処分庁である場合には「取消し及び変更の両方ができる」が、審査庁が処分庁の上級行政庁又は処分庁のいずれでもない場合には「処分の変更ができない」。
5　審査請求の「認容」が事実行為である場合には、違法又は不当である旨を「宣言する」とともに、審査庁が処分庁である場合は、撤廃又は変更ができる。

【No. 233】　正解　3
1　現行法では、「訴願前置主義が採用されておらず」、原則として自由選択主義である。
2　審査庁が、処分庁の上級行政庁又は処分庁であるときは、裁決で、処分又は事実上の行為を変更できる変更権を有するが、審査庁が第三者的行政機関のときは、「処分の変更は認められない」。
3　正解。（事情裁決がある）
4　審査庁が、「審査請求人の不利益に原処分を変更することは禁止されている」。
5　審査庁は、法令に基づく申請を却下し又は棄却する処分の全部又は一部を取消す場合において、当該の申請に対して「一定の処分をすべきものと認めるときに」、処分庁である審査庁は、当該処分をすることになる。

【No. 234】　正解　5
1　再調査の請求は、要件事実の認定の当否に係る行政庁の処分につき「処分庁以外の行政庁（審査庁）に対し」審査請求ができる場合において、当該処分に不服がある者が処分庁に請求することができる。
2　再調査の請求は、再調査を行う意義ある場合に認められ、法律に再調査の請求ができる規定がある場合に「限り」、当該処分に不服ある者が請求できる。
3　再調査の請求は、不服申立てが大量である場合に認められ、処分があった日の翌日から起算して「1年以内」に、当該「処分庁」に対して行う請求であり、当該処分庁の上級行政庁には「請求できない」。
4　再調査の請求ができる場合でも、再調査の請求を選択することが義務づけられているわけで「なく」、再調査の請求と審査請求とを選択できる。だが「両者を同時にすることはできない」。

5　正解。
　（不合理な場合には再調査の請求日から3か月経過後も請求を決定しない場合などがある）

【No. 235】　正解　3
1　再調査の請求は、審理員による審理はなされず、また行政不服審査会等への諮問手続もない。処分庁が自ら調査することから、弁明書・反論書のやり取りも「なく」、口頭意見陳述における行政庁への「質問もできない」。
2　再調査の請求ができる処分について、処分庁が誤って再調査の請求ができる旨を教示しなかった場合に、「審査請求人から申立てがあるとき」は、審査庁は、審査請求書を処分庁に送付し、送付されたときは、初めから再調査の請求がされたものとみなされる。
3　正解。
4　再調査の請求に「理由がある」場合には、処分庁は、決定で、当該処分の全部又は一部の取消し並びに変更ができるし、事実上の行為が違法又は不当であれば宣言し、全部又は一部の撤廃並びに変更ができる。
5　再調査の請求に対する処分庁の決定書には、処分の全部又は撤廃の決定の場合を「除き」、再調査の請求の処分につき、審査請求ができる旨並び相手行政庁及び請求期間を記載して、教示しなければならない。

【No. 236】　正解　4
1　再審査請求は、行政庁の「処分」の審査請求の原裁決に不服がある者が、法律に基づき、さらにする第二審の不服申立ての手段である。だが「不作為は再審査請求の対象とならない」。（再審査請求のできる処分の審査請求の裁決を原裁決という）
2　再審査請求は、審査請求の一般概括主義の採用を「引き継がず」、審査請求の原裁決に不服がある者であっても、「法律に再審査請求ができる旨の定めがある場合に限り」請求することができる。
3　再審査請求は、原裁決があった日の翌日から起算して「1年」、又は原裁決があったことを知った日の翌日から起算して「1か月」を経過したときはすることができない。
4　正解。
5　再審査請求は、再審査請求をすることができる処分についての審査請求の「原裁決又は原処分」を対象とし、法律に定める行政庁に対してすることができる。

【No. 237】　正解　5
1　再審査請求は、審査請求の裁決に不服がある場合にすることができるが、原裁決を対象として争ってもよいし、「原処分を対象として争ってもよい」ので、

再審査庁の裁決も、「原裁決に限られない」。
2　再審査請求が法定の期間経過後にされたものである場合のほか、「その他不適法である場合」には、再審査庁は、裁決で、当該再審査請求を「却下することができる」。
3　再審査庁は、審査請求を却下し又は棄却した裁決が違法又は不当である場合において、審査請求に係る処分が違法又は不当のいずれでもないときは、裁決で「棄却」することができる。
4　再審査庁は、事実上の行為を除く原裁決等について再審査請求に理由がある場合には、裁決で、当該原裁決等の「全部又は一部を取消すことができる」が、「変更することはできない」。
5　正解。

【No. 238】　正解　2
1　行政不服審査会は、国に置かれる機関であり、地方公共団体には執行機関の「附属機関」として行政不服審査法の権限事項を処理する機関を置かねばならない。
2　正解。
3　行政不服審査会は、審査請求の事件に関して審査請求人、「参加人」又は諮問をした審査庁に主張書面等を求めることができる。
4　行政不服審査会は、審査関係人の申立てがある場合には、口頭で意見を述べる機会を与えなければならないが、「行政不服審査会がその必要がないと判断したときには、意見を述べる機会を与えないことができる」。
5　行政不服審査会は、審査関係人から主張書面などの閲覧等の求めがあるときでも、第三者の利益を害する場合その他正当な理由がある場合には、その閲覧などを「拒むことができる」。

【No. 239】　正解　4
1　行政不服審査会は、委員9人をもって組織し、諮問案件に関し調査審議する機関である。審議にあたっては、原則として、「3人」をもって組織する合議体により調査審議する。ただし行政不服審査会が定める場合には、全委員で構成する合議体で調査審議することもできる。
2　行政不服審査会の委員の任期は、3年であり、在任中、職務上知り得た秘密を漏らしてはならず、その職を退いた後も「守秘義務が課せられている」。
3　行政不服審査会の委員は、特別職であるが、在任中、政党その他の政治的団体の役員となり、又は積極的に政治活動をしてはならない制限があるが、「構成員となる制限はない」。
4　正解。
5　行政不服審査会は、委員のほか専門委員を置くことができるが、この専門委

員には、任期が法定されて「おらず」、専門事項の調査が終了したときは「解任される」。

29 行政事件訴訟法

【No.240】 正解　5
5　正解。
A＝エの「抗告訴訟」である。
B＝イの「当事者訴訟」である。
C＝ウの「民衆訴訟」である。
D＝アの「機関訴訟」である。

【No.241】 正解　4
1　Aは「抗告訴訟」中の「義務付けの訴え」である。
2　Bは「機関訴訟」である。
3　Cは「民衆訴訟」である。
4　正解。
5　Eは「抗告訴訟」中の「無効等確認の訴え」である。

【No.242】 正解　1
1　正解。
2　記述は、「争点訴訟」である。
3　当事者訴訟は、当事者間の法律関係を確認し又は形成する処分又は裁決に関する訴訟であるが、その法律関係の当事者の一方を被告とする訴訟は形式的当事者訴訟であり、当事者訴訟にはもう一つ「公法上の法律関係に関する実質的当事者訴訟とがある」。
4　機関訴訟は、国又は地方公共団体の機関相互間における権限の存否又は行使に関する訴訟であるが、同一行政主体に属する機関相互間の紛争に「限られない」。
5　機関訴訟は、当事者間の具体的な権利義務の争いでは「なく」、裁判所が当然に審理すべき法律上の争訟でも「ない」。機関相互間の権限の争いであって、法律が特に認める場合に限り可能である。

【No.243】 正解　3
1　記述は、「民衆訴訟」である。
2　記述は、「抗告訴訟」である。
3　正解。
4　記述は、「争点訴訟」である。なお争点訴訟は、「行政事件訴訟ではない」。

5　記述は、当事者訴訟のうちの「実質的当事者訴訟」である。

【No.244】　正解　3
3　正解。
　A　正しい。
　B　当事者訴訟の例として、土地収用に基づく損失補償額について収用委員会の裁決に不服あるとして出訴する場合で、この場合、裁決を行った収用委員会では「なく」、法律関係の一方の当事者である「起業者など」を被告として訴訟を提起する訴訟である。
　C　記述は、抗告訴訟の「差止めの訴え」である。
　D　正しい。

【No.245】　正解　5
1　行政事件訴訟の類型のうち、主観的訴訟として抗告訴訟と当事者訴訟とがある。「前者は行政庁の公権力の行使に関する不服の訴訟をいい、権力的行為形式に着目した訴訟である。後者は（1）特に当事者間の法律関係を確認又は形成する処分、裁決に関する訴訟のうち法定のもの、及び（2）公法上の法律関係に関する訴訟であり、行政庁の行為形式と法律関係のそれぞれに着目したものといえる」。したがって妥当ではない。
2　「肢1と同様に妥当でない」。
3　「行政事件訴訟法に定めがない事項については、民事訴訟の例による」（同法第7条）とされているので、妥当でない。
4　行政行為に関する訴訟をすべて当事者訴訟に含めている点で「正確でなく」、また「形式行政処分（実質上は公権力の行使にあたらないが、法令によって処分としての形式を与えられたもの）も判例で、抗告訴訟の対象とされている」。
5　正解。

【No.246】　正解　2
1　行政事件訴訟法は6種類の抗告訴訟を規定しているが、その形態を6種類に「限定してしまう趣旨ではなく」、無名抗告訴訟も予期している。
2　正解。
3　民衆訴訟とは、抗告訴訟及び当事者訴訟と異なり、違法な行政作用に対する国民の権利利益の保護救済を目的とするものでは「なく」、国又は公共団体の機関の行為について、行政法規の正当な適用を確保するという一般的利益のために認められる一種の客観的訴訟である。
4　機関訴訟とは、国又は地方公共団体の機関相互間における権限の存否又はその行使に関する紛争についての訴訟をいい、「法律上の紛争に限られない」。
5　民衆訴訟とは、行政法規の正当な適用を確保するという一般的利益のために

認められる客観的訴訟であるから、特別の法律の規定を待って初めて「法律に定めた者のみ」がこれを提起することができる。

【No.247】 正解　4

1　抗告訴訟は、法定抗告訴訟として6種類を掲げ、定義的規定を設けているが、これは6種類に限定してしまう趣旨ではなく」、それ以外に「無名抗告訴訟を否定するものではない」。
2　被告適格を有する者は、原則として「国又は地方公共団体」である。被告とすべきものがないときは例外として「処分行政庁」である。
3　抗告訴訟は、処分の取消しの訴えを提起する場合に、不服申立て（審査請求）のできる場合でも、自由選択主義が採られ、原則として「訴願前置主義は採用されていない」。
4　正解。
5　抗告訴訟は、判決に形成力が生じ、原告である国民と被告である行政庁との間に生じるだけでなく、「その形成力は訴訟外の第三者にも及ぶ」。

【No.248】 正解　1

1　正解。
2　抗告訴訟は、国又は地方公共団体の行政機関の違法な行為を対象とし、国会や地方議会の「固有」の立法行為や裁判所の裁判上の行為を「対象としない」。
3　抗告訴訟は、法律が認めた優越的な地位に基づき、法律の執行として行う公権力を持った意思活動に関する不服のみならず、「不作為も含まれる」。
4　抗告訴訟には、処分の取消しの訴え、裁決の取消しの訴え、無効等確認の訴え、不作為の違法確認の訴え、義務付けの訴え、差止の訴えがあり、これらは法定されているが、「無名抗告訴訟は法定されていない」。
5　抗告訴訟は、取消訴訟が確定すれば、処分の効力は遡及して消滅し、その判決は「原告や被告のみならず訴訟外の第三者にも効力を有する」。

【No.249】 正解　5

1　抗告訴訟は、行政庁の公権力の行使の法律行為的行政行為及び準法律行為的行政行為のほか、公権力の行使にあたる「事実行為も対象となる」。
2　抗告訴訟では、訴外の第三者に権利や利益を与えるため、第三者の申立ての訴訟参加を認めるほか、「被告行政庁以外の行政庁の訴訟参加も認めている」。
3　抗告訴訟は、処分があった後にその処分を行った行政庁の権限が他の行政庁に承継されたときは、「その権限が承継された行政庁を管轄する国又は地方公共団体を被告としなければならない」。
4　抗告訴訟の審理では、当事者主義の枠内において必要に応じて職権主義が採用されているが、当事者が主張しない事実までも裁判所が職権で証拠を探知、

調べる、いわゆる「職権探知主義を採用していない」。
5　正解。

【No.250】　正解　3
1　処分の取消しの訴えは、処分その他公権力の行使にあたる行為の取消しを求めるもので、原則として「処分の効力及び処分の執行又は手続の続行を妨げない（停止できない）」。
2　不作為の違法確認の訴えは、処分又は裁決の存否又はその効力の有無の確認を求めるもので、その不作為の違法確認の訴えの原告は、「処分又は裁決についての申請を行った者に限られる」。
3　正解。
4　裁決の取消しの訴えは、審査請求その他法令に基づく不服申立てに対する行政庁の裁決の取消しを求めるものであり、「原処分の違法性は主張できない」。
5　不作為の違法確認の訴えは、「利害関係のある者」、すなわち処分又は裁決についての申請を行った者に限り提起できる。

【No.251】　正解　2
1　処分の取消しの訴えは、行政庁の処分その他公権力の行使にあたる行為の取消しを求める訴訟であり、処分性ある行政庁の行為とは、直接国民の権利義務を形成し又はその範囲を確定することが「法律上認められた行為」をいう。
2　正解。
3　裁決の取消しの訴えは、裁決の取消しを求めるにつき法律上の利益を有する者に限り提起できる。裁決の効果が期間の経過により無くなった後においてもなお裁決の取消しによって回復すべき法律上の利益を有する者も「含まれる」。
4　無効等確認の訴えは、処分若しくは裁決の存否又はその効力の有無の確認を求める訴訟をいう。この訴訟は、無効等の確認を求める法律上の利益を有する者で、「現在の法律関係に関する訴えによって目的を達することができないものに限り」提起できる。
5　不作為の違法確認の訴えは、行政庁が法令に基づく申請に対し、相当の期間内に何らかの違法の確認を求める訴訟である。ここでの法令に基づく申請とは、法令の明文の規定により申請権が認められている場合だけで「なく」、「法令の解釈上認められる場合も含まれる」。

【No.252】　正解　4
1　処分の取消しの訴えは、行政庁の処分その他公権力の行使にあたる行為の取消しを求める訴訟であるが、「用途地域の指定の取消しを求める事件は、抗告訴訟の対象とならない」。
2　無効等確認の訴えは、当該処分若しくは裁決の存否又はその効力の有無を前

提とする「現在の法律関係に関する訴えで目的を達成することができないものに限り」提起することができる。
3　抗告訴訟は、処分の取消しの訴えと区別して裁決の取消しの訴えの形態を認めているが、「原処分主義が原則であり、例外的に裁決主義を認めている」。
4　正解。
5　処分の取消しの訴えで処分の違法を判断する基準時は「処分時」であるが、不作為の違法確認の訴えで不作為の違法を判断する基準時は、「判決時」である。

【No.253】　正解　5
1　処分の取消しの訴えは、行政庁の処分その他公権力の行使にあたる行為の違法を主張して取消しを求める訴訟である。処分の取消しの訴えか不服申立てかは「自由選択となっており」、「例外的に」法律で定める場合のみ審査請求前置となっている。
2　裁決の取消しの訴えは、原処分の審査請求その他法令に基づく不服申立てに対する行政庁の裁決の行為の取消しを求める訴訟であり、この訴えは、法律上の利益を有する者及び「裁決の取消しによって回復利益がある者」も提起することができる。
3　不作為の違法確認の訴えは、法令に基づく申請に対し相当の期間内に処分又は裁決を行わないことについて違法の確認を求める訴訟であり、訴えには、審査請求前置主義の適用は「ない」。
4　差止めの訴えは、行政庁の処分・裁決の差止めを求める訴訟であり、その訴えの判決は、処分・裁決を行うべき行政庁その他関係行政庁のみならず当事者を拘束するものの、「第三者には効力が及ばない」。
5　正解。

【No.254】　正解　4
1　処分の取消しの訴えは、行政庁の処分その他公権力の行使にあたる行為の違法を主張して取消しを求める訴訟であり、行政庁の処分のほか、その他公権力の行使にあたる行為にも認められる。また受忍を強要する「事実行為にも認められる。」
2　裁決の取消しの訴えは、審査請求その他法令に基づく不服申立てに対する行政庁の裁決の取消しを求める訴訟であるが、あくまで裁決の違法性を主張するもので、「原処分の違法性は主張できない」。
3　無効等確認の訴えは、処分又は裁決の存否又はその効力の有無の確認を求める訴訟であり、争点訴訟では救済が「得られない」特別の事由のある場合に限り、認められる。
4　正解。
5　記述は、「義務付けの訴え」である。

【No. 255】　正解　3
1　処分の取消しの訴えは、原処分の取消しであって「裁決の取消しを求めることはできない」。
2　処分の取消しの訴えは、法律上の利益ある者に「限られる」。
3　正解。
4　処分の取消しの訴えは、その効果は「遡及的」に消滅する。
5　処分の取消しの訴えは、その効果は第三者にも「及ぶ」。

【No. 256】　正解　1
1　正解。(事情判決である)
2　処分の取消しの訴えとは、行政庁の処分その他の公権力の行使にあたる行為の取消を求める訴訟をいい、「単なる意思的行為のみならず」、行政庁が一方的にその受忍を強要する事実行為も含まれる。
3　処分の取消しの訴えは、被処分者のみならず、「被処分者以外の者も」、その取消しを求めるにつき法律上の利益があれば、訴えを提起することが「できる」。
4　処分の取消しの訴えは、「審査請求前置が原則ではない」。
5　処分の取消しの訴えは、行政庁の公定力を持った処分の全部又は一部の取消しを求め、その効力を「遡及的に消滅させる訴え」である。

【No. 257】　正解　2
1　処分の取消しの訴えは、当該処分の取消しを求めるについて法律上の自己の利益がある場合に提起できるが、第三者の法律上の利益に関する場合には「提起できない」。
2　正解。
3　処分の取消しの訴えと審査請求が許されるとき、審査請求をするか、処分の取消しの訴えをするか、さらに「両者を同時に行うかは自由選択主義である」。
4　処分の取消しの訴えが、審査請求と併行して提起されている場合には、審査請求に対する裁決があるまで、訴えの手続を停止することが「できる」。
5　処分の取消しの訴えは、処分があった後にその処分を行った行政庁の権限が他の行政庁に承継されたときは、「その権限が承継された行政庁を管轄する国又は地方公共団体を被告としなければならない」。

【No. 258】　正解　4
1　裁決の取消しの訴えは、「裁決固有の瑕疵のみを争う訴えである」。
2　裁決の取消しの訴えは、審査請求に「限らず」、その他法令に基づく不服申立てに対する行政庁の裁決の取消しを求める訴訟である。
3　裁決の取消しの訴えは、法律上の利益を有する者に「限らず」、裁決の取消しによって回復がある者も提起できる。

4　正解。
5　裁決の取消しの訴えの棄却判決後に、原処分の取消しを「争える」。

【No. 259】　正解　5
1　無効等確認の訴えは、行政庁の処分又は裁決の成立要件の存否と、行政庁の行政行為の効力要件の有無を確認する訴訟で「ある」。
2　無効等確認の訴えは、民事訴訟（争点訴訟）を提起して権利利益の救済を求めることが「できない」場合に、訴えを提起できる訴訟である。
3　無効等確認の訴えには、「出訴期間の制限がない」。
4　無効等確認の訴えは、原告適格が「著しく制限されており」、法律上の利益を有する者で、他の法律関係で訴えることが「できない」者に限られている。
5　正解。

【No. 260】　正解　1
1　正解。
2　不作為の違法確認の訴えは、申請者が行政庁による何らかの応答をしてもらうための訴えであり、被告適格は、取消訴訟と同様に「国又は地方公共団体」である。不作為庁が国又は地方公共団体に属しないときは「当該不作為庁」である。
3　不作為の違法確認の訴えは、直接に行政庁の不作為状態を裁判所に訴え、「申請に対して相当の期間内に何らかの処分又は裁決を行わないことについての違法の確認を求めるものである」。
4　不作為の違法確認の訴えを提起した後で、当該訴訟がまだ係属中に、行政庁が処分又は裁決をした場合には、不作為状態が解消されるので、「当該訴えの利益は失われ、却下される」。
5　不作為の違法確認の訴えを確認する判決は、不作為であることが違法と判断され、不作為庁は何らかの処分を行わなければならないが、「申請に対する行政庁の判断を拘束するものではない」。したがって、不作為庁は、申請内容を認容する処分を行うことも、又は申請内容を拒否することもできる。

【No. 261】　正解　2
1　不作為の違法確認の訴えは、抗告訴訟の一種であり、行政庁が申請の内容どおり特定の処分を行うべき作為義務を「負うものではなく」、相当の期間内に何らかの処分又は裁決をすれば足りる。また被告適格庁は原則として国又は地方公共団体である。
2　正解。
3　行政庁が「申請の内容どおりではない」。またこの訴訟の係属中に不作為庁が「何らかの処分を行えば訴えの利益は失われる」。

4　不作為の違法確認の訴えは、「当事者訴訟の一種ではない」。また「事情判決は取消訴訟について認められているものである」。
5　不作為の違法確認の訴えは、行政庁が何らかの処分を行うべき作為義務の確認を求める訴訟である。「法令上拒否したものと見なされる場合は、この訴えは認められない」。

【No. 262】　正解　3
1　義務付けの訴えは、行政庁が一定の処分又は裁決を行うべきで「ある」旨を命ずることを求める訴えを提起する訴訟である。
2　義務付けの訴えは、①重大な損害を生ずるおそれがある場合であり、②かつ他に方法が「ない」場合に（補充性）、③法律上の利益を有する者によるの3つが訴訟要件である。
3　正解。
4　義務付けの訴えの提起があった場合の裁判所の仮の義務づけは、「申立て」によって、命ずることができる。
5　義務付けの訴えは、行政庁への申請者が、行政庁が何らの処分又は裁決を行わない場合に提起できるが、その際、不作為の違法確認訴訟を「合併して提起しなければならない」。

【No. 263】　正解　5
1　差止めの訴えは、予防訴訟あるいは予防的不作為訴訟とも呼ばれ、抗告訴訟のなかで、「事前」の救済パターンの一つとして差止訴訟を法定することにより、国民に対し多様な救済方法を要したものと評される。
2　差止めの訴えは、抗告訴訟の1類型として、行政庁の処分・裁決の差止めを求める訴訟であり、行政庁の公権力の行使の差止めを求める訴えがここでの差止めの訴えであり、「公権力の行使にあたらない行為などの差止めを求める訴えは、民事訴訟あるいは当事者訴訟の問題となる」。
3　差止めの訴えは、処分が公表されると名誉や信用に重大な損害を生ずるおそれがある場合など、処分されると直ちに重大な損害が生ずる場合や「処分がされると即時に訴えの利益が失われる場合である」。
4　差止めの訴えは、処分・裁決が具体的に「特定できなくても」、一定の条件が仮定され、その条件の下で何らかの処分が行われることを差止める請求についても、「訴えが許容される」。
5　正解。

【No. 264】　正解　1
1　正解。
2　記述は、当事者訴訟の「形式的当事者訴訟」である。

3　当事者訴訟は、行政庁が優越的な立場に立って行った行為の排除を求める訴訟では「なく」、相対立する当事者間の公法上の権利関係の訴訟である。
4　当事者訴訟は、個別の法律によって認められる訴訟類型である。それら法律に出訴期間の「別段の」定めがある場合を「除き」、「正当な理由があるときは、その期間を経過した後であっても提起できる」。
5　当事者訴訟は、現在の法律関係に関する訴訟であり、行政事件訴訟法としての特色が「強くない」ので、取消訴訟に関する規定の「一部」が準用される。

【No. 265】　正解　4
1　記述は、「争点訴訟」である。
2　記述は、「機関訴訟」である。
3　記述は、「民衆訴訟」である。
4　正解。
5　記述は、「抗告訴訟の中の無効等確認の訴え」である。

【No. 266】　正解　3
1　民衆訴訟は、客観的訴訟の一つであり、原告の個人的な権利利益を「離れて」、国又は地方公共団体の機関の「法規に適合しない違法な行為」の是正を求める訴訟である。
2　民衆訴訟は、選挙人たる資格、かつ自己の法律上の利益に「かかわらない」資格で訴えを提起する訴訟である。
3　正解。
4　民衆訴訟の例には、公職選挙法による選挙訴訟や地方自治法による住民訴訟があるが、抗告訴訟や当事者訴訟と異なり、「違法な行政作用に対する国民の権利利益の保護救済を目的とする訴訟ではない」。
5　民衆訴訟は、原告の個人的な権利利益の存在を必要としないで提起できる訴訟であり、その民衆訴訟の判決の既判力は、「当該問題を争うべき資格のあるすべての者に及ぶ」。

【No. 267】　正解　5
1　民衆訴訟は、行政法規の正当な適用を確保するために、法律上の争訟には属せず、もっぱら政策的な見地から認められた「客観的訴訟」の性格を有する。
2　民衆訴訟は、司法的解決が政策的に望まれる事項に関する例外的な訴訟であり、「法律が特に認めた場合に限って」、裁判所の権限に属するものである。
3　民衆訴訟は、国又は地方公共団体の機関の法規に適合しない行為に是正を求め提起するもので、「法律に定める場合において、法律に定める者に限り」、出訴権が認められる。
4　民衆訴訟は、法律に定められた資格を有する者が自己の個人的権利利益のた

めでは「なく」、いわば公益の代表として提起するものであるから、「判決は争うことのできる資格を有するすべての者に及ぶ」。
5　正解。

【No.268】　正解　5
5　該当しない。
　　土地収用法に基づく収用委員会の裁決のうち損失補償に関する訴訟は「当事者訴訟」である。

【No.269】　正解　2
1　機関訴訟は、裁判所の関与による紛争の解決を想定しているが、後段の記述は、「民衆訴訟」である。
2　正解。
3　機関訴訟は、国又は地方公共団体の機関相互間の権限の存否又はその行使に関する紛争における「客観的訴訟」である。
4　機関訴訟は、機関相互の特定事項の権限帰属の紛争などの訴訟であるが、「法律に特別の定めがある場合に限り」、国又は地方公共団体の機関が提起できる訴訟である。
5　機関訴訟は、機関相互間の紛争について裁判所の判断を求める訴訟であり、この訴訟は同一の行政主体に属する機関相互間の紛争に「限られない」。

【No.270】　正解　3
1　記述は、「民衆訴訟」である。
2　記述は、「民衆訴訟」である。
3　正解。
4　記述は、「当事者訴訟」である。
5　記述は、「民衆訴訟」である。

30　取消訴訟

【No.271】　正解　2
1　取消訴訟は、行政庁の処分その他の公権力の行使にあたる行為と裁決や決定の行為が対象であり、行政庁の「違法な行為」に対し提起できるが、単なる不当な行政行為には提起することが「できない」。
2　正解。
3　取消訴訟は、常に、原告と被告の両当事者の対立する対審構造を採用し、「口頭弁論主義を採用している」。
4　取消訴訟は、行政庁による処分そのものの適法性を争うが、当該処分の効果

の帰属主体である「行政主体（国又は地方公共団体）」を被告として提起しなければならない。
5　取消訴訟は、その取消判決の確定により、その処分は「当然に効力を失い」、「当初から処分がなかったものと見なされる」。

【No.272】　正解　5
1　取消訴訟では、処分の取消しの訴えと裁決の取消しの訴えをはっきり区別するとともに、原処分の違法は、「処分の取消しの訴え」によってのみ主張することができる原処分主義を採用している。
2　取消訴訟は、原告適格を有する者を当該処分又は裁決の「相手方に限られず」、「法律上の利益ある者であれば」、自然人であると法人であると、法人格のない社団・財団であるとを問わない。
3　取消訴訟又は審査請求のいずれにも自由選択主義が採用されるが、法律に審査請求前置がある場合に限り審査請求前置主義が採用される。例外として、処分、処分の執行又は手続の続行による著しい損害を避けるために緊急の必要があるときなどの場合には、「裁決を得ないで取消訴訟を提起することができる」。
4　取消訴訟と審査請求が併行して提起されているときは、裁判所は、審査請求の裁決があるまで、処分の効力、処分の執行又は手続の続行に関する訴訟手続を「中止することができる」。中止しなければならないものではない。
5　正解。

【No.273】　正解　1
1　正解。
2　取消訴訟は、行政庁の処分その他公権力の行使にあたる法律行為的行政行為及び準法律行為的行政行為の処分のほか、「事実行為も対象となる」。
3　取消訴訟は、行政処分を違法とする当該処分又は裁決の取消しの訴えにつき、「法律上の利益を有する者に限り」提起することができる。その原告適格を有する者は、「必ずしも処分又は裁決の相手方に限られない」。
4　取消訴訟は、当事者に権利利益の救済を与えることを目的と「する」ので、原告が権利利益の回復が得られない内容は「訴えの対象とならない」。
5　取消訴訟は、例外的に執行停止が認められることがあり、これに対して内閣総理大臣が異議を述べる時期は執行停止の決定の「前後を問わない」。

【No.274】　正解　4
1　取消訴訟は、法律的行政行為のみならず「準法律行為的行政行為も対象となる」。
2　取消訴訟は、処分の相手方に「限られず」、当該行政行為の取消しを求める法律上の利益を有する者にも認められる。（第三者訴訟が認められている）
3　取消訴訟は、行政庁の行為に限られるが、ここで行政庁とは、国又は地方公

共団体の行政機関のみならず、「他の公共団体で公権力が付与されているものも該当し」、原則として行政庁の属する国又は地方公共団体が被告となる。
4　正解。（事情判決がある）
5　取消訴訟は、処分があったことを知った日から「6か月」以内に提起しなければならず、また処分のあった日から1年を経過したときは提起できない。

【No. 275】　正解　2
1　取消訴訟は、行政庁の行為が対象となるが、ここでいう行政庁には、国又は地方公共団体の行政機関のみならず、「地方議会、弁護士会なども含まれる」。
2　正解。
3　取消訴訟は、補充的に、裁判所による職権証拠調べの権能を認めているが、「当事者の主張しない事実まで探し出すような職権探知主義は採用されていない」。
4　訴訟により侵害される第三者があるときは、当事者や第三者の申立て「又は職権で」、決定をもって、その第三者を訴訟に参加させることが「できる」。
5　取消訴訟は、原告の請求を理由ありとして認容する判決が行われたときでも、判決は違法な処分又は裁決を取消し得るにとどまり、関係行政庁に「一定の処分又は裁決を行う旨の給付判決を行うことはできない」。ただし判決は関係行政庁を拘束するから、関係行政庁は、判決の趣旨に従い、改めて処分又は裁決を行わなければならない拘束を受ける。

【No. 276】　正解　5
1　取消訴訟の請求を棄却する判決は、当該処分又は裁決が適法であることが既判力により確定するので、原告は、他の違法事由を主張して、再び当該処分又は裁決の取消しを請求することは「できない」。
2　取消訴訟において、判決で審査請求を棄却した裁決が取消されたときは、その裁決を行った審査庁は、判決の趣旨に従い、改めて当該審査請求に対する裁決を「行わなければならない」。
3　取消訴訟において、行政処分の理由・根拠を明らかにする資料の提出制度が裁判所による釈明処分の特則により法定されているが、釈明処分であるから、行政庁側に資料等の法的提出の「義務はなく」、これを拒んでも制裁が科せられることは「ない」。
4　取消訴訟において、裁判所は、当事者の主張する事実だけでは証拠が不十分で、心証えがたいときは職権証拠調べを行うことができるが、さらに進んで「職権探知主義まで認めるものではない」。
5　正解。

【No. 277】　正解　3
1　裁判所に対し、1人の原告が同一被告に対して数個の請求を行うことができ

るし、また1つの訴えで複数の原告が数個の請求を行うことも「できる場合がある」。
2 取消訴訟は、「被告」の普通裁判籍の所在地を管轄する裁判所、又は処分若しくは裁決を行った行政庁の所在地を管轄する裁判所の管轄に属する。
3 正解。
4 裁判所は、訴訟関係を明瞭にするため、行政庁に対して資料の提出を求めることができるが、その際、行政庁には「資料の提出義務が生じない」。提出の法的義務はない。
5 裁判所は、証拠が不十分などのときは、弁論主義の補充として職権で証拠調べができるが、その際、証拠調べの結果について「当事者の意見を聴く必要がある」。

【No. 278】 正解 4
1 取消訴訟の却下の判決は、要件を欠く不適法な訴えとして審理を拒否する判決であるが、同一処分について「訴訟要件を備えた場合には、再度提起することができる」。
2 取消訴訟の棄却の判決は、本案審理の結果において原告の請求に理由がないとして排除する判決であり、既判力が確定する判決で「ある」。
3 取消訴訟の棄却の判決には、請求に理由がある場合にも行われる場合がある。いわゆる事情判決である。この棄却判決があった場合でも、処分庁は当該処分を「職権で取消し又は変更をすることができる」。
4 正解。
5 取消訴訟の認容の判決で、審査請求の裁決が取消されたときは、関係行政庁を拘束するから、「審査庁は、判決に従って改めて裁決する必要がある」。

【No. 279】 正解 5
1 事情判決で原告の請求が棄却された場合には、形式上は原告の一部敗訴となるが、実質的には原告の勝訴となるので、訴訟費用は「被告」が負担することになる。
2 事情判決において考慮される事情には、処分又は裁決を取消すことによって生ずる公益上の障害だけでなく、「原告の受ける被害の程度などの一切の事情も含まれる」。
3 事情判決は、原告の抗告訴訟の取消請求を棄却するものであり、事情判決に関する規定は、「無効等確認の訴えの場合には適用されない」。
4 事情判決は、法治主義の原則に対する例外的な制度である。事情判決に不服がある場合には、原告からも上訴できるし、また「被告から上訴することもできる」。
5 正解。

【No. 280】　正解　4
1　執行停止として、裁判所がとる具体的な措置には、処分の効力、処分の執行又は手続の続行の全部「又は一部」の停止がある。
2　執行停止は、民事訴訟法の仮処分とは異なり、処分の取消しの訴えの原告の申立てによる。「裁判所の職権による執行停止は認められていない」。
3　執行停止は、①公共の福祉に重大な影響を及ぼすおそれがある場合、又は②本案について理由がないと見える場合には、「執行停止の決定を行うことができない」。
4　正解。
5　内閣総理大臣は、裁判所の執行停止の決定の「前後」を問わず、裁判所に対して執行停止の申立て及び執行停止の決定に関し異議を述べることができる。

【No. 281】　正解　2
1　行政事件訴訟法は、「執行不停止を原則」とし、例外的に執行停止を認めている。訴えの提起によって原則的に執行を停止することになれば、行政権の作用に重大な影響を及ぼし行政の円滑な運営を妨げるのみならず、濫訴の弊害を生ずるおそれがあるからである。
2　正解。
3　執行停止の効果は、対世的効力を生じ、当事者及び関係行政庁などを拘束するが、その効果は、「決定後に将来に向かって生じ、遡及しない」。
4　執行停止は、民事訴訟法における仮処分の制度に代わるものとして認められたものであるが、「当事者訴訟などには準用されない」。
5　執行停止を決定した後に、その理由が消滅又は事情が変更したと認めるときは、相手方の「申立て」により、決定をもって取消されることがある。

【No. 282】　正解　1
1　正解。
2　執行停止の決定が確定した後に、その理由が消滅し、その他事情が変更したときは、裁判所は、「相手方の申立てにより」、決定をもって、執行停止を取り消せる。
3　異議には「理由を付さなければならず」、その理由において、内閣総理大臣は、処分の効力を存続し、処分を執行し又は手続を続行しなければ、公共の福祉に重大な影響を及ぼすおそれのある「事情を示す必要がある」。
4　内閣総理大臣は、やむを得ない場合でなければ異議を述べてはならず、また裁判所に異議を述べたときは、「次の常会において国会に異議を述べたことを報告する義務が課されている」。
5　内閣総理大臣が異議を述べると、「裁判所は執行停止をすることができず」、すでに執行停止が行われているときは、「停止を取り消さなければならない」。

31 行政手続法

【No. 283】 正解　5
5　適用除外とならない。
　地方公共団体の機関が行う処分等のうち「法律」に基づき行うものは、「適用除外」とならない。その他は適用除外となる。

【No. 284】 正解　2
1　行政手続法は、従来の個別法による事後的な救済手段に対し、これでは国民の権利利益が十分に保障されないことから、「一般法」として制定されている。
2　正解。
3　行政手続法は、申請に対する処分、不利益処分、行政指導、届出及び「命令等」の大きく「5つ」の行政手続を定める法律である。
4　行政手続法は、原則として地方公共団体には適用されず、例外として条例又は規則で定める場合には、行政手続法の「処分及び届出に限り適用される」が、「行政指導及び命令等は適用除外」とされている。
5　行政手続法は、行政運営における公正の確保と透明性の向上を図り、もって「国民の権利利益の保護に資することを目的とする」。

【No. 285】 正解　5
1　行政庁が申請に対し処分を行う場合に備え、審査基準を定めることは「努力」義務であるが、審査基準を策定した場合には、これを公表することは「義務」である。
2　行政庁が標準処理期間を定めることは「努力」義務であるが、定めた場合、その標準処理期間を事務所に掲示することは義務である。だが、この期間は処分の目安であり、応答の義務期間ではない。
3　申請書に不備がある又は添付書類がないときは、申請の補正を求め又は「申請の許認可等を拒否することもできる」。
4　申請者からの申請に係る審査の進捗状況及び処分の時期の見通しの求めに対する行政庁の情報の提供は「努力」義務である。
5　正解。

【No. 286】 正解　4
1　申請の要件不備の補正や内容変更が行われる期間は「含まれない」。標準処理期間の定めは「努力規定である」。
2　行政庁は、標準処理期間を定めたときは、公にしておかなければならない。「公にすることの例外規定はない」。
3　行政庁が、申請の処分について標準処理期間を経過しても処分を行わなかっ

た場合でも、当然に行政事件訴訟法にいう「不作為の違法にはあたらない」。
4　正解。
5　標準処理期間は「裁判所の判断を当然に拘束することにはならない」。

【No.287】　正解　1
1　正解。
2　行政庁は、法令に基づき不利益処分をしようとする場合には、聴聞手続又は弁明手続の「いずれかの手続」を執らなければならない。
3　行政庁は、不利益処分を行うにあたって事前に非公式に当事者から意見を聞く場合があるが、それが行政調査の場合であるときは、聴聞手続を改めて行う必要がある。「行政調査は聴聞手続と見なされない」。
4　行政庁は、公益上、緊急に不利益処分を行う必要がある場合などのときは、「即」、聴聞や弁明の手続を省略できる。
5　行政庁は、事前通知を出しても聴聞に出頭せず、あるいは相手方が弁明書を提出しないときは、「再度保障する必要はなく、終結できる」。

【No.288】　正解　3
1　不利益処分を判断するために必要とされる「基準の策定」や策定した当該基準を「公表」することは「努力義務」である。
2　行政庁は、不利益処分を行うにあたって意見陳述が必要な場合には、聴聞又は弁明の機会を与えなければならず、聴聞は「口頭審理」の手続であり、弁明は「書面審理」の手続である。
3　正解。
4　公益上、緊急に不利益処分をする必要があるときには、聴聞又は弁明の「いずれも執る必要がない」。
5　不利益処分における聴聞の当事者は、聴聞に関する一切の行為を行う代理人を選任することができるが、代理人の資格は、行政不服審査法と「同様に」、「法文上制限が設けられていない」。

【No.289】　正解　3
1　行政庁が不利益処分を行う場合には、聴聞又は弁明の機会の付与の手続が執られるが、聴聞においては、原則として「口頭」による審理方式が執られる。
2　行政庁が聴聞を行う場合には、不利益処分の名宛人に対し、聴聞の期日及び場所などを書面により通知しなければならないが、「その他の利害関係者に対して通知する義務はない」。
3　正解。
4　聴聞の期日における審理は、「行政庁が公開することを相当と認めるときを除き、公開しない」。

5 聴聞の手続を経て行った不利益処分については、当事者及び参加人は、当該行政庁に対し、行政不服審査法による審査請求を行うことが「できない。」

【No.290】 正解 5
1 行政指導は、行政機関が行政目的を実現するため特定の者に一定の行為又は不作為を求める指導、勧告、助言などで、行政庁の「処分に該当しない行為」である。
2 行政指導に携わる者は、申請者が当該指導に従う意思がないと表明したときは、申請者の権利の行使を妨げてならない。「表明の方法は書面に限られない」。
3 行政指導が口頭で行われた場合に、相手側から書面の交付を求められたときは、「行政上特別の支障がない限り」、書面を交付しなければならない。
4 行政指導を複数の者に行うときは、行政機関は、あらかじめ行政指導の指針を定め、かつこれを公表しなければならない義務があるが、指針を定めることが困難な場合もあるので、「いかなる場合もとされていない」。
5 正解。

【No.291】 正解 4
1 行政機関が意見公募手続を実施して命令等を定める場合には、提出意見を十分に考慮するだけでなく、当該命令等の公布と同時期に提出意見、提出された意見を考慮した結果及びその理由等を「公示する必要がある」。
2 地方公共団体の手続条例には、行政手続法の適用を「受けないため」、地方公共団体において意見公募手続を行うことは「義務化されていない」。
3 行政機関が意見公募手続を実施したにもかかわらず命令等を定めないこととした場合には、その旨を速やかに「公示しなくてはならない」。
4 正解。
5 意見公募の提出期間は、命令等の案の告示日から起算して30日以上であるが、「30日を下回る期間を定めることができる特例規定がある」。

【No.292】 正解 2
1 命令等制定手続の命令等とは、法律に基づく命令（処分の要件を定める告示を含む）、規則のほか、審査基準、処分基準及び行政指導指針も命令等に「含まれる」。
2 正解。
3 命令等制定手続は、国の行政機関が命令等を定める際に、行政手続法が定める意見公募手続を経ることを義務づけているが、地方公共団体には、当該規定は「準用されない」。
4 行政機関が意見公募手続を実施して命令等を定める場合には、提出された意見を十分に考慮するだけでなく、当該命令等の公布と同時期に提出意見、提出

された意見を考慮した結果及びその理由等を公示する必要が「ある」。
5　行政機関は、緊急に命令等を定める必要があるために意見公募手続が困難なときは当該手続を行う必要がないし、また他の行政機関の意見公募手続と実質的に同一の命令等を定めるときも、独自に意見公募手続を執る必要が「ない」。

32　情報公開法

【No. 293】　正解　4
1　開示請求の対象となる行政機関は、国家行政組織法第3条第2項に定める省・委員会・庁などのほか、「国家公安委員会や会計検査院も対象である」。
2　開示請求の対象となる文書は、決裁又は供覧などの事案処理手続を完了した文書に「限定されていないから」、「施行日前の文書も対象である」。
3　開示請求がある文書の開示決定は、書面により、原則として開示請求があった日から30日以内に行わなければならないが、正当の理由があるときは30日以内に限り「延長が認められている」。
4　正解。
5　開示請求に対し、当該情報が存在しているか否かを答えるだけで、不開示情報として保護する利益が害される場合は、「存在しているか否か当該情報の存否を明らかにしないで、当該開示請求を拒否する」。

【No. 294】　正解　2
1　情報公開法は、開示請求権を国民主権という憲法の理念として位置づけ、「政府の説明責任（アカウンタビリティ）の確保を明らかにしている」。
2　正解。
　（情報公開の理由や目的には特に制約がない）
3　情報公開法は、不開示情報を開示してはならないとしているが、行政機関の長は、公益上特に必要があると認めるときに、高度な行政的判断により「裁量的に開示することを認めている」。
4　情報公開法は、開示決定などについて不服申立前置主義を「採用していない」が、不服申立てを受けた行政機関は情報公開・個人情報保護審査会に諮問する必要がある。
5　情報公開法は、国の行政機関の保有する情報の公開を図る法律として位置づけ、当該法律で、地方公共団体の情報公開の施策の策定まで「求めている」。

【No. 295】　正解　5
1　開示請求者は、行政機関の長に開示請求書を提出しなければならないが、その開示請求書には、①氏名又は名称、住所並びに法人その他の団体にあっては代表者の氏名、②文書を特定するに足りる事項を記載しなければならない。「開

示請求の理由、利用目的は不要である」。
2　行政機関の長は、行政文書に第三者の情報が記録されているときは、開示決定の前に第三者に意見書提出の機会を与えなければならず、反対意見書が提出された場合、開示を決定するときは、「開示決定の日と開示を実施する日との間に少なくとも2週間を置かなければ、当該行政文書を「開示することができない」。
3　行政機関の長は、開示請求文書の存在の否かを答えるだけで、不開示情報として保護する利益が害される場合には、請求対象文書の「存在を明らかにしないで」、請求者に開示請求を拒否することができる。
4　行政機関の長は、開示請求の行政文書に不開示情報が記録されている場合であっても、公益上特に必要があると認めるときは、その裁量をもって、開示請求者に対し当該行政文書を開示することも「できる」。
5　正解。

【No. 296】　正解　3
1　情報公開法は、国の行政機関の情報公開について定めたものであり、地方公共団体は対象となっていない。しかし国の行政機関が保有する文書のうち、地方公共団体の機関が作成した文書は、「開示の対象となる」。
2　行政機関の長は、第三者に関する情報が記録されている行政文書について開示請求があったときは、第三者の権利利益の適正な保護を図るため、当該第三者に意見書の提出の機会を与えることも「できる」。
3　正解。
4　開示請求の対象となる行政文書は、決裁、供覧等の手続を終了したことを要件としていないから、行政機関における意思決定前の審議、検討又は協議の段階において作成された文書が、「開示の対象となることもある」。
5　開示請求は、日本国民に限られず、又日本における居住は要件とされていないが、請求するにあたっては、氏名、住所、文書を特定する事項などを明らかにしなければならない。しかし開示請求の理由、目的については特に制約がないので、「その情報を請求する趣旨を明らかにする必要はない」。

33　個人情報保護法

【No. 297】　正解　5
5　正解。
　A　個人情報保護法は、基本法にあたる部分は民間部門と公的部門を「一つ」の法律で規制する方式を採用している。
　B　正しい。
　C　個人情報保護法は、一般法としては、民間部門と公的部門を「別個」の法

律で規制する方式を採用している。
　D　正しい。

【No.298】　正解　2
1　個人情報保護法の法的根拠は、個人の権利利益を保護するものであり、プライバシー権などの人格的なものや財産的なものも含まれる。プライバシー権は、憲法第13条が定める個人の幸福追求権に「含まれる」。
2　正解。
3　個人情報保護法では、個人の氏名、生年月日その他の記述等により特定の個人を識別できるものを保護するとしている。そして地方公共団体に対し保有する個人情報の適正な管理について「条例で定めることを義務づけている」。
4　個人情報保護法では、個人情報のデータベースなどを事業の用に供している事業者に対し、個人データの第三者提供の制限、本人の求めに応じた開示・訂正を義務づけ、この義務違反には「罰則の適用がある」。
5　個人情報保護法では、報道、著述、学術研究、宗教、政治の5分野については、個人情報取扱事業者の義務に関する規定の適用の「全部又は一部を除外」するとしている。

【No.299】　正解　4
1　行政機関は、個人情報を保持する場合、法令の定める所掌事務を遂行するため必要な場合に限り、かつその利用の目的を特定する「必要がある」。
2　行政機関は、本人から直接書面に記録された当該本人の個人情報を取得するとき、取得の状況からみて利用目的が明らかである場合は、「本人に利用目的を明示する必要はない」。
3　行政機関の長は、利用目的の達成に必要な範囲内で、保有する個人情報が過去又は現在の事実と合致するよう「努めなければならない努力義務」である。
4　正解。
5　行政機関の長は、本人の同意があるとき又は本人に提供するときのほか、「行政機関が法令の定める所掌事務の遂行に必要な限度で保有個人情報を内部で利用する場合であって当該保有個人情報を利用することについて相当の理由のあるなどのときに、利用目的以外の目的のために保有個人情報を自ら利用し、又は提供することができる」。

【No.300】　正解　1
1　正解。
2　個人情報保護法における行政機関とは、内閣府、国家行政組織法などの行政機関のほか、独立の地位を有する「会計検査院も含まれる」。
3　行政機関が、本人から直接書面に記録された当該本人の個人情報を取得する

ときは、あらかじめ本人にその利用目的を明示しなければならないが、①緊急に必要があるとき、②利用目的が明らかであると認められるとき、③利用目的を本人に明示することにより本人又は第三者の生命、身体、財産その他の権利利益を侵害するおそれがあるとき、④利用目的を本人に明示することにより国の機関、独立行政法人等、地方公共団体又は地方独立行政法人が行う事務又は事業の適正な遂行に支障を及ぼすおそれがあるときに限り、「明示する必要はない」。

4　行政機関の長は、本人の同意があるとき、又は本人に提供するときに「限らず」、「行政機関が法令の定める所掌事務の遂行に必要な限度で保有個人情報を内部で利用する場合であって当該保有個人情報を利用することについて相当な理由があるときを除き」、当該行政機関の保有する個人情報を利用目的以外の目的のために自ら利用し、又は提供してはならない。

5　開示決定、訂正決定又は利用停止決定について、行政不服審査法の審査請求があるときは、当該審査請求に対する裁決をすべき行政機関の長は、「審査請求が不適法であり、却下するときなどを除き」、情報公開・個人情報保護審査会に諮問しなければならない。

《解答一覧》

001……3	038……2	075……5	112……1
002……4	039……3	076……3	113……3
003……2	040……5	077……2	114……4
004……5	041……2	078……5	115……3
005……3	042……3	079……4	116……5
006……1	043……1	080……5	117……2
007……5	044……5	081……2	118……5
008……2	045……3	082……4	119……1
009……3	046……4	083……5	120……5
010……4	047……3	084……4	121……3
011……2	048……2	085……3	122……1
012……5	049……5	086……1	123……2
013……3	050……5	087……5	124……4
014……4	051……4	088……2	125……5
015……3	052……2	089……5	126……3
016……5	053……5	090……3	127……5
017……3	054……3	091……2	128……1
018……2	055……4	092……5	129……5
019……1	056……3	093……3	130……3
020……4	057……1	094……1	131……2
021……2	058……2	095……2	132……4
022……5	059……4	096……1	133……1
023……3	060……5	097……4	134……3
024……5	061……4	098……3	135……2
025……4	062……3	099……4	136……1
026……2	063……1	100……5	137……5
027……1	064……5	101……2	138……2
028……5	065……2	102……4	139……4
029……1	066……4	103……5	140……1
030……5	067……5	104……1	141……5
031……3	068……4	105……3	142……3
032……2	069……1	106……2	143……1
033……4	070……3	107……5	144……4
034……2	071……5	108……4	145……2
035……5	072……2	109……2	146……5
036……1	073……1	110……3	147……5
037……3	074……4	111……5	148……4

149……1	188……5	227……5	266……3
150……3	189……4	228……2	267……5
151……1	190……5	229……3	268……5
152……5	191……3	230……1	269……2
153……2	192……2	231……4	270……3
154……4	193……5	232……2	271……2
155……3	194……1	233……3	272……5
156……5	195……3	234……5	273……1
157……3	196……4	235……3	274……4
158……2	197……5	236……4	275……2
159……3	198……2	237……5	276……5
160……5	199……5	238……2	277……3
161……1	200……4	239……4	278……4
162……4	201……2	240……5	279……5
163……3	202……1	241……4	280……4
164……5	203……4	242……1	281……2
165……2	204……3	243……3	282……1
166……5	205……4	244……3	283……5
167……3	206……5	245……5	284……2
168……4	207……2	246……2	285……5
169……4	208……1	247……4	286……4
170……3	209……4	248……1	287……1
171……1	210……2	249……5	288……3
172……5	211……5	250……3	289……3
173……2	212……3	251……2	290……5
174……3	213……5	252……4	291……4
175……5	214……1	253……5	292……2
176……4	215……2	254……4	293……4
177……1	216……5	255……3	294……2
178……2	217……4	256……1	295……5
179……5	218……3	257……2	296……3
180……3	219……4	258……4	297……5
181……1	220……3	259……5	298……2
182……4	221……1	260……1	299……4
183……2	222……5	261……2	300……1
184……3	223……4	262……3	
185……1	224……3	263……5	
186……3	225……4	264……1	
187……4	226……5	265……4	

【増補・「要点図解」版】
行政法基本問題集 300 問

2004 年 9 月 30 日 ［初版］発行
2016 年 3 月 5 日 ［増補版］発行

　　　著　者　　昇任・昇格試験スタンダード研究会
　　　発行人　　武内　英晴
　　　発行所　　公人の友社
　　　　　　　　〒 112-0002　東京都文京区小石川 5 − 26 − 8
　　　　　　　　ＴＥＬ 03 − 3811 − 5701
　　　　　　　　ＦＡＸ 03 − 3811 − 5795
　　　　　　　　Ｅメール　info@koujinnotomo.com
　　　　　　　　ホームページ　http://koujinnotomo.com/